上海大学经济学院
大国经济研究中心
亚洲经济研究中心

走向未来的
亚洲经济
共同体

THE ASIAN ECONOMIC COMMUNITY
TOWARDS THE FUTURE

[中]欧阳峣 [日]村上直树 [韩]崔弼洙
[印]苏尼尔·库马尔 [新]顾清扬 等 著

中国出版集团 东方出版中心

图书在版编目(CIP)数据

走向未来的亚洲经济共同体 / 欧阳峣等著. -- 上海：东方出版中心, 2024. 10. -- (亚洲经济共同体丛书).
ISBN 978-7-5473-2554-4

Ⅰ. F13-53

中国国家版本馆 CIP 数据核字第 2024ZC2097 号

走向未来的亚洲经济共同体

著　　者　[中] 欧阳峣　[日] 村上直树　[韩] 崔弼洙
　　　　　[印] 苏尼尔·库马尔　[新] 顾清扬 等
丛书策划　肖春茂
责任编辑　肖春茂
装帧设计　余佳佳

出 版 人　陈义望
出版发行　东方出版中心
地　　址　上海市仙霞路 345 号
邮政编码　200336
电　　话　021-62417400
印 刷 者　上海万卷印刷股份有限公司

开　　本　890mm×1240mm　1/32
印　　张　9.625
插　　页　2
字　　数　206 千字
版　　次　2024 年 10 月第 1 版
印　　次　2024 年 10 月第 1 次印刷
定　　价　68.00 元

第一届"走向未来的亚洲文明和亚洲经济共同体"学术论坛代表合影

中国、日本、韩国、印度、新加坡专家签署《建设亚洲经济共同体倡议书》

作者简介

欧阳峣 上海大学经济学院特聘教授、大国经济研究中心主任,牛津大学技术与管理研究中心高级研究员,第十九届国际熊彼特学会主席。国家"万人计划"第一批哲学社会科学领军人才,新世纪"百千万人才工程"国家级人选,文化名家暨"四个一批"理论人才,享受国务院政府特殊津贴专家。主要研究发展经济学、世界经济和产业经济学,两部著作入选国家哲学社会科学成果文库,获全国高等学校科学研究优秀成果奖(人文社会科学)一等奖,张培刚发展经济学优秀成果奖。

盛斌 南开大学副校长、"杰出教授"。教育部"长江学者"特聘教授、国家"万人计划"哲学社会科学领军人才、全国文化名家暨"四个一批"理论人才、新世纪"百千万人才工程"国家级人选、国家有突出贡献中青年专家、享受国务院政府特殊津贴专家,兼任国务院学位委员会学科评议组成员兼秘书长。主要研究世界经济、国际贸易、国际政治经济学。获全国优秀博士学位论文奖、全国高等学校科学研究优秀成果奖(人文社会科学)、安子介国际贸易研究奖、中国世界经济学会"浦山奖"等。

万广华 复旦大学世界经济研究所所长、教授。曾在悉尼大学和联合国任职,担任亚洲开发银行主任经济学家。主要研究领域为农业经济学、应用计量经济学与国际/区域发展。在国外 SSCI 和 SCI 杂志发表 100 多篇论文,国内《经济研究》《中国社会科学》《管理世界》《经济学季刊》等期刊发表 50 余篇论文,多次获得省部级研究奖和张培刚发展经济学著作奖。据 RePEc 对经济学家的排名,在全球居前 8%,亚洲居前 4%。数次进入《世界名人录》。

毛雁冰 上海大学经济学院副院长、副教授、博士生导师。先后获德国不来梅大学经济学硕士学位、奥尔登堡大学经济学博士学位,并在奥尔登堡大学经济学院就职。上海大学归国华侨联合会主席、亚洲经济研究中心主任。主要研究方向:发展经济学、产业经济学、劳动经济学、国际经济关系。

崔弼洙 韩国世宗大学国际学部中国通商系教授。毕业于日本一桥大学,获硕士学位;毕业于清华大学经济管理学院,获博士学位。曾任韩国外交部"韩中关系未来发展委员会"经济分委委员,韩国全国经纪人联合会研究员和对外经济政策研究院中国组长。主要研究领域为国际贸易和产业政策,先后发表中国经济和东亚经济研究系列论文,并在韩国贸易协会、中国亚洲经济发展协会、中国国际交流协会共同举办的"中韩共同发展繁荣论坛"上作演讲。

村上直树 日本大学大学院综合科学研究科教授。兼任(日本)中国经济学会理事,中国国家高端外国专家。代表作有《中国のミクロ经济改革》(日本经济新闻社)、《中国的工业改革》(上海三联书店)、《中日城镇化比较研究》(社会科学文献出版社)、*Industrial Reform in China*(Oxford University Press),在 *Asian Economic Journal*、*Research Policy*、*Journal of Comparative Economics*、《国民经济》、《中国社会科学季刊》等期刊发表系列学术论文。

靳玉英 上海财经大学商学院讲席教授、研究生院院长。毕业于南开大学,获博士学位。长期致力于经济全球化与区域化、国际贸易理论与政策、金融危机与金融稳定、宏观经济政策绩效与组合等问题的研究,在《经济研究》《金融研究》《世界经济》等重要期刊发表系列论文。国家社会科学基金重大项目首席专家,先后获得宝钢优秀教师奖、上海市育才奖等荣誉。入选教育部"新世纪优秀人才支持计划",上海市曙光学者,担任上海市世界经济学会副会长。

李麦收 河南大学特聘教授,经济学院教授、博士生导师。毕业于一桥大学,获得经济学博士学位。曾担任日本一桥大学研究员,日本大学访问教授。主要研究世界经济和劳动经济问题,担任日本亚洲财团学术顾问,主持过国际合作科研项目《创建亚洲共同体所面临的问题研究》《国际经济合作与亚洲共同体的建立》等,在《一桥论丛》《一桥经济学》《东亚研究》等期刊发表论文,先后在东京召开的"亚洲共同体研讨会"和首尔召开的"亚洲共同体论坛"上作演讲。

孟雪辰 上海大学经济学院讲师,大国经济研究中心研究员。毕业于同济大学,获得经济学博士学位。研究方向为区域与城市经济、交通经济、国际经济。在国内外刊物发表论文 10 余篇。

刘奎　上海大学经济学院副教授、产业经济研究中心副主任、大国经济研究中心研究员。毕业于厦门大学,获得经济学博士学位。主要研究方向:能源经济、能源政策和环境经济。在国内外刊物发表论文 10 余篇。

顾清扬　新加坡国立大学李光耀公共政策学院教授。1994 年开始在新加坡南洋理工大学和新加坡国立大学任教。主要研究领域包括中国经济、中国与全球经济关系、公共政策与政府战略、基础设施建设和全球化。兼任高级公共行政与管理硕士学位项目主任和中国高级管理培训项目学术主任,国际英文学术期刊《基础设施、政策与发展》主编,新加坡"通商中国奖"评委,新加坡中华总商会研究委员会委员,亚洲科技可持续发展服务联盟主席。

杨逸夫　上海大学经济学院讲师、亚洲经济研究中心研究员。毕业于中国人民大学,获得经济学博士学位。研究方向为环境与资源经济学、计量经济学、可持续发展、经济法等。在国内外刊物发表论文 10 余篇。

朱珠　上海大学经济学院讲师、亚洲经济研究中心研究员。毕业于韩国釜山国立大学,获得经济学博士学位。主要研究方向:国际贸易学、国际经济关系。在国内外刊物发表论文 10 余篇。

陈镇喜　华南理工大学经济与金融学院副院长、教授、博士生导师。毕业于新加坡国立大学和南洋理工大学,获经济学博士学位,德国基尔大学"欧盟第七框架:金融扭曲以及宏观经济表现"项目博士后研究学者。担任 *Journal of Infrastructure, Policy and Development* 副主编、中国经济学年会金融经济专业委员、华南理工大学跨境金融创新研究中心副主任。在国内外权威刊物发表论文20余篇,主持国家社会科学基金项目和教育部人文社科基金项目。

苏尼尔·库马尔　印度南亚大学经济系主任、教授。毕业于德里大学,获经济学博士学位。主要研究领域为数据包络分析(DEA)和随机前沿方法(SFA)以及对银行业和制造业的效率和生产率的测量。代表著作有:《生产率和要素替代:理论与分析》《印度银行的放松管制和效率》。先后在 *Economic Modeling*、*Economics Systems*、*Socio-Economic Planning Sciences*、*International Review of Economics* 等国际学术期刊发表论文。

目　录

第一章 走向未来的亚洲文明和亚洲经济共同体

欧阳峣

在今年(2023 年)3 月召开的博鳌亚洲论坛 2023 年年会开幕式上,中国政府总理李强提出:"现在,亚洲和世界都处在历史演变的十字路口。我们要高举人类命运共同体理念的旗帜,携手构建亚洲命运共同体,打造世界的和平稳定锚、增长动力源、合作新高地,为世界和平与发展注入更多确定性,努力创造人类更加美好的未来。"面对世界和亚洲不确定性的挑战,亚洲各国的学者肩负着一种光荣责任和使命,这就是以务实的精神和平等的态度,探讨亚洲文明新形态和亚洲治理新思维、亚洲经济合作的客观基础和未来走向,建设亚洲生产网络和亚洲统一市场的路径及机制,进而用理性的力量为建设亚洲经济共同体注入更多的积极因素,增加更多共同发展的整合动力和光明前景。为此,我们提出几个问题供亚洲各国的专家学者研究:

一、重塑亚洲文明新形态和亚洲治理新思维

亚洲人民创造了灿烂的古代文明,古中国文明和古印度文明以

追求自由、仁爱、慈悲、和谐与社会秩序为特征，在世界历史上产生了巨大而深远的影响。近代以后，由于外部和内部的原因，战火弥漫，使亚洲走向经济萧条。从 20 世纪 70 年代开始，亚洲各国的经济合作出现曙光，亚洲经济走向繁荣，在日本经济崛起之后，相继出现了韩国、新加坡等新兴工业化国家的经济崛起以及中国、印度等新兴市场国家经济的崛起。进入 21 世纪，亚洲各国提出了建设"东亚共同体""东盟共同体""南亚共同体"的构想和蓝图。最近 10 年，诸多原因使东亚共同体和南亚共同体建设受阻，东盟共同体的建设进展顺利，最终形成了由东盟 10 国和中国、日本、韩国、澳大利亚、新西兰等 15 国参加的《区域全面经济伙伴关系协定》（RCEP）。根据当前亚洲区域一体化建设的多元化和多轨道态势，我们应该总结经验教训，认真研究重塑亚洲文明新形态和亚洲治理新思维。我们认真地思考，世界上的区域共同体建设模式有两种基本类型：一种是无主导国家的平等协商型，如欧洲经济联盟和东南亚经济联盟，比较起来前者更具有规范和成熟的特征；另一种是大国主导的领导型经贸合作，如北美经济圈或北美自由贸易区，由不同技术水平的国家组成的互补性特征。根据亚洲的情况，适宜采取无主导国家的平等协商模式，任何国家都不能试图起主导和控制作用，而且需要从东盟共同体模式走向规范的欧洲共同体建设模式。

（1）建设多元融合的亚洲文明。亚洲经济共同体建设的基础是文明的多元融合，应该以文明互鉴超越文明冲突，真正走出亨廷顿提出的"文明冲突论"的困境。日本和韩国引进现代自由经济需要，重塑超越制度文化之争的多元文明制度，走出了"原型亚洲文明体系"，新加坡用现代精神改造传统文化建立了新儒学文化体系，印度构建了现代文明和宗教文化融合的文明,中国正在进行以社会主义价值观为核心的传统文化的现代转换。重塑亚洲文明的方向是多元融合和现代转换,应该尊重各国的民族文化和制度选择,在多元融合的基础上创造出传统与现代结合、亚洲与世界结合、仁爱与效率结合、和谐秩序与法治秩序结合。

(2)建设平等协商的治理模式。亚洲国家有多种文明和制度,处在经济发展的不同阶段,它们都是追求自由平等和进步的主权国家,在建设亚洲经济共同体的过程中,为了达到互利共赢和追求共同利益的目标,主权国家不可避免地要让渡一些权力,如进出口配额、关税以及投资环境,通过权力共享为共同利益的协调提供保障。这些规则的制定、权力的让渡及共享,需要通过平等协商来实现,国家不分大小和强弱,任何国家都不应该享有主导权力。应该借鉴东盟共同体建设的经验,遵循"万隆会议"精神和求同存异、协商一致的原则,建立公正和均衡的区域经济秩序。

(3)建设长期有效的治理机制。各国各地区领导人的峰会可以带动区域经济合作,促进亚洲共同体建设,但是往往缺乏稳定性,容易随着领导人的更替及领导人意志的变化而改变,也可能造成签署的协定得不到有效执行;根据欧洲共同体建设的经验,应该建立比较完善的决策机构、决策机制及落实机制,需要拥有一个专门的机构框架以保障为实现其目标而采取的行动的一致性和连续性,并且从双边和多边的协议转向制定共同体的条约。区域一体化的目标是实现共同利益的最大化,这就需要通过制度化的安排避免单独行动而造成的恶性竞争,它要求共同体内部的各个国家统一行动并且联合成有机的整体,因而需要有一体化的制度和机制作为保障。

二、构建亚洲生产网络和多级雁行产业格局

从 20 世纪 30 年代开始,日本学者致力于探讨"雁行"产业形态。这种产业形态后来被总结为东亚产业模式,即产业发展遵循经济技术水平的层次依次转移——从日本向亚洲"四小龙",再向东盟国家和中国梯度推进。在 50 年代到 80 年代期间,东亚的雁行产业格局是比较稳定的。进入 21 世纪以后,随着新兴经济体的经济崛起和技术追赶,世界体系中的半边缘国家逐步向中心国家过渡,中国已经成为世界制造业的中心。根据我们实证分析最近亚洲国家拥有显性比较优势的"领头雁"产业或行业数量,排在前列的几个亚洲国家有:中国 53 个、日本 17 个、韩国 10 个、印度尼西亚 8 个、土耳其 7 个、印度 6 个,亚洲范围内形成了由不同国家领头的和不同产业部门交织的"多极雁行"产业格局。适应这种产业发展态势,亚洲共同体不可能建立在以某一个国家为主导的经济和产业基础之上,而应该遵循"多极雁行"产业形态的建设原则:亚洲的生产网络和产业格局正在由单一化向多元化转变,从而需要遵循多元化或多极化的思路建设区域性生产网络,构建和完善区域性国际产业链和供应链,进而形成由不同产业链和价值链的链主牵头的亚洲生产分工体系。

(1)建设多极化的亚洲产业格局。随着亚洲各国经济发展水平和产业技术水平的变化,产业格局将呈现动态调整的趋势。然而,产业头雁的培育和识别需要遵循客观的经济规律,具体的标准:一是拥有庞大的产业规模,从而能够形成规模经济效应;二是拥有整体设计和研发能力,从而能够营造产业生态;三是拥有国际前沿的产业技

术,从而能够引领产业的发展方向。应该按照这样的标准去识别产业链头雁,并且培育产业头雁在亚洲经济发展中的带动力,其他国家根据自身的比较优势选择合适的位置,有效地配置资源,从而形成有序推进的产业梯队,使各国的比较优势得到充分发挥。

(2)建设多元化的亚洲生产网络。亚洲经济共同体的基础是区域性国际分工,即由市场驱动的区域性生产网络。根据亚洲各国的资源禀赋和出口结构,可以将亚洲各国分为自然资源型、劳动力资源型以及技术产品制造型;亚洲各国需要根据自身的产业特征参与区域性国际分工,通过资源要素及中间产品的供应,形成完善的产业链和稳定的供应链;亚洲各国应该按照互利共赢的原则,合理安排产业链各个环节的增值比重,从而保持区域价值链的相对平衡或者均衡,增强亚洲区域价值链的吸引力、聚合力和稳定性,为建设亚洲经济共同体奠定基础。

(3)建设多层次的技术合作体系。区域性技术合作是建设亚洲经济共同体的重要内容,通过不同层次的技术合作,可以发挥高技术国家的技术外溢效应,带动后发国家的技术水平提升和产业结构升级,最终推动亚洲地区的整体性技术水平提升和产业机构升级。亚洲各国的产业技术具有多层次的特征,技术合作也应该是多层次的:第一层次是日本、韩国、中国等技术水平较高国家的合作,目标是通过合作研发突破重点产业关键核心技术,引领亚洲产业技术走向国际前沿;第二层次是高技术产品制造国家与中等技术产品制造国家的合作,以及中等技术国家与低等技术国家的合作,目标是通过合作研发带动中等或低等技术产品制造国家进入更高的技术层次。

三、建设亚洲统一市场，推动贸易自由化便利化

亚洲区域市场不仅拥有庞大的规模，而且拥有巨大的增长潜力。第一，从经济总量上看，2021年亚洲GDP总量达到361 345.22亿美元，占到世界总量的37.3%；亚洲的最终消费支出为220 320.57亿美元，达到世界总量的31.66%。第二，从区域结构上看，2021年东亚国家的GDP和最终消费支出分别为246 522.38亿美元和145 349.31亿美元，占到亚洲总量的68.22%和65.97%，东盟国家的GDP和最终消费支出分别为33 739.96亿美元和22 271.37亿美元，占到亚洲总量的9.34%和10.11%，南亚国家GDP和最终消费支出分别为40 627.84亿美元和30 189.62亿美元，占到亚洲总量的11.24%和13.70%。第三，从增长速度看，2021年亚洲国家的GDP增长率为14.99%，最终消费支出增长率为10.49%。在全球经济低迷的形势下，亚洲经济增长保持了良好势头。当亚洲经济体的外需缩减时，迫切需要区域内部市场的扩张，为此，应该加快建设亚洲统一市场，构建规模庞大、循环畅通的市场体系。

（1）建设亚洲自由贸易区。国际区域经济合作的演进逻辑是从贸易合作、货币合作到经济联盟，建设亚洲自由贸易区是建设亚洲经济共同体的基础。2020年东盟10国和中国、日本、韩国、澳大利亚、新西兰等15国签署的《区域全面经济伙伴关系协定》（RCEP）涉及货物贸易协定、投资协定、新议题以及争端解决机制，成为亚洲经济共同体建设初级阶段的框架文件。当前的任务是推动各项措施的落实：一是货物贸易的自由化和便利化，在10年内实现90%以上的货

物贸易零关税,并逐步降低非关税壁垒;二是优化营商环境,在市场推入和投资保护方面给予国外投资最惠国待遇,推动区域内投资的自由化和便利化。

(2)建设亚洲最优货币区。东亚国家已经具备了经济依存度高、生产要素自由流动等形成最优货币区的基本条件,建设最优货币区不仅可以降低各国的交易成本,而且可以形成对美元体系的制约。需要借鉴欧盟货币金融合作的经验,在达成共识的基础上推动货币一体化。2000年《清迈倡议》的达成,正式开启了东亚货币合作的进程,中国、日本、韩国分别签订了货币互换协议,并与东盟成员国签订货币互换协议。然而,货币金融一体化的道路是漫长的,其具体表现为以亚洲国家主要货币为核心的国际化进程,而非超主权货币形式,当前需要切实推进各国货币互换协议的落实。

(3)建设亚洲互联互通区。基础设施的互联互通是国际性区域经济合作的桥梁。自2014年开始筹建亚洲基础设施投资银行以来,亚洲的基础设施建设合作逐渐拓展,主要集中在能源和交通基础设施领域,中国和日本等国为改善亚洲国家基础设施作出了重要贡献,特别是推进了一些国家的铁路和电力系统建设。今后的任务是为亚洲各国提供更多共享性的和高质量的公共产品。当前需要关注的问题:一是以基础设施建设促进产业链建设,带动构建亚洲生产网络和区域产业链;二是积极推进信息基础设施建设,加强物联网、工业互联网和5G通信领域的合作。

以上就是我们提出的加强亚洲经济共同体建设研究的几点建议,也是我们这次会议研究主题。我们计划每年召开一次小型的国际研讨会,积极推动建设亚洲经济共同体的研究。同时,希望亚洲各国的专家学者联合起来做系统性的理论研究,促进形成亚洲经济共同体建设的框架,探索新的文化思维、治理模式和政策体系,为走向未来的亚洲经济共同体提供有力的理论支撑和政策支持!

第二章　亚洲区域经济一体化与亚洲增长新动能

盛斌

一、引言

亚洲是 21 世纪全球经济最活跃、最具发展潜力的地区。亚洲的繁荣首先得益于经济与社会的基本面因素,包括巨大的人口规模与较高的净出生率、迅速扩张的中产阶级、健全的基础设施、不断扩张与升级的私人消费、充实的储蓄与投资所支撑的生产能力以及参与全球价值链带来的贸易红利等。许多亚洲国家审时度势地实施了基于发展与市场导向的经济体制与政策改革,包括:提高透明度、实施贸易自由化和便利化、促进外资流入与对外投资、设立开放园区、放松国内管制、进行经常项目自由化与汇率改革等,为经济发展提供了稳定、可预见、具有竞争性的良好营商环境。同时,亚洲国家之间积极有效推进区域一体化进程,加强经济与技术合作、政策对话、经验交流、信息分享、能力建设等,为维护亚洲的繁荣与稳定提供了重要的基石和保障,也为构建习近平总书记所倡导的亚洲利益共同体、责任共同体和命运共同体塑造了美好愿景。

二、亚洲区域经济一体化的演进

亚洲区域经济一体化的历史由来已久,富有活力,同时也充满竞争性。二战后,日本率先提出东亚经济合作构想,并推动成立国际委员会。20 世纪 80 年代,日本提出构建"环太平洋经济圈"的倡议,2003 年又发表《东京宣言》提出共建"东亚共同体"。1967 年,印度尼西亚、马来西亚、新加坡、菲律宾、泰国五国成立"东南亚国家联盟"(ASEAN,简称"东盟"),2002 年扩大到十国成员的东盟自由贸易协定启动生效,成为亚洲最早实现经贸紧密合作的次区域地区。2002年中国与东盟签署《全面经济合作框架协议》("10+1"),2004 年中国与东盟自由贸易协定达成,这是中国签署的首个自由贸易协定,展现了新兴力量在亚洲区域经济一体化中的重要作用。随后,日本、韩国也与东盟达成了贸易协议,由此,东亚地区形成了"10+3"合作框架,达成东亚自由贸易协定(EAFTA),成为亚洲区域经济一体化的最重要基石。2005 年,首届"东亚峰会"在马来西亚举行,除东盟十国、中、日、韩外,还有澳大利亚、新西兰、印度等国参加,在此基础上,2012 年东盟正式提出建立《区域全面经济伙伴关系协定》(RCEP),成员国为以上 16 个国家。经过近十年的谈判,除印度以外的 15 个国家最终达成 RCEP 协定,协定于2022 年正式生效。

澳大利亚也是亚太地区经济一体化的重要倡导者之一。1989年,在澳大利亚总理霍克提议下,亚太经济合作组织(APEC)成立,但直到 1993 年,在美国推动下于西雅图召开的首次 APEC 领导人非正式会议,才使 APEC 上升成为重要的高级别地区合作舞台。APEC 在 1994 年确立了"茂物目标",即发达成员在 2010 年前、发展中成员在 2020 年前分别实现亚太地区自由与开放的贸易投资的高远目标。2006 年,在 APEC 越南峰会上,美国首次提出建立"亚太自由贸易区"(FTAAP)倡议,但由于各方意见未能达成一致,进度停滞不前。2014 年,中国作为东道主在北京 APEC 峰会上力促达成"FTAAP 北京路线图",使 FTAAP 成为亚太经济一体化的一个重要选项。2021 年,APEC 新西兰峰会达成的《2040 年亚太经合组织布特拉加亚愿景》中强调届时要最终实现 FTAAP。

除了日本、东盟十国、中国、澳大利亚、美国等在亚洲或亚太经济一体化中扮演引领角色外,本地区的一些新兴经济体在倡导推进该进程中也十分活跃。2005 年,智利、新西兰、新加坡和文莱签订《跨太平洋伙伴关系协定》(TPP),简称"P4"。此外,新加坡、智利、新西兰还于 2020 年签署旨在加强数字经济与贸易合作的《数字经济伙伴关系协定》(DEPA)。2008 年美国加入 TPP 谈判,并推动扩大谈判成员与议题,使 TPP 迅速成为亚太地区重要的区域经济一体化路径,并于 2016 年达成包括 12 个经济体在内的自由贸易协定。特朗普上台后,美国宣布退出 TPP,余下 11 国达成的《全面与进步跨太平洋经济伙伴协定》(CPTPP)于 2018 年底正式生效。2022 年,美国拜登政府发布和实施"印太战略",其中内容之一是"印太经济框架",目前包括覆盖亚洲、太平洋、印度洋地区的 13 个参与方。

目前,在亚太地区形成了以 RCEP、CPTPP 为主的区域经济一体化路径,中、日、韩、澳、东盟积极参与其中(见图 2-1)。基于 APEC 合作框架的亚太自由贸易区(FTAPP)作为一个未来愿景方案也在推

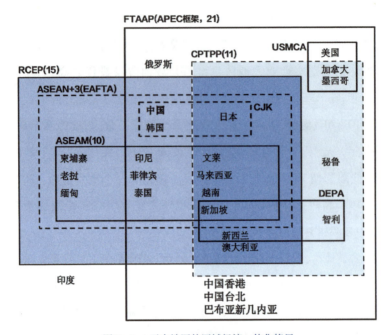

图 2-1　亚太地区的区域经济一体化格局

资料来源：作者自制。

进中。在东北亚三个国家中,中韩已经签署和实施自由贸易协定,中日韩三国之间的协定谈判近年来有所停滞。

三、亚洲区域经济一体化的特点

与欧洲、北美地区的经济一体化相比,亚洲的区域经济合作体现出多元化主导、多轨道路径与多速度演进的特点。

(1)亚洲区域经济一体化具有错综复杂、相互交织的结构体系,具有明显的"亚洲面碗"特征。该地区的自由贸易协定关系可分为嵌套型、辐条型和交叠型。嵌套型是指成员国同时面临双边和区域性协定的多重贸易规则,例如中国在与东盟签订"10+1"自贸协定的同时还与东盟成员国之一的新加坡达成双边协定;辐条型指某一"中心"国家与不同国家签订具有不同内容的协定,如中国分别与韩国、东盟、澳大利亚、新西兰等签订双边协定;交叠型同时具有嵌套型和辐条型贸易协定的特点,如东盟国家与中、日、韩三国分别签订协定。

（2）亚洲区域经济一体化形成了以 RCEP 为载体的"东亚轨道"与以 CPTPP 为载体的"亚太轨道"的巨型自由贸易协定之间的竞合关系。一方面,RCEP 以东亚国家为主,协定条款内容起点较低,强调保持灵活性、异质性与渐进性,关注浅层次一体化与自由化带来的传统经济收益;而 CPTPP 覆盖环太平洋国家,协定条款内容起点高,强调趋同性、约束性与更高的准入条件,关注深层次一体化与自由化带来的非传统经济收益。但另一方面,RCEP 与 CPTPP 在成员构成上又有较高的重合度——目前共有 7 个国家同时作为两个协定的成员方。

（3）亚洲区域经济一体化包含不同质量与标准的贸易协定。全球经贸合作正在经历从以边境措施为主的"第一代"模式向以边境内措施为主的"第二代"模式转变。前者通过互惠方式提高国家之间的市场准入水平,重点在于消除或降低关税、配额、许可证等贸易壁垒;后者通过不同国家之间的国内政策的规制协调与融合达成共同认可和不断提高的标准或规则,例如投资、知识产权、竞争政策、政府采购、环境保护等,重点在于实现公平竞争与消除经济扭曲。亚洲自由贸易协定对传统规则条款的覆盖率与承诺率很高,但对新规则条款则差异性较大。总体来说,发达经济体间签订的协定对新规则条款的覆盖率与承诺率普遍高于发展中经济体,但韩国、新加坡等国除外。如图 2－2 所示,CPTPP 协定的质量与标准要明显高于 RCEP 协定,特别是在电子商务、劳工、国有企业、监管协同等领域发挥了开创性作用;而 RCEP 协定则在经济技术合作、中小企业等领域体现出促

图 2-2　CPTPP 与 RCEP 协定的主要内容

资料来源:作者自制。

进发展的特色。

（4）亚洲区域经济一体化在领导力与方案路径上存在多元竞争，反映了亚太地区大国和国家集团之间在地缘政治关系和经济一体化路径选择与偏好上的博弈。日本是最早倡导亚洲经济一体化的国家，试图通过依靠与巩固"美日同盟"获取对东南亚地区的广泛影响。近年来，随着中国的崛起，日本又寻求利用亚太地区的多边制衡关系来追求本国利益，例如在 RCEP 谈判中拉入澳大利亚、新西兰、印度三国来压制中国。美国是亚洲地区特殊的"域外国家"，奥巴马推动 TPP 以及拜登抛出"印太经济框架"都是美国对亚洲一体化打入楔子的尝试，试图将经贸合作与地区安全机制捆绑在一起，达到美国在亚洲的战略意图。东盟是亚洲区域一体化中一支举足轻重的力量，其通过加强内部整合与编织外部合作网络使自身成为"功能性中心"，基于大国间的力量平衡来拓展其政治、经济和安全空间。实际上，RCEP 就是以东盟与其他成员达成的四个双边协定整合与升级而来的。进入 21 世纪以来，中国成为引领推动亚洲区域一体化的新生力量，发挥着愈加显著的作用。中国支持以"10+3"为载体，以务实、渐进、灵活的方式开展亚洲地区的经贸与经济技术合作，同时以积极开放的态度推进 APEC 合作与 FTAAP，并申请加入 CPTPP 与 DEPA。在亚洲区域一体化的合作与博弈中，中美关系、中日关系与东盟的立场是关键的要素。

四、亚洲区域经济一体化与区域经济增长新动能

亚洲区域经济一体化一直保持着稳步推进的态势，即使是新冠

疫情大流行造成的全球贸易中断和经济低迷,也没有抑制亚洲地区新建与深化经贸伙伴关系的势头。同时,亚洲区域一体化通过促进贸易投资流动、塑造区域供应链网络、提供公共产品、应对外部冲击和创造包容性发展,为区域的经济增长提供了新动能,体现在以下几个方面。

(一)亚洲区域经济一体化有力地增进了区域内贸易、投资与金融合作

亚洲开发银行发布的 2023 年亚洲经济一体化报告显示,亚洲区域内货物贸易占货物贸易总额的比重尽管受疫情影响从 2020 年的 58.5%略减至 2021 年的 58.2%,但仍然比 20 世纪 90 年代初的约 50%有了较大增长;同时,亚洲区域内服务贸易占服务贸易总额的比重基本保持在 45%左右。这其中的一个重要因素是中国在该地区的主要贸易伙伴地位:中国占亚洲区域内贸易的比重约为 20%。在投资领域,亚洲区域内的外国直接投资(FDI)主要来自东亚,主要流向为东亚和东南亚。2021 年,东亚地区内的绿地投资总计为 486 亿美元,主要流入东亚(228 亿美元)和东南亚(225 亿美元)。东亚地区也是区域内跨国并购的最大来源地(456 亿美元),并购资金仍然主要流向东亚和东南亚。此外,亚洲地区金融一体化也稳步发展,区域内跨境银行存贷款流入比例从 2017 年的 37%上升至 2021 年的 38%,同期外国直接投资比例由 48%上升到 51%,投资组合债务比例从 28%上升 29%,投资股权比例从 18%上升至 21%,总负债比例从 33%上升到 36%。

(二)亚洲区域经济一体化深化了地区供应链体系与生产网络

亚洲区域一体化的一个显著特征是其建立在由市场驱动的区域

性生产网络基础上,即本地区业已形成的包括大量制程分割、中间品贸易、跨国资本流动、服务外包、产业关联与转移在内的垂直专业化分工体系。2023 年亚洲经济一体化报告数据表明,2021 年亚洲地区内部中间品出口与进口分别占总额的 57%与 70%。亚洲地区的全球价值链(GVC)参与率从 2020 年的 66.2%增长到 2021 年的 67.7%,区域价值链(RVC)同期从 67.6%增长到 69%。RCEP、CPTPP 以及其他双边和区域贸易协定将进一步通过提供贸易投资自由化与便利化动力,加深亚洲经济体之间产业链、供应链和价值链的相互联系与相互依存。

(三) 亚洲区域经济一体化将增强共同抵御风险与应对危机的能力

确保重要基本物资与商品(如药品、能源、粮食等)的贸易渠道在经济危机与外部冲击中不受阻碍,对于减少由此带来的负面影响至关重要。应对新冠疫情等全球性重大危机,需要更加协调一致、更有针对性的区域合作政策与措施。亚洲经济体之间的区域贸易协定有助于减轻全球性危机对贸易流的不利影响,尤其是在帮助成员国获得基本医疗产品(如疫苗、检测包),以及加强对这些产品跨境生产的供应链与物流合作等方面。

(四) 亚洲区域经济一体化促进了区域性公共产品的供给与保障

与世界其他国家一样,亚洲国家同样面临着日益严峻的全球性问题与跨国发展挑战,例如基础设施联通、环境退化、资源短缺、气候变化、传染病等。因此,建设与维护区域性公共产品成为区域经济一体化的一个重要组成部分,包括跨境基础设施互联互通、共享自然资源的可持续管理、跨境疾病监测、减灾防灾等。区域内所有国家的集体行动可以在整个区域产生正向溢出效应,从而超过国家各自行动的效果总和。亚洲国家开展的农业、减贫、教育、疾病防控、海啸预警等经济技术合作为构建区域性公共产品树立了全球范例。

(五)亚洲区域经济一体化关注并致力于实现包容性发展

亚洲国家中多数为发展中国家,甚至还包含少量最不发达国家。因此,缩小国家之间的发展差距、增进包容性增长、加强技术援助与能力建设对亚洲区域经济一体化具有特殊而重要的意义。在开展区域合作的过程中,亚洲国家对此给予了许多关注,并取得了良好的成果。例如,亚洲开发银行最先提出"包容性增长"的概念;APEC 是最早重视与实施包容性发展的区域性组织之一,于 2017 年发布了《APEC 促进经济、金融和社会包容行动议程》,提出了经济包容性、金融包容性和社会包容性三个发展目标,在贫困与偏远地区、教育与就业、妇女、中小企业等问题上持续开展合作与经验共享,2019 年 APEC 智利峰会宣言中又将数字化社会、一体化 4.0、女性、中小企业、可持续增长作为未来开展工作的重点领域;RCEP 协定中包含"经济技术合作"章节,旨在缩小缔约方之间的发展差距,强调通过信息共享、技术援助、协同合作等方式帮助最不发达国家履行协定义务并从中获益,强调各国应建立促进中小企业发展的合作机制,鼓励各缔约方促进中小企业的信息共享。

五、亚洲区域经济一体化的未来

面对全球通货膨胀、经济增长乏力、地缘政治风险加剧的挑战以及数字技术革命的机遇,亚洲国家需要进一步加强区域制度性合作与创新,为实现经济可持续、创新、包容、安全、韧性发展创造新的动能与活力。重点包括以下几个方面。

(一) 加强亚洲区域供应链的重构与升级

全球供应链体系在金融危机、逆全球化、贸易冲突、新冠疫情冲击、乌克兰危机等影响下不断发生重构与调整,出现本土化(供应链回流)、多元化(供应链转移)、近岸化(供应链缩短)和友岸化(供应链安全)趋势,减少供应链风险与增强经济韧性逐步成为新的目标。美国联合部分西方国家采取的针对中国的"脱钩断链"政策也使亚洲区域供应链面临分裂的风险。此外,尽管亚洲在全球价值链和区域价值链的参与率均有所增长,但其区域价值链更多地依赖于简单的生产网络,即只涉及中间品一次性跨界流动,而不是复杂网络(中间品两次及以上的跨界流动)。区域价值链在初级和低技术部门比在高科技和服务业部门显示出更强的联系,这表明亚洲经济体需要在高附加值与高科技部门培育更紧密的供应链联系。

(二) 避免亚洲区域经济一体化路径的分裂

亚洲区域经济一体化尽管发展迅速,但也存在明显的缺陷,即缺乏一致而明晰的经济一体化战略,一体化网络中缺乏大国之间的紧密合作。当前地缘政治紧张与冲突给区域经济合作蒙上了阴影,经贸问题泛政治化、价值观化并与安全问题捆绑不仅不利于亚洲区域经济一体化的长远发展,反而会加剧大国间的摩擦与对峙,并迫使一些国家不得不"选边站队"。在这方面,美国基于"价值观—安全—供应链"三位一体的区域一体化与中国基于人类命运共同体和包容性发展的区域一体化理念与实践形成了鲜明的对比,并在贸易标准与规则、数字标准与规则、技术标准与规则等领域形成竞争关系。

（三）深化国际经贸新规则领域的合作

亚洲发展的需要对区域一体化提出了更高的期待,即亟待建立以发展为导向、以规制融合为重点、以互联互通和能力建设为支撑的新型深层经济合作体系。首先,在经济自由化与市场化的原则基础上,亚洲区域一体化必须充分考虑广大发展中国家在发展民族经济、产业升级、经济安全、环境保护与减贫等方面的发展目标。其次,实现从以"边界措施"为主的市场准入规则向以"边界内措施"为主的规制协调规则转变,包括投资、政府采购、竞争政策、资本流动、环境、电子商务等领域,致力于高标准、高质量的区域经济一体化建设。此外,通过以加强基础设施建设为核心的互联互通和提高战略与政策制定水平的能力建设,化解亚洲的发展瓶颈问题,缩小各国之间的发展差距,为区域内贸易与投资紧密合作创造有利条件。中国的"一带一路"倡议与亚洲基础设施开发银行等为此提供了创造性的实现途径。最后,随着亚洲国家在应对气候变化方面发挥的作用越来越大,区域合作对于生产、贸易和投资脱碳至关重要。

（四）开展数字经济与贸易领域的合作

近年来,亚洲各国日益重视利用人工智能等前沿数字技术发展数字产业、实现产业转型和构建数字治理体系。亚洲地区对建立跨境数据自由流动的数字贸易规则的实践日益深入,这有利于加快形成创新、有竞争力、高效的价值链并促进经济增长。许多亚洲经济体达成的贸易协定中包括了电子商务、数字贸易、数据治理等条款,部分国家还达成了专门的数字经济协议。未来亚洲区域经济一体化可在数字国内监管模式(包括隐私、安全、消费者保护、源代码、算法或加密保护)与跨境数据流动(包括数据本地化、跨境数字产品征税)

等方面加强合作,为全球达成新的数字规则起到示范与引领作用。

(五) 促进"以人为本"贸易与投资自由化

亚洲区域经济一体化应进一步贯彻"包容性发展"理念,实现倡导机会平等、注重参与共享、崇尚公平正义的经济增长模式,其中强调"过程参与"和"成果共享"是关键所在。亚洲国家应将包容性和经济赋权问题作为未来区域经贸合作的重点之一,实现区域一体化收益分配的公平性与普惠性。为此,应促进"以人为本"的贸易与投资自由化,推动中小企业参与国际化进程;实施经济与社会政策结构改革,消除影响弱势群体公平参与经济开放与发展的障碍;加强规制融合与监管协调,构建"以人为本"的贸易与投资新规则。

参考文献

[1] 李向阳.亚洲区域经济一体化的"缺位"与"一带一路"的发展导向[J].中国社会科学,2018(8):11.

[2] 盛斌,果婷.亚太区域经济一体化博弈与中国的战略选择[J].世界经济与政治,2014(10):18.

[3] 盛斌,靳晨鑫."以人为本"的贸易与投资政策:基于APEC的经验研究[J].国际经贸探索,2020,36(11):4-19.

[4] 苏格.APEC30周年纪念文集[M].北京:世界知识出版社,2020.

[5] 习近平在亚太经合组织工商领导人对话会上发表主旨演讲[N].人民日报,2020-11-20(1).

[6] Asian Development Bank, 2023, "Asian Economic Integration Report 2023: Trade, Investment, and Climate Change in Asia and the Pacific," https://www.adb.org/publications/asian-economic-integrationreport-2023.

[7] Global Future Council on International Trade and Investment, 2020, "Advancing Digital Trade in Asia," World Economic Forum.

[8] International Centre for Trade and Sustainable Development, 2016, " The E15

Initiative: Strengthening the Global Trade and Investment System in the 21st Century," *World Economic Forum*.

[9] Mattoo, A. , N. Rocha and M. Ruta, 2020, *Handbook of Deep Trade Agreements*, World Bank Group.

[10] WTO, 2011, "World Trade Report 2011: The WTO and Preferential Trade Agreements: From Coexistence to Coherence," https://www. wto. org/english/res _e/publications_e/wtr11_e. htm.

第三章　大国竞争与亚洲崛起

万广华

前几天在复旦开会,我问了盛斌校长:"还记得 2018 年 10 月的中国世界经济学年会吧?"在那个八百多人参与的会议上,我作了题为《走向终结的全球化》的主旨演讲,这个演讲遭到大家包括朋友们的一致反对。现在回想起来,有两点特别值得庆幸:第一是不被认可的观点五年前还可以讲;第二是五年后的今天,当时的预判基本成为事实,大多数学者都认可逆全球化已经发生。

这个讲话稿经整理后,发表在 2020 年第 7 期的《学术月刊》上。不得不提的是,这篇文章的标题本来是《走向终结的全球化》,后来被改为《逆全球化:特征、起因与前瞻》,但就在印刷出版之前,又被改为《"逆全球化":特征、起因与前瞻》。看上去就是仅仅给"逆全球化"添加了双引号,但背后的含义其实非常不简单。事实上,如果我们五年前就为逆全球化做准备,中国经济和老百姓的工作生活所受到的影响就会小不少。

关于逆全球化的问题,我从 2015 年就开始关注了,那时我在东京,负责亚洲开发银行学院(ADBI)的研究工作。记得 2016 年接待中国社科院的代表团时,我就作了关于逆全球化的报告,中国驻日本大使馆的官员也参加了，事后代表团通过大使馆向我要演讲PPT，但因为准备得不充分，一直没有与他人分享。

其实在关于逆全球化的观点或预判形成之前，我早就推测到国际大变局不可避免地会发生。这个推测第一次提出来，是2008年左右我在云南财经大学所作的一个讲座，题目是《品中国经济增长》，记得这个讲座引用了"雄关漫道真如铁，而今迈步从头越"和"问苍茫大地，谁主沉浮?"的诗句。其实，我2008年6月离开联合国，加盟亚洲开发银行后，很快与中国驻亚行的董事办就此议题进行了交流。董事办是中国政府的代表，人员主要来自财政部，记得当时参加的财政部官员之一是位姓吕的女士。在这次交流中，我特别强调，中国周边的地缘政治格局会发生重大变化，我们必须早作准备。今天可能有不少人认可这个推测，但3—5年前，甚至1—2年前，更不要说16年前，是没有人相信这个推测的。所以，这个推测长期被忽略，甚至被有些人当作"胡说八道"。

基于与董事办和财政部官员的交流，我写了一篇文章——《2030年：中国城镇化率达到80%》，但很难发表。在朋友大力推荐和中国社会科学院邵滨鸿老师的支持下，经过多轮修改，文章最终于2011年发表在《国际经济评论》上。在这篇聚焦中国城镇化的论文里，我提出的观点可以概括如下：国际大变局不可避免，助力中国增长的、宽松的国际环境将不复存在，因为以美国为代表的势力将对中国实行围追堵截。为此，中国要坚持韬光养晦，为和平与发展争取最大的空间和最多的时间，与此同时，中国要逐步减少对国际市场的依赖，在国际上要努力搞好与印度的关系，在国内要尽快推进城镇化。因为国际局势不是我们所能主导的，所以，我把积极推进城镇化称为

"家庭作业",是必须要做的,也是可以自己去做的。这些观点和预判现在都已经成为事实:"百年未有之大变局"今天可以说是家喻户晓;2020年中国推出的"双循环"发展战略在本质上就是要减少对国际市场的依赖;印度在地缘政治中的重要性越发彰显出来,但我们没有搞好与印度的关系;我们也没有把"城镇化"这个家庭作业做好:人口城镇化率在夹缝中不断攀升,但户籍城镇化率仍然严重滞后。

我是2017年底回到国内的,回国前后在不同场合呼吁加强关于国际局势的研究。2018年3月,我受邀在上海作了一场"鸿儒讲座",题目就是"中国经济增长前景:逆全球化与收入不均等"。澎湃新闻对这个活动的报道的第一句就引用了我的开场白:中美贸易战迟早会发生。当时并不知道何时会发生,但在鸿儒讲座之后的第8天,美国发动了贸易战。最初的主流判断是我们肯定赢,贸易战也不可能持续。我在《经济观察报》发表了不同的观点:这次贸易战与以往的不同,它会持续很久,会牵涉众多国家,而且可能扩大到其他领域,给贸易增长带来严重后果。五年多过去了,事实充分说明了谁对谁错。只是代价太沉重了:我们的增长率从2017年的14.7%下降到疫情前的6%,而且还可能下降,而美国确实也受到影响,但美国二战后的增长率一直在2%—3%,现在也没有掉到2%以下。

值得庆幸的是,我们的增长率与美国相比还是比较高的,如果应对得当,可以在较长时期内保持这个增长优势,从而继续向世界强国迈进,最终赢得这场百年一遇的大国竞争。

说到大国竞争,尽管人类文明据说开始于一万两千年之前,但大国之间展开经济竞争仅仅是过去两百多年的事情。按照著名经济学家安格斯·麦迪森(Angus Maddison)的数据,公元1000年至工业革命前,亚洲在全球的 GDP 占比很高,高于当今美国加欧洲在世界经济中的占比。但工业革命和资本主义在欧洲出现后,特别是 1820 年后,全球经济版图开始发生显著变化:首先是欧洲崛起,接着是美国崛起,世界的重心从亚洲转向欧美。

最近两百年的大国竞争首先发生于英国和美国之间。19 世纪末,美国的 GDP 总量超越英国,成为世界第一经济大国,仅仅十年后,美国的人均 GDP 超越英国,成为世界第一经济强国。顺便提及,用购买力平价衡量,我们的 GDP 总量已经超过了美国,但人均 GDP 还差得很远,即我们已经是经济大国,但还不是经济强国。如果以汇率计算,我们 GDP 总量达到了美国的 70% 左右,进步非常大,但还没有成为经济大国,更不要说是经济强国了。

20 世纪初经济上最大也是最强的美国是全球霸主吗?否!20 世纪初的霸主仍然是日不落英国。英国失去霸主地位与两次世界大战不无关系,这两次战争对欧洲和英国的经济而言是毁灭性的,与此同时,崇尚孤立主义的美国从这两次战争中获益,"此消彼长"大大加快了美国成为世界霸主的步伐。也就是说,如果没有这两次人类历史上极为罕见的"此消彼长",美国成为世界霸主的时间可能会比实际发生的还要晚。

在英国先后失去世界第一经济大国和经济强国的头衔后十年左右,第一次世界大战于 1914 年 7 月 28 日在欧洲爆发,虽然战火没有燃烧到英国本土,但作为协约国领头羊而且身处欧洲的英国,经济上与德法高度融合,自然蒙受巨大损失。但战后的谈判却是由英法主导的,尽管那时美国的国际地位不容低估,但美国显然尚未成为世界霸主,这一点可以从时任美国总统托马斯·威尔逊(Thomas Wilson)

的讲话中得到准确体现,他对威廉·多德(William Dodd)说:"我是在十分困难的境地谈判。人们认为我能控制一切,我多么希望我有这样的力量。"美国的窘迫地位可见一斑。事实上,美国甚至没有签署《凡尔赛和约》,也没有加入1920年1月10日成立的国际联盟(简称"国联")。

国联是联合国的前身,先后有63个国家加入,主导了一战后的国际事务,其主要使命为防止大规模战乱,但在它成立不到二十年的1939年,第二次世界大战又在欧洲爆发,再次对英国造成毁灭性的打击。美国一开始没有介入,但太平洋战争把它拖入了二战中。二战进一步强化了美国的国际地位,战后成立了联合国,1946年4月18日由英法主导的国联寿终正寝,美国正式成为世界霸主。有趣的是,战后谈判开初,英国代表团团长凯恩斯仍然想与美国平起平坐,共同统治这个世界。

我讲这么多,其实是想说明,美国成为世界经济大国和强国四十多年后,才成为世界霸主。也就是说,经济实力和综合(外加军事、政治、文化等)实力之间不是同步的,后者是严重滞后的。另外一个例子是苏联,它经济辉煌的时候,其GDP达到美国的70%左右,是世界经济大国之一,这成就了它超级强国的地位。尽管苏联于1991年底解体,经济崩溃,但如果不是俄乌冲突暴露了俄罗斯真正的军事实力,我们可能至今仍然会把它当作世界强国之一。俄罗斯经济实力与综合实力之间滞后了三十多年。有趣的是,目前我们的GDP(基于汇率计算)也在美国的70%左右。

二战标志着上一个百年变局的结束和这一轮百年变局的开始。本轮大变局参与竞争的不只是苏联,还有亚洲。早期是没有中国的。

所以经济学界 80 年代和 90 年代关注的一直是亚洲崛起,有大量文献研究日本、亚洲"四小龙"和亚洲"四小虎"。当然,我们知道,日美之间的大国经济竞争早已水落石出。

就在日本"丢失的 30 年"开始之际,中国在邓小平南方谈话、开启第二次改革开放后,开始出现在世界经济版图的显著位置,特别是在 2001 年底加入 WTO 以后,迎来了经济增长的黄金时代。在此,我们要感谢西方的经济学界,直至近些年,不断有学者断言,中国要崩溃,使得竞争者放松了警戒。倒是我们自己,如有些人,在世界上各种场合,高调宣告我们多么多么强大,甚至早就全面超越了美国。当然,今天我们遭受围追堵截是早晚的事情,但如果我们再有 10—15年和平发展的时间和空间,到时我们的实力与今天相比,完全不可同日而语。

前面提到,二战后的亚洲崛起早期由日本推动,后来有亚洲"四小龙"和"四小虎",再后来是中国和印度。著名的"亚洲增长奇迹"争议聚焦亚洲崛起能否持续,如果能够持续,那就会改变世界经济格局,并最后导致世界经济重心从太平洋西岸转向太平洋东岸。

尽管日本去年又开始经济增长,但日韩的衰退难以扭转,似乎验证了诺奖得主克鲁格曼的推断:亚洲增长奇迹无法持续。正是因为这一点,我在离开东京回国前,专门组织了一个国际会议,把韩国、日本、美国和我国最顶尖的经济学者聚在一起,讨论中日韩增长前景,本质上就是聚焦中国是否会步日韩的后尘,陷入低增长的陷阱。不出所料的是,那个会议也没有给出确定的结论,所以由中印推动的亚洲崛起能否成功,至今仍是一个疑问。

就中国的增长前景而言,国家统计局和部分机构的研究认为,中国未来的潜在增长率为 5% 左右,这意味着实际增长率在短、长期无法达到 5%,也许只能维持平均 3%—4% 的增长速度。这虽然比美国 2%—3% 的增长率要高,但却意味着中国成为世界经济强国还需要数十年,这期间会出现很多不确定性。

这里的不确定性还包括印度崛起的问题。这个问题我从 2003 年起开始关注,当时在国内到处宣传,但一直没人愿意听,更不要说成立相关研究机构了。无奈之下,我跑到云南财经大学,成立了国内第一个印度洋地区研究中心。现在印度研究中心已经遍布全国,复旦大学和北京大学也有。

事实上,我于 2009 年在复旦大学出版社出版了一部论文集,就是关于中印竞争的,前几年又在牛津大学出版社出版了关于中印城镇化的著作。之所以聚焦城镇化,是因为城镇化对每个发展中国家都至关重要:没有一个国家能够通过第一产业的发展成为经济大国或强国。过去 20 年我的思考是,中华民族要振兴,不但要追赶上美国,而且要防范印度在数十年后赶超中国。这种可能性确确实实存在,我们不能只盯着前面的美国,我们还要关注后面的印度,关注"龟兔赛跑"。

第四章　共创高质量未来：中国—东盟区域经济合作的路径探索

毛雁冰　刘睿敏

一、引言

在 21 世纪的全球经济格局中，受 WTO 多边贸易谈判停滞、地缘政治冲突及后疫情时代逆全球化思潮的影响，区域经济合作成为各国寻求经济发展新动力的重要途径。在此背景下，中国与东盟的经济合作显得尤为重要。自 2001 年中国加入世界贸易组织以来，双方的经济联系日益紧密，特别是随着 2010 年中国—东盟自由贸易区（CAFTA）的建立，这种合作关系达到了新的高度。此外，中国 2013 年提出的"一带一路"倡议和 2022 年全面生效的 RCEP 不仅为中国与东盟经济合作注入了新的活力，也为亚洲乃至全球经济的稳定发展提供了强劲动力。然而，尽管贸易额和投资流动持续增长，中国与东盟之间的经济合作仍面临贸易与投资不平衡、贸易结构单一化、价值链合作缺陷以及"面碗效应"等诸多结构性问题。这些问题不但涉及经贸合作层面，还涉及规则制度层面。它们不仅影响了中国与东盟经济合作的深度和广度，而且抑制了双方区域经济一体化的有效推进。因此,针对这些问题探索有效的路径选择,对于推动中国与东盟区域经济合作的高质量发展至关重要。本文深入探讨了中国与东盟在区域经济合作方面的现状和问题。通过分析双方在贸易、投资以及规则制度方面的主要挑战,本文不仅为理解双方经济合作的复杂性提供了新的视角,同时也就如何构建一个高质量的亚洲区域经济合作机制提出了创新性的路径选择。这一研究对于促进中国与东盟乃至整个亚洲区域的经济的高质量发展具有重要意义。

本文第一部分为引言,第二部分为中国—东盟区域经济合作相关的文献综述,第三部分为中国—东盟区域经济合作面临的现状及问题,第四部分为推动中国—东盟区域经济合作高质量发展的路径选择,第五部分为结语。

二、文献综述

在全球经济格局日益多极化和各经济体相互依存的当代,中国与东盟之间的经济合作不仅对区域经济发展具有深远影响,更在国际舞台上扮演着重要角色。本文通过系统性地回顾和分析最近发表的相关学术文献,旨在深入探讨中国与东盟在亚洲区域经济合作中的现状、面临的问题以及未来的路径选择。特别是在"一带一路"倡议和RCEP等重要区域合作框架的背景下,本文综述了亚洲区域经济一体化、中国与东盟的经贸合作,以及 RCEP 在其中所发挥的作用。

亚洲区域经济一体化的现状等方面。盛斌(2023)强调区域经济一体化对亚洲地区繁荣发展的重要性,提出亚洲区域一体化的多元化特点,并建议加强深度区域制度型合作与创新。张天桂(2018)从"一带一路"的视角分析亚洲经济一体化的实际路径和策略,指出亚洲区域合作形成复杂的FTA(自由贸易协定)网络,提倡加强功能性合作以促进一体化。李向阳(2018)讨论了亚洲区域经济一体化的"缺位"现象,并强调"一带一路"的发展导向在改善这一局面中的作用。

中国与东盟经贸合作方面的文献研究。米军和陆剑雄(2023)分析了"一带一路"倡议与东盟国家合作的成果与挑战,建议加强机制化与规则标准建设,推动高质量发展。房裕、邢文昕和田泽(2023)以及张群(2023)分别探讨了中国—东盟数字经济合作的机遇与挑战,并提出了具体的合作对策,不同在于,张群(2023)是从数字经济产业视角出发,而房裕等(2023)的研究更侧重于RCEP框架下的中数字经济合作。云倩和陆善勇(2023)分析了中国—东盟自由贸易区3.0版的建设路径,并提出了提升贸易便利化水平的建议。全毅和郑美青等(2023)讨论了中国与东盟经贸关系的发展与挑战,建议在现有合作机制的基础上深挖合作潜力。沈铭辉(2023)从东亚区域价值链的重构角度,指出中国与东盟价值链合作、重构以及升级的重要性和必要性。

RCEP对区域合作的经济效应方面。钱进(2021)通过GTAP模型(全球贸易分析模型)分析了《区域全面经济伙伴关系协定》的经济效应及产业产出,指出RCEP成员之间降低关税的积极影响。随后,欧定余和易佳慧(2023)也基于GTAP模型的研究方法,探究了RCEP对全球价值链参与的影响,强调RCEP能够提高区域内具有比较优势部门的全球价值链参与程度。此外,宋琳琳(2023)探讨了

RCEP 框架下中日韩与东盟经贸合作的特点，预测了未来合作的方向与挑战。

这些文献共同描绘了中国与东盟在亚洲区域经济一体化中的合作现状、所面临的挑战与机遇。它们强调了"一带一路"倡议、数字经济、自由贸易协定等在推动区域一体化和双边合作中的重要作用。文献分析显示，尽管存在政治不确定性、数字基础设施的差异等挑战，但通过加强制度型合作和规则标准的建设，以及优化合作模式，可以进一步深化中国与东盟的经济合作。

通过系统分析过往文献，并结合中国与东盟的经济现实，本文从贸易投资和规则制度两方面综合研究了制约双方经济合作高质量发展的问题。在把握数字经济和加强高层次制度合作等已有路径选择的基础上，本文还创新性地引入了制度型开放、价值链重构和利用双方市场优势来助力中国与东盟区域经济合作高质量发展。

三、中国—东盟经济合作面临的现状及问题

中国与东盟的区域经济一体化合作历史悠久。2010 年，中国—东盟自由贸易区成立，成为发展中国家间最大的自由贸易区。2013 年，中国提出"一带一路"倡议，进一步促进双方乃至亚欧经济的发展。2022 年，RCEP 对菲律宾生效，标志着其对所有"10+5"成员国的全面实施，为东亚区域经济一体化注入了强劲动力。在经贸合作方面，中国与东盟始终是重要的合作伙伴，贸易和投资不断增长，中国已成为东盟最大的贸易伙伴和主要投资来源。尽管中国与东盟之间的贸易往来和投资流动呈现持续上升趋势，双边经济合作关系日渐

密切,但这一发展并非一帆风顺,实际上存在着若干经贸合作问题和规则制度问题。经贸合作问题主要体现在贸易和投资不平衡、贸易商品结构单一、价值链合作存在缺陷以及服务贸易发展的相对滞后,而规则制度问题主要体现在亚洲"面碗效应",这些结构性问题均构成了对中国与东盟区域经济合作高质量发展的重要制约因素。

(一)贸易与投资不平衡

在探讨中国与东盟经济合作的贸易与投资不平衡问题时,需关注双方贸易和投资活动的发展趋势及其带来的影响。从 2003 年至 2021 年,中国与东盟之间的货物贸易额从约 880 亿美元增长至 8 730 亿美元,增长近十倍。尽管贸易额显著增长,但双边贸易结构存在不平衡(见图 4-1)。最初,中国对东盟有贸易逆差,但自 2012 年起,随着对东盟出口的增加,这一逆差转变为顺差,并在后续年份中持续增加。到 2021 年,中国对东盟的贸易顺差已经高达 883 亿美元(见图 4-2)。这种贸易结构的转变,对中国与东盟的经济合作产生了深远

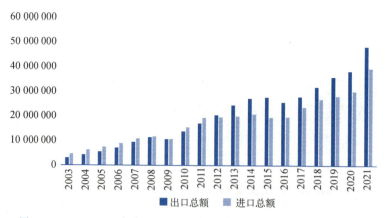

图 4-1　2003—2021 年中国对东盟的货物出口量和进口量(单位:万美元)
资料来源: UNCOMTRADE 数据库。

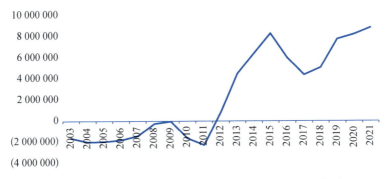

图 4-2 2003—2021 年中国对东盟的贸易顺差（单位：百万美元）

资料来源：根据 UNCOMTRADE 数据整理计算。

影响。东盟国家为保护本国产业，减少对中国产品的依赖，可能采取一系列贸易保护措施：在 1995—2022 年期间，东盟成员国对中国实施了 66 项反倾销措施，并且有 46 项是在最近十年实施的。这种贸易保护主义不仅增加了中国出口商的贸易成本，限制了其在东盟市场的竞争力，还可能削弱中国对东盟市场的出口动力，影响双方贸易的平衡和持续性。同时，持续的贸易不平衡可能导致区域内部经济失衡，引发汇率波动和金融市场不稳定，从而抑制区域内的直接投资，限制经济合作的深入发展。

投资方面，中国对东盟的对外直接投资自 2003 年的 1.2 亿美元增至 2021 年的 190 亿美元（见图 4-3），中国已成为东盟第四大投资来源国。相对地，东盟对中国的外来直接投资也有所增长，但中国对东盟的投资增速明显更快。自 2014 年以来，中国对东盟的净对外直接投资出现了从逆差到顺差的显著转变（见图 4-4），这与中国政策的转变紧密相关，特别是随着 2013 年"一带一路"倡议的提出，中国对东盟国家在基础设施项目上的投资显著增加。然而，这种投资集中在制造业、基础设施和资源开发等领域,相对忽略了教育、卫生、信息技术等关键服务行业,可能导致东盟国家产业结构的单一化。长期来看,这种以资本和资源输出为主的投资模式未能在技术转移和本地人才培养方面发挥充分作用,可能限制了东盟国家实现技术能力和管理知识的提升,过度依赖特定行业的投资,影响了经济结构的多样性和长期可持续发展的潜力。

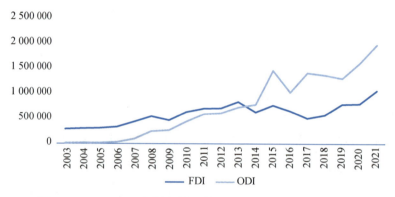

图 4-3   2003—2021 年中国对东盟的 FDI 和 OFDI(单位:万美元)
资料来源:Wind 数据库。

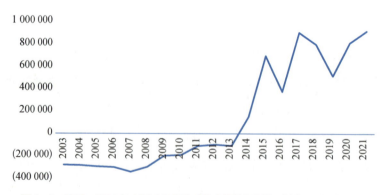

图 4-4   2003—2021 年中国对东盟的对外直接投资顺差(单位:百万美元)
资料来源:根据 Wind 数据库数据整理计算。

（二）贸易商品结构单一

中国与东盟贸易商品结构单一化的问题，主要体现在主导产品的集中性方面。由图 4-5 和图 4-6 可知，2022 年，中国向东盟出口的产品种类前三为机械和运输设备（SITC 7）、主要按材料分类的制成品（SITC 6）、杂项制成品（SITC 8），占比分别为大约 40%、24% 和 18%，均属于制造业。而在进口方面，前三分别为机械和运输设备（SITC 7）、矿物燃料（SITC 3）、杂项制成品（SITC 8），占比分别为大约 36%、17% 和 10%。因此，在不考虑机械和运输设备的情况下，中国从东盟国家主要进口的是能源和原材料，如石油、天然气、矿产和农产品；相反，中国向东盟出口的主要是机械设备和电子产品，包括手机、电脑及其配件、工业机械等。这种贸易结构在一定程度上反映了中国与东盟在产业结构和经济发展阶段上的差异。中国作为全球制造业中心，具有完备的工业体系和较为先进的制造技术能力，而东

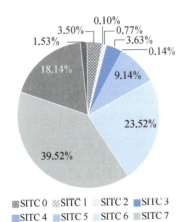

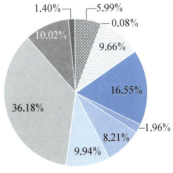

图 4-5　2022 年中国对东盟的
出口商品结构

图 4-6　2022 年中国对东盟的
进口商品结构

资料来源：根据 UNCOMTRADE 数据整理计算。

盟国家则在某些资源和农产品领域拥有明显的比较优势。此外,中国与东盟各成员国处于不同的经济发展阶段,多数东盟国家正处于经济转型期,其产业结构以资源和劳动力密集型产业为主导。

基于各方产业结构和经济发展阶段差异形成的贸易结构尽管似乎符合传统的国际分工理念,但若不随着时间进行适当的优化和升级,很有可能使双方陷入所谓的"比较优势陷阱"。这种情形将会对中国、东盟双方的经济合作乃至可持续发展产生负面影响。一方面,当贸易结构过于集中于关键产品(如能源、原材料、高科技产品)时,国家经济对国际市场的波动更为敏感。以东盟国家为例,它们对中国的资源高度依赖,使得国际资源价格的波动对其构成显著风险。同时,长期专注于特定出口产品可能引发"资源诅咒",即过度依赖资源出口而忽略其他产业,这一现象在某些东盟国家中尤为突出。对于中国这一制造业大国,其对当前主要出口产品的过度关注也可能会导致对新兴产业发展的忽视。另一方面,在全球价值链中,中国和东盟的角色相对固定,中国主要作为制造业中心,而东盟则偏向于原材料和低端制造的供应。这种分工虽然基于当前的比较优势,但长期来看,可能限制了双方在全球经济中上升到更高附加值领域的机会。这种由分工引致的贸易结构单一化,可能限制了技术创新与能力发展。具体对中国而言,对制造业出口的过度依赖可能阻碍其技术水平的提升和向高科技产业的转型。而东盟国家,由于过分专注于原材料出口,可能会忽略国内技术发展和创新能力的建设。这种趋势不仅影响了技术进步的速度,也可能长期限制了这些国家在全球经济中的竞争力。基于以上分析,中国与东盟的贸易结构虽然是基于各自的比较优势,但从长远来看,单一化的贸易结构还是对两者的经济多元化和可持续发展产生了负面影响，限制了经济的多样性、增长潜力以及对环境和社会的可持续性，从而不利于中国与东盟长期的经济合作。

（三）服务贸易的发展相对滞后

全球范围内，2022 年服务贸易总额约占货物贸易总额的三分之一。在过去十年间，全球服务贸易的增速平均是货物贸易增速的两倍。根据 WTO 的预测，服务贸易在国际贸易中的比重将从 2022 年的 22% 增长至 2040 年的 33% 以上。这些数据表明，服务贸易在国际贸易中的比重和地位正在稳步提升。然而，与此形成鲜明对比的是中国与东盟之间的经济合作。根据图 4－7，以 2019 年为例，中国与东盟之间的服务贸易总额为 679 亿美元，而货物贸易总额高达 6 417 亿美元，这意味着服务贸易额仅为货物贸易额的十分之一左右。从 2010 年到 2019 年这十年数据来看，中国与东盟之间的服务贸易额年均增长率为 15%，而货物贸易的年均增长率为 20%。这一增长率与全球服务贸易的平均增速相比，差距显著。因此，相较于货物贸易和

图 4－7 2010—2019 年中国与东盟的总货物贸易额和总服务贸易额（单位：百万美元）

资料来源：中国统计年鉴。

全球整体趋势,中国与东盟在服务贸易领域的发展显得较为滞后。

中国与东盟在服务贸易领域发展的相对滞后,特别是在数字经济领域的合作不足,对两者经济合作产生了显著的不利影响。一方面,根据夏杰长(2023)的研究,数字经济可以为服务贸易的资源配置、结构升级、效率提升和治理体系带来创新性变革。数字技术作为当前全球经济发展的关键驱动力,其突破性应用促进了服务贸易中的创新和技术发展。然而,中国与东盟在这一领域的合作不足,限制了双方充分利用各自的技术优势和市场潜力,从而阻碍了创新能力的提升和新技术的共同研发。另一方面,服务贸易在全球价值链重构中的作用日益凸显,尤其是在研发、金融、物流、营销、品牌等环节。服务贸易的发展对于推动产业结构从传统制造业向高技术和高附加值领域的转型至关重要。中国与东盟在服务贸易领域的滞后,可能导致双方在全球价值链中的提升速度放缓,难以实现经济结构的优化和产业升级。综上,中国与东盟在服务贸易特别是数字经济领域的合作不足,不仅影响了双方在创新和技术发展方面的潜力,也制约了在全球价值链中地位的提升和经济结构的优化,从而不利于双方的长期经济合作。

(四)价值链合作存在缺陷

全球价值链的重新布局为中国与东盟各国在生产层面的重构带来了更广阔的调整机遇。在这样的大背景下,建立一个以中国和东盟为核心的区域价值链,不仅符合双方的共同利益,也响应了他们的战略需求。沈铭辉与张中元(2023)强调了东盟国家对中国市场依赖程度的显著增长,尤其是在制造业的生产和市场网络领域。中国已逐渐成为东盟的生产和市场网络的关键枢纽,这一点为双方区域价值链的构建提供了坚实的基础。

但中国与东盟在共同推动东亚价值链重构过程中仍存在着同质化竞争和附加值较低的问题。一方面，同质化竞争是中国与东盟价值链合作中的一个显著问题。由于中国和多数东盟国家在某些产业领域，如纺织、电子制造、机械加工等行业，具有类似的产业结构和发展模式，这导致了在这些领域内双方存在直接的竞争关系。这种同质化竞争不仅限制了中国和东盟国家在这些领域内合作的空间和潜力，而且还可能导致价格战和利润压缩，从而影响双方企业的盈利能力和产业的健康发展。例如，中国和越南在纺织品和服装领域的竞争尤为激烈，双方在同一市场上争夺订单，导致价格持续下降，利润空间缩小。另一方面，价值链附加值较低的问题也是影响中国与东盟经济合作质量的关键因素。中国和东盟国家在全球价值链中往往处于较低端的加工和装配环节，缺乏核心技术和品牌优势。这导致双方在价值链中获取的附加值相对较低，难以从全球价值链中获得更多的经济利益。例如，在电子制造领域，尽管中国和东盟国家如马来西亚、菲律宾等在生产和出口量上占据重要地位，但在价值链中处于较为基础的组装和加工环节，而高附加值的设计、研发和品牌环节则主要由发达国家控制。

此外，同质化竞争和价值链附加值较低的问题还导致了中国与东盟国家在合作中存在着利益分配不均和合作动力不足的问题。同质化竞争使得双方在合作中往往需要面对价格竞争和市场份额的争夺，而价值链附加值较低则意味着双方在合作中获得的经济利益降低，甚至在某些情况下出现合作瓦解的风险。这种竞争关系在一定程度上削弱了中国与东盟共同应对全球市场变化和挑战的能力，限制了双方在全球价值链中地位的提升，不利于双方长期的高质量经济合作。

(五) 亚洲"面碗效应"

"面碗效应"描述的是在同一个区域内具有大量的相互交织的自由贸易协定,各个自由贸易协定有着不同且多样的优惠待遇和原产地规则,呈现出机制合作的复杂性。盛斌(2023)指出亚洲的区域经济一体化具有错综复杂、相互交织的结构体系,具有明显的亚洲"面碗"特征。从中国与东盟的机制合作来看,类似于"面碗"中既相互独立又相互交叠的面条,中国与东盟各国同时面临着双边和区域性协定的多重贸易规则,例如中国在与东盟签订 CAFTA 的同时还与柬埔寨达成了《中国—柬埔寨自由贸易协定》(见图 4-8)。虽然,大量的自由贸易协定可以降低中国与东盟各国的贸易与投资壁垒,提高市场准入水平,但是这些相互交织、错综复杂的自由贸易协定所导致的"面碗效应"对中国与东盟的区域经济高质量合作造成了诸多不利影响。一方面,不同自贸协定之间的"最惠国待遇"和"原产地规则"相互矛盾,导致同一种商品面临着多重税率,使得双方的贸易政策不确定性上升,致使双方企业的交易成本和学习成本上升。出于预防性投资心理,企业会延缓生产、贸易和投资行为,这不仅降低了自由贸易协定的利用水平,还会产生负面的贸易转移现象,一定程度上抵消了区域经济一体化的效用。另一方面,当区域内存在多个重叠和交织的贸易协定时,不同协定之间可能存在目标和标准的差异。为了达成更深层次的一体化,需要对这些差异进行协调和整合,确保所有协定向着共同的目标和标准迈进。这一过程需要时间和资源,且在实际操作中可能会遇到各方利益的冲突,中国和东盟各国在参与区域一体化时都有自己的优先级和战略考量。在复杂的亚洲"面碗"

结构中,国家需要在多个协定之间分配有限的资源和注意力,对于东盟的一些欠发达国家来说,他们很可能因为缺乏谈判能力或资源而被边缘化而这又使得更深层次的一体化进程变得缓慢和困难。

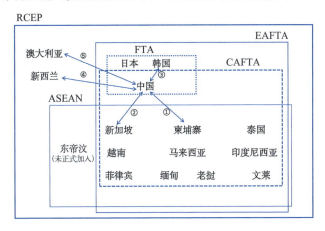

图4-8　亚太格局下中国的区域经济一体化

资料来源：根据中国自由贸易区服务网整理绘制。
注：①为《中国—柬埔寨自由贸易协定》；②为《中国—新加坡自由贸易协定》；③为《中国—韩国自由贸易协定》；④为《中国—新西兰自由贸易协定》；⑤为《中国—澳大利亚自由贸易协定》

四、推动中国—东盟区域经济合作高质量发展的路径选择

在当前国际形势下,亚洲国家正面临着全球经济的挑战,包括多哈回合的受阻、通货膨胀的上升、经济增长的放缓,以及日益复杂的地缘政治局势。同时,RCEP 的全面生效和数字技术的快速发展也为区域合作带来了新的可能。为了推动中国与东盟区域经济合作的机制化、自由化、数字化、协调化以及可持续,双方应该选择以下路径来

实现区域经济合作的高质量发展。

（一）加强更高层次经贸规则的合作

传统的低层次经贸规则在促进中国与东盟合作方面存在诸多缺点，这些规则往往缺乏灵活性和前瞻性，无法有效应对快速变化的经济环境和产业转型。例如，WTO框架下的多哈谈判在农产品关税削减上难以达成共识，GATT（《关税及贸易总协定》）和GATS（《服务贸易总协定》）等规则也落后于数字经济与国际贸易结合的浪潮。它们可能过于关注短期利益，而忽视了长期合作和可持续发展的重要性。此外，传统的贸易规则在解决非关税壁垒、知识产权保护等复杂问题上也显得力不从心，无法为双方企业提供充分的法律保障和制度支持。因此，为了克服这些缺点，推动中国与东盟经贸合作向更高质量、更深层次发展，我们需要加强更高层次的经贸规则合作。

中国与东盟通过加强更高层次的经贸规则合作来促进双方的高质量合作，其关键在于利用RCEP的"渐进式零关税"规则、从"边界措施"到"边界内措施"的转变以及推动双方区域合作向更高水平的自贸协定靠拢。

具体来说，首先，双方应严格遵守"渐进式零关税"规则。RCEP的核心特征之一是"渐进式零关税"，旨在通过双边谈判方式实现成员国之间货物贸易的自由化。从中国与东盟双方角度来看，预计在10年内超过60%的农产品将实现零关税，而该比例将在20年逐步提升至95%以上；同时，工业制成品和矿石能源等原材料领域也实现了显著的关税削减。中国与东盟之间的货物贸易自由化进程因此得以加快，双方之间的商品和服务贸易成本将减少，从而增加双方市场的竞争力。这将鼓励企业增加投资，扩大生产规模，并促进技术创新和产品升级。

其次,实现从"边界措施"向"边界内措施"的转变。"边界内措施"相比以市场准入为主的"边界措施",其涉及更深层次的经贸合作,如知识产权保护、竞争政策、电子商务规则等。强化这些领域的合作,不仅可以适应当前贸易规则落后数字经济发展的问题,还可以促进双方的规制协调,提高营商环境的整体水平,从而提高市场运行效率和企业盈利预期,推动双方企业的相互投资与经贸合作。最后,推动 RCEP、"一带一路"向更高水平的自贸协定靠拢,实现 RCEP、"一带一路"与"10+5"、DEPA 等区域经贸安排在一定程度上的整合,来稀释多个区域经贸安排相互交织所导致的亚洲"面碗效应",以此降低中国与东盟之间的贸易和投资政策不确定性,为双方高质量经济合作营造良好的经济环境。

(二)把握数字经济发展的机遇

在当前全球化经济格局下,中国与东盟国家间的经济合作正迅速发展,尤其在 RCEP 自 2022 年起全面实施的背景下,双方在数字经济领域的合作显得尤为关键。特别是在电子商务日益主导当今市场的环境中,应对传统贸易结构中存在的贸易单一化和服务贸易不足的问题成为双方合作的重要议题。把握数字经济发展的机遇,利用数字经济改造传统贸易,不仅是解决这些问题的有效途径,也是促进中国与东盟高质量经济合作的关键路径之一。

首先,数字经济通过推动电子商务政策和法规一体化,为解决贸易结构单一化和服务贸易不足问题提供了新的解决方案。RCEP 为成员国间的电子商务合作提供了法律框架,包括数据保护、电子签名和跨境信息流动等方面的法律协调,这对于建立统一而高效的数字贸易环境至关重要。强化这些领域的合作,有助于双方消除跨境电商的法律和技术障碍,进而促进以电子商务为核心的服务贸易增长,这不仅有助于贸易结构的多元化,也为服务贸易提供了新的增长点。其次,加强数字基础设施和技术能力建设是推动传统贸易转型的关键。中国与东盟国家共同投资于关键数字基础设施,如宽带网络、数据中心和云计算服务,确保区域内各国均可享受高质量的数字服务,这对于提升区域内的电子商务能力至关重要。同时,共享技术资源和专业知识,推动如人工智能、大数据分析等方面的合作,能够提升区域内的技术创新和服务贸易竞争力,从而促进经济结构的优化升级。最后,人才的培养和数字技能的提升对于数字经济的发展至关重要。中国与东盟在教育和培训领域,特别是在数字技能和电子商务相关领域的合作,不仅可以培育出适应数字经济需求的专业人才,还能推动新的商业模式和服务贸易的发展。这种人才培养和技能提升,对于促进贸易结构的多元化和服务贸易的深化具有重要意义。基于以上三点,本文根据经济发展水平和各自优势给出中国与东盟各国在数字经济方面的合作方向,如表4-1所示。

表4-1　中国与东盟各国数字经济合作重点方向

合作方1	合作方2	合作重点方向
中国	新加坡、马来西亚	数字贸易、知识产权、科技金融和智慧城市
	泰国、越南、印度尼西亚、菲律宾	远程医疗、区块链、企业数字化转型
	柬埔寨、老挝、缅甸、文莱	基础设施建设、电子商务和人才培养

综上所述,把握数字经济发展的机遇,利用数字经济改造传统贸易,推动电子商务政策和法规的一体化、数字基础设施和技术能力的共建,以及培养人才和提升技能,不仅能有效解决贸易结构单一化和服务贸易不足的问题,也是推动中国与东盟高质量经济合作的关键路径选择。这种合作模式有助于促进区域内的经济多元化和可持续发展,为中国与东盟国家间的经济合作的高质量发展提供坚实的基础。

(三) 大力推动制度型开放

制度型开放作为国家重要的新开放战略内容之一,对于中国的区域经济合作至关重要。2022 年,党的二十大报告明确指出:"坚持高水平对外开放,稳步扩大规则、规制、管理、标准等制度型开放。"正如中国国务院发展研究中心对外经济研究部原部长赵晋平所指,中国提出要稳步推进制度型开放,最典型的体现就是签署自由贸易协定。而 RCEP 正是中国与东盟近几年签订的最重要的自贸协定。除了我们在上文所提及的"渐进式零关税"政策,RCEP 的规则还包含区域原产地累计规则、以负面清单方式作出高水平投资自由化承诺,以及在旅游、金融等服务领域承诺更大程度的开放。这三个规则对于推动双方制度型开放,促进区域经济合作具有不可或缺的意义。首先,区域原产地累计规则的实施,有助于简化和优化供应链。这一规则允许成员国在计算产品原产地时累计其他成员国的原材料和加工环节,从而降低获得原产地资格的门槛。这鼓励了区域内的生产和供应链合作,为企业提供了更加灵活的生产安排选择。这种规则的实施不仅降低了企业的合规成本,还提高了市场的可预测性,使得企业能够更加准确地规划其生产和投资活动。其次,RCEP 采用负面清单方式对投资自由化作出高水平承诺,大大降低了市场准入的门槛。负面清单列明了不对外资开放的领域,而除此之外的其他领域均对外资开放。这种方式减少了投资的不确定性和风险,提高了投资的可预期性,有助于吸引更多的资本流入中国和东盟国家,推动双方经济的共同发展。最后,在服务领域,RCEP 承诺更大程度的开放,涵盖了旅游、金融、运输和物流等多个领域。这些承诺的实施将促进服务业的发展和提升,为消费者提供更多选择和更好的服务。同时,服务领域的开放也将促进中国与东盟在数字经济、绿色经济等新兴领域的合作,推动双方经济的转型升级。

(四) 加快价值链重构与升级

中国与东盟区域价值链的重构与升级不仅是解决双方同质化竞争和附加值较低的关键,更是促进中国与东盟区域经济合作高质量发展的题中应有之义。为此,双方可以通过构建有韧性且互补的区域价值链分工体系和以数字经济为载体加强技术合作来有效推动区域价值链的重构升级。

一方面,建立一个既具韧性又呈现互补性的区域价值链分工体系,是应对同质化竞争挑战的有效策略。这种策略的核心在于通过深化区域内部的产业合作,实现优势互补,从而降低直接竞争的强度。例如,中国在技术研发、资本投入以及市场规模方面具有明显优势,而东盟国家则在劳动力成本、资源丰富性及某些特定产业领域拥有自身特色。建立差异化的产业布局,使各国在价值链中承担不同的角色,有利于优化资源配置,提升区域价值链的整体竞争力。此外,该分工体系在降低资源消耗的同时,还增强了区域经济间的协同合作,进而促进成员国之间经济发展的整体协调性。另一方面,以数字经济为载体加强技术合作对于提升价值链附加值具有显著意义。数字经济的发展为传统产业提供了转型升级的新机遇。应用大数据、云计算、人工智能等数字技术，可以极大提高生产效率、优化产品和服务质量，从而增加整个价值链的附加值。中国和东盟在数字经济领域的合作，不仅可以促进技术资源的共享和创新能力的提升，还能加快区域内的产业转型升级步伐，提高区域价值链的整体技术含量。例如，通过共同研发适应区域市场需求的数字化产品和服务，可以提升双方在全球价值链中的竞争力，加强区域经济的整体实力。此外，以上述两策略为抓手来推动中国与东盟区域价值链的重构与升级，不仅能够有效解决双方价值链合作中存在的问题，还有助于促进区域经济合作的高质量发展。优化区域价值链分工，可以有效平衡各国经济发展的差异，促进区域内部的经济均衡发展。同时，数字经济的发展可以作为推动创新和技术升级的重要力量，为区域经济的长期稳定和可持续发展提供强有力的支撑。

（五）利用双方的市场优势

中国有 14 多亿人，东盟总人口也已达到 6.5 亿，中国是东亚经济圈中规模最大的市场，东盟紧跟其后，是域内另一个重要的市场。作为两个新兴的发展中的市场，中国与东盟高质量经济合作的关键之一，在于如何有效利用双方各自独特的市场优势。欧阳峣（2023）在其研究中指出，中国的超大市场规模效应是中国促进贸易合作、实现经济增长的重要优势，并且刘志成（2022）认为统一市场对于破除市场和贸易壁垒，提升交易效率，降低制度性交易成本具有重要作用。中国的市场以其庞大的规模和迅速增长的潜力而著称。中国为东盟国家提供了巨大的商业机会。这种市场规模意味着更大的消费能力,更多的投资机遇,以及更强的技术外溢效应。对于东盟国家而言,中国市场无疑是一个巨大的磁场,吸引着他们寻求更紧密的经济联系和合作。与此同时,东盟的市场统一化进程也在稳步推进。这一进程旨在整合各成员国的市场,统一市场规则,降低交易成本,提高市场效率,从而为企业创造一个更加稳定和透明的投资环境。这种统一化的市场不仅有利于东盟内部的经济发展,也为外部合作伙伴(如中国)提供了更加便利的市场准入和更加规范的商业环境。

正是基于如上的市场优势,中国与东盟的未来的经济合作展现出巨大的潜力和活力。一方面,双方市场的互补性为经济合作提供了坚实的基础。中国的技术、资金和市场经验可以与东盟的资源、劳动力和市场潜力相结合,形成强大的经济合力。这种合力不仅可以推动双方经济的快速增长,还有助于提升各自的经济竞争力和国际地位。另一方面,在中国与东盟市场的互动中,平行与垂直技术外溢效应共同推动区域经济的高质量发展。一方面,市场扩大带来的竞争压力能够激发企业的技术创新和产品升级,这是平行技术外溢的体现,有助于满足不断变化的市场需求。另一方面,垂直技术外溢通过产业链上下游的紧密联系实现,技术先进的企业和部门向相关行业传递知识和技术,促进产业链整体的技术进步和效率提升。这种双向外溢效应不仅增强了企业竞争力,也促进了整个区域经济的转型升级,为中国与东盟经济合作提供了强大动力。

五、结语

在 21 世纪的全球经济格局中,面对经济复苏乏力、地缘政治风险加剧、逆全球化思潮涌动等一系列风险挑战，世界各国纷纷从"大圈子"转向"小圈子"，区域经济一体化成为各国寻求经济发展新动力的重要途径。中国与东盟的经济合作在此背景下显得尤为重要。自中国—东盟自由贸易区成立、"一带一路"倡议实施到 RCEP 全面生效，双方经济合作不断深化，但也面临着贸易投资、价值链合作、"面碗效应"等结构性问题。这些问题不仅涉及经贸合作层面，还涉及规则制度层面。它们不仅影响了中国与东盟经济合作的深度和广度，而且抑制了双方区域经济一体化的高质量推进。因此，未来的中国—东盟区域经济合作的重点应放在加强高层次经贸规则的合作、把握好数字经济发展的机遇、推动双方的制度型开放，加快价值链的重构与升级以及利用好各自的市场优势。只有把握好以上路径，解决当前面临的问题，才能实现双方区域经济合作的机制化、自由化、数字化、协调化以及可持续，为中国与东盟乃至亚洲区域经济合作的高质量发展提供强劲的动力。

参考文献

[1] 房裕,邢文昕,田泽.RCEP 全面实施背景下中国—东盟数字经济合作机遇、挑战与对策[J].国际贸易,2023(10)：76-85.

[2] 李国柱,马树才.区域贸易差异与区域不平衡发展研究[J].商业研究,2007(08)：24-26.

[3] 李平,乔友群,张静婷.制度型开放如何促进技术创新——来自中国省际面板的证据[J].南开经济研究,2023,(07)：108-125.

[4] 李向阳.亚洲区域经济一体化的"缺位"与"一带一路"的发展导向[J].中国社会科学,2018,(08)：33-43.

[5] 刘志成.加快建设全国统一大市场的基本思路与重点举措[J].改革,2022,(09)：

54－65.

[6] 米军,陆剑雄.中国与东盟国家共建"一带一路"十周年回顾、挑战及发展路径[J].国际经贸探索,2023,39(09):4－19.

[7] 欧定余,易佳慧.RCEP对成员国全球价值链参与的影响研究——基于GTAP模拟分析[J].湘潭大学学报(哲学社会科学版),2023,47(03):30－36.

[8] 欧阳峣,袁礼,汤凌霄.市场规模优势研究:理论逻辑与前景展望[J].财贸经济,2023,44(09):91－107.

[9] 钱进.《区域全面经济伙伴关系协定》的经济效应及产业产出分析[J].国际商务研究,2021,42(01):86－96.

[10] 全毅,郑美青,高军行.亚太新格局下中国东盟经贸合作面临的机遇、挑战及对策[J].国际贸易,2023,(06):43－54.

[11] 盛斌.亚洲区域经济一体化与亚洲增长新动能[J].人民论坛·学术前沿,2023,(15):5－12.

[12] 宋琳琳.RCEP框架下中日韩与东盟经贸合作研究[J].学习与探索,2023,(08):125－131.

[13] 沈铭辉,张中元.东亚区域价值链重构的新进展与应对策略[J].国际贸易,2023,(09):21－34.

[14] 夏杰长.以数字技术推动服务贸易高质量发展[J].红旗文稿,2023,(19):38－40.

[15] 云倩,陆善勇.中国—东盟自由贸易区3.0版建设路径探析[J].国际贸易,2023,(10):86－96.

[16] 张群.中国—东盟数字经济产业合作的机遇、挑战与前景[J].国际关系研究,2023,(03):43－61+156－157.

[17] 张天桂.亚洲经济一体化的现实路径与推进策略——共建"一带一路"的视角[J].国际展望,2018,10(06):120－138+161－162.

第五章 "一带一路"与新的 国际开发联合

崔弼洙(韩国)

一、"一带一路"的演变：规模，亮点，缺点，演变

"一带一路"的规模很大。《共建"一带一路"：构建人类命运共同体的重大实践》白皮书(下文简称"一带一路"白皮书)(2023 年 10 月)披露,丝路基金通过 75 个项目投入了 220.4 亿美元(截至 2023 年 6 月底),AIIB(亚洲基础设施投资银行)通过 227 个项目投入了 436 亿美元(截至 2023 年 6 月底),而中国进出口银行向"一带一路"提供了总额为 2.2 万亿元的贷款,促成 4 000 多万美元的项目启动。AidData (2021)显示,中国 5 年(2013—2017)的投资比美国 13 年(2000—2012)的投资还多。Silk Road Briefing(2021)介绍,"一带一路"项目的总规模已超过 4 万亿美元(2020 年一季度),涉及 1 590 个直接有关项目(1 万 9 千亿美元)以及 1 574 个间接有关项目(2 万 1 千亿美元)。

"一带一路"亮点很多。世界银行(World Bank)(2019)分析,中国的投资改善了受援国的交通设施,提高了交易和投资。Farrell (2016)分析了世界银行招标的项目而主张,"中国的建设水平比

OECD 国家并不差"。中国商务部(2022)披露,中国企业在海外经贸区支付 66 亿美元的税款,创造了 39.2 万个工作岗位。Wellner 等人(2022)发现,一旦完成一个项目,对中国的好感度短期内会增加 3%,长期会增加 0.2%。Dreher 等人(2022:197—200)认为,中国的开发项目会比 OECD 更有效,因为① 中国提供符合受援方开发战略的项目;② 注重经济发展而不太管"价值";③ 快速实现庞大规模的基础设施建设。Dreher 等人(2022)还发现,在发展中国家,中国的一个开发项目增加导致 1% 的人均收入增量。

但是,有人还指出"一带一路"的缺点。Hurley 等人(2018)的"Debt Trap"(债务陷阱论)是代表性的议论。其外,世界银行(2019)指出,2013—2018 年,中国在 50 个发展中国家投入 5 000 亿美元,其中 3 000 亿美元是有关负债的。ALLIANZ RESEARCH(2020)主张,受到中国金融支援的 10 个国家(阿根廷、巴西、厄瓜多尔、安哥拉、埃及、埃塞俄比亚、加纳、肯尼亚、南非、赞比亚)过度依赖中国,会有危险情况。Hong 等人(2020)列出一些负面案例:占有对方的领土(赞比亚国际机场),破坏环境、引起社会矛盾(吉尔吉斯斯坦比什凯克热电厂),不透明、连累腐败(坦桑尼亚巴加莫约港)等。AidData(2021:20—22)收集了中国的海外项目数据(2008—2017)且把它跟世界治理指数(WGI)以及国家信用等级作了比较,得出结论为中国的海外项目的风险"一带一路"开始之后变得更大。

AidData(2021)总结了以上的两种论点说,中国不是英雄也不是坏人(neither hero nor villain)。中国驳斥了对"一带一路"的以上批评。"一带一路"白皮书(2023)指出,"没有任何一个国家因为参与共建'一带一路'合作而陷入债务危机"。而"一带一路"的性质与惯例是演变过来的。"一带一路"的演变主要在高峰论坛上可以被观察。2017 年第一次论坛上发布了《"一带一路"融资指导原则》,强调更标准化、商业化的融资模型。2019 年第二次论坛上发布了《"一带一路"债务可持续性分析框架》,明确了只对能够承担负债的国家提供贷款。2021 年因疫情没有召开高峰论坛而是召开了"一带一路"建设座谈会。在座谈会上习主席强调了七项重点工作,其中包括"要将'小而美'项目作为对外合作优先项目""做到危地不往、乱地不去""防范跨国跨境腐败风险"等的指示(新华网,2021.11.21)。过了两个月,中国人民银行与国家外汇管理局发布了《关于银行业金融机构境外贷款业务有关事宜的通知》(2022.1.29)。该《通知》提出银行的境外贷款上限要根据它们的资产、性质和宏观环境调整。2017 年以来中国政府的这些措施引导"一带一路"的演变,而且其方向是合理化、商业化、透明化的。Choi 等人(2023)分析了中国的海外承包工程销售额(2003—2021)而得出结论:"一带一路"以后中国的海外商务惯例越来越改善。

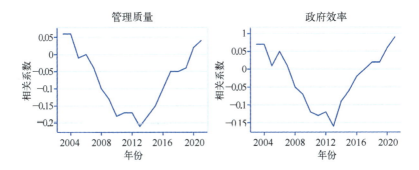

图 5-1 中国海外承包工程销售额与 WGI 的关系

资料来源: Choi et al.（2023）"The improvement of BRI practice shown in the Chinese Overseas Contractors".

二、美国和欧盟的发展中国家基础设施开发倡议：PGII 与 Global Gateway

（一）PGII（全球基础设施和投资伙伴关系）

2022 年 6 月，白宫在 G7 会议上提出了 PGII，即 Partnership of Global Infrastructure and Investment（全球基础设施和投资伙伴关系）。白宫主张，PGII 通过 Game-changer projects 满足发展中国家的基础设施需求，保证供应链，增进美国和其同盟的利益。PGII 还要走向价值，追求效率，建立透明的设施建设合作伙伴关系，提供高质量的可持续基础设施。白宫特别强调，PGII 将为美国劳动者和企业创造新机会，增加 G7 国家利益。（White House，2022）

为了实现 PGII，美国未来五年要动用 2 000 亿美元，这笔钱包括贷款、政府财政、民间投资等复合金融工具。除了美国自己，PGII 将跟 G7 一起动用 6 000 亿美元。白宫主张 PGII 将用数百万撬动数千万、数亿美元，即美国政府期待其他合作伙伴的资金投入。

在美国内部有很多机构要参加 PGII 的资金筹募。这些机构包括一些援助单位，诸如 DFC（Development Finance Corporation）、MCC（Millennium Challenge Corporation）、USAID；准商业性金融机构，比如 EXIM Bank、TDA（Trade and Development Agency）；还有政府部门，即商务部与能源部。

PGII 的四个投资领域为气候和能源、信息和通信、性别平等和健康保健。

2022 年的 PGII 改名自 2021 年的 B3W（Build Back Better World）。

B3W 的起源是 BBB,本来是一项国内基础设施建设计划。然而,随着 B3 与两党合议的基础设施法案分开,该术语不再被使用,需要为 B3W 取一个新名称(AHLMAN,2022)。2021 年的计划是当年 6 月由拜登向 G7 提议后 B3W 代表团即在各地区挑选项目,并于 2022 年初公布,4 月举行启动仪式。但是因为名称不确定,此计划没能实现。所以在 2022 年 6 月 26 日宣布的 PGII,仍然包含 B3W 的计划,同时又包含了原定于 2022 年初公布的具体项目。

白宫提供的"PGII Fact Sheet"介绍了其主要项目:安哥拉的太阳能、塞内加尔的疫苗、亚洲—中东—欧洲的电网、罗马尼亚的小型反应堆、世界银行的儿童援助、西非的性别平等、发展中国家的互联网、东南亚的电力、印度的农业、象牙海岸的卫生保健、撒哈拉以南非洲的卫生设施电气化、尼日尔的农业贫困、东帝汶的水和污水、印度的太阳能源、非洲的防疫、南非的互联网、印度的数字、巴西的健康、越南的电池以及战略合作伙伴之间的交通。这些计划显示,PGII 的项目还没有很好地整理出来。

(二)Global Gateway("全球门户"计划)

2021 年 12 月,欧盟委员会(EC)宣布了"全球门户"计划(Global Gateway),即欧洲版发展中国家援助开发倡议。它将通过"欧洲团队"(Team Europe Initiatives)实施运营。欧洲团队与欧盟委员会不同,是一个由欧盟机构、成员国和欧洲金融机构与欧洲企业、政府和民间社会以及受援国的私营部门进行合作的综合体制。虽然欧盟委员会设想并宣布了"全球门户"计划,却把运营权委托给欧洲团队倡议。毕竟,欧盟委员会不是一个国家,"全球门户"计划的顺利执行非常需要欧盟国家的积极合作。

即便提出了欧洲团队倡议，"全球门户"计划的主管人物还是欧盟委员会的执行主席乌尔苏拉·冯德莱恩。在她的领导下，欧盟代表团与伙伴国家协商决定实际推进的项目。企业咨询小组将提出私营部门的意见，并通过与社会团体的沟通机制鼓励各国公民参与。同时，每年将举办"全球门户"计划论坛，以便欧盟定期评估进程。

"全球门户"的五大原则为安全重点、善治和透明度、绿色和清洁基础设施、民主价值观和高标准以及促进私人投资。它的五个投资领域为数字、气候和能源、交通、健康以及教育和研究。"全球门户"拟在 2021 年至 2027 年期间投入 3 000 亿欧元，资金的主要来源为"欧洲团队"的成员单位。

Scull and Healy（2022）介绍了"全球门户"的主要项目：西巴尔干和土耳其的交通连接项目、东欧的数字基础设施和可再生能源、乌克兰的自然资源和电池价值链、南欧的绿色水电、非洲的数字和交通基础设施、印度太平洋与日本的人工智能合作、南美的跨境光缆、北极跨界 5G、格陵兰岛的绿色水力发电。除此之外更密集的地区开发计划出现于 2022 年 2 月第六次欧盟—非盟（非洲联盟）会议上宣布的"非洲一揽子计划"（Africa Package）。

"非洲一揽子计划"旨在帮助非洲实现具有韧性、包容性、绿色和数字化的复苏和转型，其重点方向为绿色转型、数字化转型、可持续增长和创造工作岗位、加强卫生系统以及改善教育和培训。"非洲一揽子计划"由"欧洲团队"投资 1 500 亿欧元，鼓励欧洲金融机构参与，并鼓励欧洲国家自行选择具体项目。具体内容中动用了欧盟中央银行和欧盟成员国的双边优惠和非优惠援助，并鼓励私人投资。此外，通过复合的财务设计分散风险，形成了全球绿色债券倡议。

"非洲一揽子计划"的投资领域为：可持续能源、生物多样性、农业—食品系统、气候适应力和减少灾害风险、数字转型、贸易振兴和经济一体化、包容性经济（北非）、可持续矿产资源价值链、非洲—欧盟科学技术和创新、卫生系统和教育培训。

具体项目已经出现。首先是"战略走廊"，这是非洲国家间的跨国交通基础设施建设计划。其 2030 年的目标是根据大陆自由贸易区的经济潜力设计，在区域—大陆层面巩固非洲和欧洲多式（multimodal）联运网络。"非洲一揽子计划"的主要基础设施由数字化和电力两个方面构成。数字化方面有"欧非网关光缆""区域光缆骨干建设""非欧数字创新桥梁""卫星连接""绿色数据中心""地中海南北安全数字连接"等项目；电力方面以区域间电力联动和市场整合为目标，有"刚果民主共和国—赞比亚 200 公里输电网络""赞比亚（Kasama）—坦桑尼亚（Mbeya）400 kV 连接（赞比亚—坦桑尼亚—肯尼亚电网和东非电力池和南非电力池链接）""安哥拉—纳米比亚（ANNA）连接（中部非洲连接回廊）"等具体项目。"非洲一揽子计划"还设想了三个区域中心，即比勒陀利亚（南非）、内罗毕（肯尼亚）和阿比让（科特迪瓦）。

三、"一带一路"与西方援助开发机制的趋同现象

中国的"一带一路"与西方的援助开发机制之间出现了趋同现象。本文第一章概括了"一带一路"的演变以及其方向。通过 2017 年以来的"一带一路"高峰论坛以及座谈会，"一带一路"的建设与运营越来越合理化、商业化、透明化。第二章显示了西方版的发展中国

家基础设施开发倡议：它们受到中国的影响,越来越看重基础设施;
更重要的是,它们好像要放弃了自己的原则。下面详细继续讨论这
个问题。

（一）西方基础设施计划的问题

PGII(B3W)和"全球门户"计划都主张应对"一带一路"问题。
白宫官员表示 B3W 不像中国在幕后要求保密,也不会设置抵押品来
"敲诈"港口或机场。"全球门户"计划没有像美国那样使用明确的
反华框架,但它显然打算在非洲和东欧遏制中国。如果是这样,未来
的基础设施建设是否会按照西方的意愿进行?

（二）民主原则的陷阱

西方主张的民主和透明是不可否认的价值。但是,许多发展中
国家没有实行西方的民主标准。B3W 选择提供援助的加纳和塞内
加尔是非洲罕见的民主国家,塞内加尔还应邀参加了 2022 年在德国
举行的 G7 会议。而苏丹、乌干达等尚未建立民主制度或陷入内战的
国家则得不到发达国家的支援,这些国家一直依赖要求不高的中国
(AidData,2021)。中国 89% 的投资和贷款流向世界治理指数(WGI)
腐败指数平均值以下的国家。

西方的原则是不帮助民主不成熟的国家。中国的做法则是无论
其民主制度成熟与否,能帮助的都帮助到。虽然孰是孰非目前不好
下结论,但是只支持民主成熟的国家并不能保证民主不成熟的国家
变为民主成熟。在很多情况下,成熟的民主制度恰恰是经济发展的
结果。

（三）与中国的区别

西方的核心援助原则可以概括为"Untied 原则"与"使用 Local

Contents 原则"。Untied 原则是指提供援助的政府不应该把资金分配给自己国家的企业。使用 Local Contents 原则是指在执行援助时尽量使用当地的资源与人力以促进当地的经济发展。这两个原则共同指向援助国不应该以援助行为图利。

但是中国不太介意这些原则,因为中国更重视援助和投资的效率与速度。通过采购中国的产品和采用中国的人力,非商业性项目也会产生中国(承包)公司的收入,项目推进会更加稳定。

值得关注的是,西方也开始重视效率甚至利益而把不以援助图利的原则放在一边。白宫表明"PGII 会促进美国就业和出口",强调美国和其同盟的利益。欧盟委员会也表明"全球门户"将通过"欧洲团队"开展工作,这将使欧洲企业的受益。西方也已经公开追求自己的利益,放弃了与中国的区别。

(四) 援助资金执行效率低

中国在对外援助方面崛起的原因之一是西方国家和国际组织对发展中国家的支持不力。Lu & Myxter-Iino(2021)发现,世界银行曾经将 70% 的资金投入到基础设施建设中,但现在只有 30%,剩余的资金则用于行政程序。Kenny(2022)介绍了"华盛顿泡沫"现象:美国政府 2020 年 510 亿美元对外援助中的 40% 被美国政府自己用于消耗品和劳动力,20% 投给了美国公司和非政府组织,30% 投给了联合国等国际组织和国际非营利组织,5% 投资于受援国的公司和非营利组织,3.9% 直接投资于受援国政府。与西方的低效低速相比,中国的政府与企业的效率高、速度快。中国的投资和贷款可能增加了发展中国家债务,但它们产出了实际的基础设施。

（五）筹款和项目的有效性

PGII 承诺 5 年内动用 6 000 亿美元，"全球门户"计划则要在 7 年内动用 3 000 亿欧元。然而这个数额的相当大部分是由已有计划重新包装来的。以"全球门户"计划为例，1 350 亿欧元来自"欧洲可持续发展基金（EFSD＋）"（CSIS 2022），1 450 亿来自欧洲投资银行（EIB）等欧盟发展金融机构（Lenders 2022），"Invest EU"将在 2021—2027 年期间为欧盟的可持续发展动用 3 720 亿欧元，"Interreg"以 101 亿欧元的预算支持欧盟内外的各种合作项目，"Horizon Europe"将部分纳入"全球门户"计划。所以 Economist（2021）评价称，"全球门户"计划承诺动用 3 000 亿欧元并不为过，相反，问题不在于可行性而在于重新包装旧计划的平庸性。

（六）相乘效应（Crowding-In）或是挤出效应（Crowding-Out）

中国以"一带一路"大幅扩大了援助投资的投入量，美国、欧洲也要扩大他们的投入量，那么提供援助的主体之间会不会产生竞争？一方的投资会不会挤出（Crowding-out）另一方的投资？如果发展中国家的基础设施匮乏很严重、对建设的需求很高，那么中国、美国和欧洲之间不会有竞争，反而有互相帮助的相乘效应（Crowding-in）。

按照 McKinsey（2017）的估计，2015 年全世界在基础设施建设上花费了 9.5 万亿美元，相当于全世界 GDP 的 14%，但到 2035 年，每年还需要额外的 3.7 万亿美元来填补基础设施缺口。正是基于这一估计，拜登在宣布 B3W 时表示，基础设施缺口为 40 万亿美元。如果白宫是对的，八年投入 4 万亿美元的中国，和愿意在未来注入数千亿欧元或美元的西方就不必互相争斗了。

事实上,Moore(2021,2022)担心,近期中国对非洲投资的下降,忽视了非洲巨大的基础设施缺口。近 20 年来,中国实施了 1 140 个项目,投资 1 530 亿美元,非洲政府对这些项目的自筹资金投入约占40%。如果中国的投资和援助减少,非洲可能会避免"负债陷阱",但是会面临严重的贫困陷阱。Moore 称非洲目前有 5 亿人缺电,缺电又意味着疫苗供应无法顺利进行,他们的生活处于脆弱状态。5 亿人的紧急供电不是任何一个国家能做到的。

亚投行与亚洲银行的案例也支持相乘效应假设。2015 年中国成立亚投行以后,以日本为首的亚行业务执行量不减反增。表 5－1 显示,亚行批准执行的金额在 2015 年之前约为 200 亿美元,此后大幅增加至 300 亿美元以上。亚投行成立之初,亚行采取了增资扩贷、缩短贷款审核期等措施。2016 年 5 月,两家银行还签署了《亚洲开发银行与亚洲基础设施投资银行加强合作谅解备忘录》。

表 5－1　ADB 与 AIIB 的批准总额（单位：10 亿美元）

	2012	2013	2014	2015	2016	2017	2018	2019	2020
ADB	21.3	21.0	22.9	26.9	25.5	31.8	35.5	33.7	31.6
AIIB	—	—	—	—	1.7	2.5	3.3	4.5	9.9

资料来源：AIIB 与 ADB 年度报告。

鉴于全球基础设施差距,在业洲发生的事情可能会在全球发生。"一带一路"与 PGII、"全球门户"的并存对发展中国家来说是个好消息。实际上,中国愿意与美国 B3W 合作(Reuters,2022)的态度也是有原因的。

四、新的国际开发联合: Global Development Partnership（GDP）

　　"一带一路"自己演变了,同时改变了 OECD。美国与欧盟都要按照中国"一带一路"的方式来进行投资和援助。此演变对发展中国家有益。援助方有所收益,在受援方进行项目也将更顺利。援助方要求"价值"和"条件",则会导致低效率与援助本身的缩小。

　　由此,本文提出建议: 提倡 Global Development Partnership（GDP）来代替 OECD、Paris Club 等发达国家的援助机构。由 BRICS 开始,组织新的国际援助开发机制,构建发展中国家为主的开发联合组织,被发达国家放弃、忘记的很多发展空间由此将填满。

　　中国拥有"一带一路"的经验、GDI 的精神、多边合作的框架,但需要克服"一带一路"的"中国中心性"。中国已有设立 AIIB 的成功案例,引进了多方的参与,实现了国际化的运作。

参考文献

［1］최필수. 2020.「수요와 공급으로 분석한 일대일로의 장기 전망」. 이승주 편,『중국 발전모델의 변화와 미중경쟁』명인문화사.

［2］최필수·신종호. 2022.「일대일로, PGII, 글로벌 게이트웨이: 중국과 서방의 개도국 개발 프로그램들과 한국의 대응방안」,『현대중국연구』24(3).

［3］최필수, 2023, 일대일로 전후 중국 해외건설 관행의 건전성 변화 연구, 중국지식네트워크 제 21 호.

［4］홍성창·전인재·이태연·김현민·이숙영·김성재, 2020, 중국의 국제개

발협력 전략과 사례, 한국개발연구원 국제개발협력연구 2020‐02.

［5］ 实打实、沉甸甸的成就——习近平总书记出席第三次"一带一路"建设座谈会侧记［N/OL］. 新华网,2021‐11‐21.

［6］ 中华人民共和国国务院新闻办公室. 共建"一带一路"：构建人类命运共同体的重大实践［R/OL］. (2023‐10‐10). http://www. scio. gov. cn/gxzt/dtzt/49518/32678/index. html.

［7］ 中国人民银行. 中国人民银行 国家外汇管理局关于银行业金融机构境外贷款业务有关事宜的通知：银发〔2022〕27 号［A/OL］. (2022‐01‐29).

［8］ AHLMAN, A. 2022. "Build Back Better Dies . . . Again". prospect. org (APRIL 28, 2022).

［9］ AidData, 2021. Banking on the Belt and Road：Insights from a new global dataset of 13,427 Chinese development projects. (Sep. 2021).

［10］ ALLIANZ RESEARCH, 2020, EMERGING MARKETS：HEADING FOR A CHINA-LESS RECOVERY? (10 November 2020).

［11］ Bloomberg, 2022, Biden Plans to Launch a G7 Global Infrastructure Push to Counter China (2022. 6. 17.).

［12］ Choi et al. (2023) The improvement of BRI practice shown in the Chinese Overseas Contractors.

［13］ CSIS. 2022. "Global Gateway's Infrastructure Plan for Africa Announced at EU-AU Summit". (February 28, 2022).

［14］ Economist. 2021. "Why bullshit rules in Brussels". (Dec 1st 2021).

［15］ Farrell, J. 2016. How do Chinese contractors perform in Africa? Evidence from World Bank projects (No. 2016/3). Working Paper.

［16］ Foreign Policy (2022. 5. 6.).

［17］ Global Construction Review. 2021. "Washington aims to announce up to 10 'Build Back Better World' projects in January". (2021. 11. 10.).

［18］ Kenny, C. 2022. Biden's Foreign Aid Is Funding the Washington Bubble.

［19］ Lenders, S. 2022. "What is the EU Global Gateway Initiative?". Time and Place Consulting (March 18, 2022).

［20］ Lu, J. , and Myxter-Iino, E. 2021. "Beyond Competition：Why the BRI and the B3W Can't and Shouldn't Be Considered Rivals". (October 14, 2021).

［21］ Moore, G. 2021. "Chinese lending decline leaves Africa with huge infrastructure gap". African Business(May 26, 2021).

[22] Powell, A. 2021. "'Build Back Better World' to Launch 50 Projects, White House Says". VOA(November 10, 2021).

[23] Scull, D. and Healy, C. 2022. ONE VISION IN THREE PLANS: BUILD BACK BETTER WORLD & THE G7 GLOBAL INFRASTRUCTURE INITIATIVES. e3g. org (17 Feb 2022).

[24] Sial, F. , Benslama, H. and Chikowore, A. 2022. "The 6th EU-Africa Summit: Plenty of rhetoric, very little substance". Eurodad. org (10 March 2022).

[25] Silk Road Briefing, 2021. "China Belt And Road Projects Value Now Exceeds US $ 4 Trillion". (Sep 16, 2021).

[26] World Bank. 2019. Belt and Road Economics: Opportunities and Risks of Transport Corridors. (JUNE 18, 2019).

第六章　东亚地区制造业
供应链的转型

村上直树(日本)

一、引言

如今,几乎所有产品部门的供应链都在全球范围内运作。这是由多种因素造成的,包括运输成本降低、国家/地区之间的制度共性的进展以及信息传输技术的进步。过去在一个国家或地区内进行的生产活动,现在根据各自的优势在不同国家/地区逐一进行,中间产品和零部件通过国际贸易进行交易。

本文利用贸易数据来确认东亚地区的贸易在全球国际贸易中的地位、在东亚地区内的各生产流程或供应链之间的分工。为此,本文使用了日本经济产业研究所(RIETI)制作的贸易产业数据库(RIETI-TID)。该数据库按行业和生产工艺类别对现有贸易项目进行分类,适用于在行业层面捕捉国际供应链的现实情况。日前,该数据库的最新版本为2020年版本,因此,本文所涵盖的年份也将延伸至2020年或2019年。

虽然有一些分析使用数据来捕捉国际供应链,如使用附加值贸易概念的分析(ASEAN-Japan Centre 2022 等)和处理外国直接投资数据的分析(IMF 2023 等),但本文特别关注与"零部件"相关的贸易趋势。使用 RITID-TID 进行的供应链分析已经存在,如池部(2016)和小桥(2018)。本文特别参考了后者第二节的分析。稍后将讨论该论文与本文的不同之处。

本文的结构如下。首先,下一节(第二节)详细介绍了本文使用的数据库 RIETI-TID。第三节概述了 1980 年至 2019 年整个世界贸易的演变。第四节探讨了东亚地区在世界贸易中的地位。第五节以"电气机械"和"运输机械"为具体研究对象,研究成品和零部件的贸易状况。第六节介绍了这两个工业部门的零部件在东亚的贸易矩阵和进出口集中程度,并分析了该地区供应链的现状和变化。最后一节,即第七节对本文进行了总结。

二、关于 RIETI-TID——按行业和工序分列的贸易数据

(一) 涵盖的国家/地区和年份

首先对本文使用的数据库进行详细介绍。该数据库涵盖 73 个国家/地区,其中"亚洲"包括以下 14 个国家/地区:日本、中国、中国香港特别行政区(以下简称中国香港)、中国台湾省(以下简称中国台湾)、韩国、新加坡、泰国、马来西亚、印度尼西亚、菲律宾、越南、文莱、柬埔寨和印度。本文中的"东亚"一词指这 14 个亚洲国家/地区中的 13 个,不包括印度。新加坡和柬埔寨是东盟的成员。此外,老挝和缅甸也是东盟的成员,但由于这两个国家的贸易规模很小,因此未被纳入本数据库。

亚洲以外的数据包括北美洲(3 个国家/地区)、欧洲(31 个)、南美洲(10 个)、大洋洲(2 个)、中东(8 个)和非洲(5 个)。此外其他国

家/地区被归类为"世界其他国家/地区"。数据为年度数据,涵盖1980年至2020年(目前可获得的最新年份)。

(二) 数据内容

国家和地区出口额按伙伴国、行业(13个类别)和生产过程类别(5个类别)分列。表格所依据的贸易产品类别数量为3 131个。

行业分为以下13类:

① 食品及相关的农业、林业和渔业;② 纺织品;③ 纸浆、纸张和木制品及相关的农业、林业和渔业;④ 化工产品;⑤ 石油和煤炭产品及相关的采矿业;⑥ 陶瓷、黏土和石材产品及相关的采矿业;⑦ 钢铁、有色金属、金属产品及相关的采矿业;⑧ 普通机械;⑨ 电气机械;⑩ 家用电器设备;⑪ 运输机械;⑫ 精密机械;⑬ 玩具和杂货。

与生产过程有关的类别包括:初级产品;中间产品;最终成品。中间产品又分为加工产品和零部件两个小类,最终成品分为资本产品和消费品两个小类。下面,本文将特别关注作为行业的电气机械和运输机械,并主要关注作为类别的"零部件"。

需要注意的是,小桥(2018)在使用RITID-TID分析供应链时使用了截至2015年的数据,而本文使用了截至2019年或2020年的数据。另外,就东亚范围而言,小桥(2018)的研究包括澳大利亚、新西兰和印度,而本文如前所述,不包括这些国家。

三、世界贸易趋势

(一) 世界贸易总额的趋势

首先,图6–1显示了1980年至2020年世界贸易总额的变化情况①。从图中可以看出,自 20 世纪 80 年代末以来,世界贸易总额稳步增长,特别是自 2002 年以来增长迅速。快速增长的主要原因似乎是中国于 2001 年底正式加入世贸组织,导致出口快速增长。然而,2008 年 9 月发生了所谓的雷曼事件,2009 年全球贸易大幅萎缩。当时,由于中国政府迅速实施了 4 万亿元人民币的经济政策,贸易额在2010 年开始回升,但 2011 年后总体持平。2020 年的下降可能是由于新冠疫情。

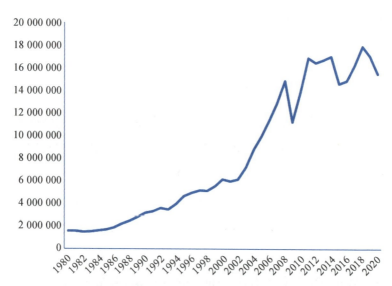

图 6-1 世界贸易总额的变化情况（1980—2020 年，单位：百万美元）
资料来源：RIETI-TID。

（二）按类别划分的世界贸易趋势

下一节按材料、加工品、零部件、资本货物和消费品类别分析贸

---

① 图 6-1 和图 6-2 与小桥(2018)中的图 1(该论文第 26 页)不同,本文所涵盖的年份是 1980 年至 2019 年。请注意,在小桥(2018)中,数据是以美国进口价格指数计算的实际值,但本文中使用的是名义值。

易趋势。图 6-2 显示，首先，加工品在总量中占很大份额。加工品主要由与石油和其他矿产资源相关的加工原材料组成（小桥，2018）。它们在总量中所占的份额几乎始终保持在 30% 左右。再看材料，在20 世纪 80 年代初，它们占总量的 20% 以上，但之后所占份额有所下降，到 2020 年，它们仅占总量的 10.5%。在最终成品中，资本货物自雷曼事件以来基本保持不变。相比之下，最终成品中的消费品和零部件则基本保持增加倾向。零部件在 1980 年只占总量的9.2%，此后份额迅速增加，2000 年增至 20.1%。从那时起，零部件贸易基本上持续增长，虽然占总量的比例略有下降，但到 2020 年还占总量的 17.3%。零部件国际贸易的增长意味着国际供应链的扩大。

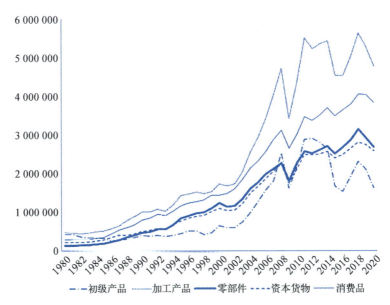

图 6-2　按类别分类的世界贸易变化情况（1980—2020 年，单位：百万美元）

资料来源：RIETI-TID。

四、东亚地区的现状

（一）贸易的整体地位

那么，东亚地区在整个世界贸易中的地位发生了怎样的变化呢？表6-1显示了将世界总体贸易划分为东亚地区域内国家/地区之间的贸易、东亚地区向世界其他国家/地区的出口、东亚地区从世界其他国家/地区的进口以及东亚地区域外国家/地区之间的贸易的结果①。所涵盖的年份为1980年至受新冠疫情的影响之前的2019年的10年（或9年）。

表6-1　东亚地区在世界贸易中的地位

a. 全商品（金额/亿美元）

	1980 年	1990 年	2000 年	2010 年	2019 年
世界总体贸易	16 113.6	32 311.5	61 758.0	138 815.2	170 798.3
东亚的域内贸易	831.9	2 908.6	8 008.5	20 248.5	24 187.4
东亚的向域外出口	1 366.8	4 050.8	9 192.0	21 731.8	29 871.4
东亚的从域外进口	1 677.5	3 628.6	6 693.7	18 628.7	24 430.8
东亚区域外的世界贸易	12 237.5	21 723.5	37 863.8	78 206.1	92 308.6

b. 全商品（比例/%）

	1980 年	1990 年	2000 年	2010 年	2019 年
世界总体贸易	100.0	100.0	100.0	100.0	100.0

---

①　这种分析也遵循小桥（2018）的观点。

续　表

	1980 年	1990 年	2000 年	2010 年	2019 年
东亚的域内贸易	5.2	9.0	13.0	14.6	14.2
东亚的向域外出口	8.5	12.5	14.9	15.7	17.5
东亚的从域外进口	10.4	11.2	10.8	13.4	14.3
东亚区域外的世界贸易	75.9	67.2	61.3	56.3	54.0

c. 零部件(金额/亿美元)

	1980 年	1990 年	2000 年	2010 年	2019 年
世界总体贸易	1 489.6	4 794.1	12 385.8	22 698.5	29 141.0
东亚的域内贸易	56.8	531.6	2 434.7	6 478.2	7 687.0
东亚的向域外出口	216.0	758.8	2 262.9	4 071.9	5 796.0
东亚的从域外进口	154.0	388.5	1 274.0	2 189.7	2 787.7
东亚区域外的世界贸易	1 062.7	3 115.2	6 414.2	9 958.6	12 870.3

d. 零部件(比例/%)

	1980 年	1990 年	2000 年	2010 年	2019 年
世界总体贸易	100.0	100.0	100.0	100.0	100.0
东亚的域内贸易	3.8	11.1	19.7	28.5	26.4
东亚的向域外出口	14.5	15.8	18.3	17.9	19.9
东亚的从域外进口	10.3	8.1	10.3	9.6	9.6
东亚区域外的世界贸易	71.3	65.0	51.8	43.9	44.2

资料来源：RIETI-TID。

从小表 a 可以看出,在此期间,全球贸易额从 16 113.6 亿美元增至 170 798.3 亿美元,增长了 10.6 倍,而东亚的域内贸易额从 831.9 亿美元增至 24 187.4 亿美元,增长了 29.1 倍。因此,如小表 b 所示,东亚的域内贸易占世界贸易总额的份额从 5.2%增至 14.2%。然而,与 2010 年(14.6%)相比,东亚的域内贸易占世界贸易总额的份额略有下降。

同时,在过去 40 年中,东亚地区向世界其他国家/地区的出口和东亚地区从世界其他国家/地区的进口也显著继续扩大。在出口方面,东亚占世界贸易的份额从 1980 年的 8.5%扩大到 2019 年的 17.5%,在进口方面,份额从 10.4%扩大到 14.3%。

上述东亚地区的域内贸易、向世界其他国家/地区的出口及从世界其他国家/地区的进口的合计份额可视为东亚在世界贸易中的地位,该合计份额已从 1980 年的 24.1%大幅增至 2019 年的 46.0%。可以说,东亚地区的存在感明显增强。另外,东亚以外国家和地区之间的贸易从 1980 年的 75.9%缩减至 2019 年的 54.0%。

(二)零件贸易状况

东亚在世界零部件贸易中的地位,见表 6-1 的小表 c 和小表 d。就世界整体而言,零部件贸易从 1980 年的 1 489.6 亿美元增至 2019 年的 29 141.0 亿美元,增长了 19.6 倍。与此同时,同期东亚域内的零部件贸易额从 56.8 亿美元增至 7 687.0 亿美元,增长了 135.3 倍。因此,如小表 d 所示,东亚域内的零部件贸易占全球零部件贸易的份额从 1980 年的 3.8%增至 2019 年的 26.4%。然而,在零部件贸易方面,东亚的域内贸易所占份额也比 2010 年的水平(28.5%)略有下降。

与此同时,东亚地区向世界其他国家/地区的零部件出口占世界零部件贸易总额的份额从 1980 年的 14.5% 增长到 2019 年的 19.9%。至于东亚地区从世界其他国家/地区的零部件进口份额,自 1980 年以来一直在波动,但大致保持在 10% 左右。就零部件贸易而言,东亚地区的地位几乎翻了一番,从 1980 年的 28.6% 增至 2019 年的 55.9%。不过,与 2010 年的 56.0% 相比,这一比例略有下降。另外,东亚以外国家和地区之间的零部件贸易份额从 1980 年的 71.3% 下降到 2019 年的 44.2%。

总之,自 1980 年以来的 40 年间,东亚在整个世界贸易中的地位,无论是在整体贸易还是零部件贸易,都有显著提升。然而,与 2010 年相比,2019 年其地位略有下降。

五、行业贸易情况

(一)电气机械和运输机械贸易

现在我们来看看东亚地区的情况,也是按行业和类别划分的。我们选择的行业是"电气机械"和"运输机械",类别是"最终成品"(资本货物和消费品)和"零部件"。

首先,我们根据图 6-3 来看看在电气机械世界贸易的演变。最终成品从 1980 年的 1 005.6 亿美元增长到 2019 年的 9 609.3 亿美元,增长了 9.6 倍。相比之下,零部件贸易增长了 30.0 倍,从 1980 年的 401.0 亿美元增至 2019 年的 12 050.5 亿美元;1980 年,最终成品贸易超过了零部件贸易,但自 1989 年以来,两者的规模发生了逆转。零部件贸易的巨大规模表明,电气机械的供应链正在向国际扩展。

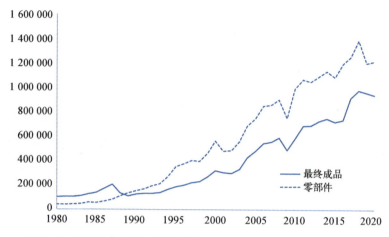

图 6-3 世界贸易的变化（电气机械，1980—2020 年，单位：百万美元）
资料来源：RIETI-TID。

接下来根据图 6-4 分析世界运输机械贸易的演变。最终成品从 1980 年的 970.0 亿美元增长到 2019 年的 1 227.4 亿美元，增长了 12.7 倍。相比之下，零部件从 1980 年的 350.3 亿美元增长到 2019

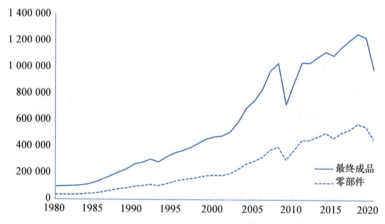

图 6-4 世界贸易的变化（运输机械，1980—2020 年，单位：百万美元）
资料来源：RIETI-TID。

年的 5 524.7 亿美元,增长了 15.8 倍。与电气机械不同,运输机械的最终成品贸易额远远高于零部件贸易额。就运输机械而言,国际供应链的发展比电气机械更为有限。

(二)东亚各行业在贸易中的地位

1. 电气机械

那么,这两个行业在东亚地区贸易中的地位如何呢?首先,我们在表 6-2 的小表 a 和 b 中考察了电气机械的最终成品。如上所述,1980—2019 年之间,全球电气机械最终成品贸易额增长了 9.6 倍,而东亚的域内贸易额增长了 54.5 倍,从 37.2 亿美元增至 2 025.6 亿美元。因此,如小表 b 所示,在电气机械方面东亚的域内贸易在世界贸易总额中所占份额从 3.7% 增至 21.1%。

表 6-2 东亚地区在世界贸易中的地位(电气机械)

a. 最终成品(金额/亿美元)

	1980 年	1990 年	2000 年	2010 年	2019 年
世界总体贸易	1 005.6	1 251.2	3 211.0	5 846.9	9 609.3
东亚的域内贸易	37.2	171.0	478.6	1 152.3	2 025.6
东亚的向域外出口	141.6	297.3	702.2	2 030.7	4 024.4
东亚的从域外进口	80.8	136.5	334.3	444.3	598.9
东亚区域外的世界贸易	745.9	646.4	1 695.9	2 219.6	2 960.5

b. 最终成品(比例/%)

	1980 年	1990 年	2000 年	2010 年	2019 年
世界总体贸易	100.0	100.0	100.0	100.0	100.0

	1980 年	1990 年	2000 年	2010 年	2019 年
东亚的域内贸易	3.7	13.7	14.9	19.7	21.1
东亚的向域外出口	14.1	23.8	21.9	34.7	41.9
东亚的从域外进口	8.0	10.9	10.4	7.6	6.2
东亚区域外的世界贸易	74.2	51.6	52.8	38.0	30.8

c. 零部件(金额/亿美元)

	1980 年	1990 年	2000 年	2010 年	2019 年
世界总体贸易	401.0	1 545.9	5 611.0	9 948.8	12 050.5
东亚的域内贸易	29.4	276.9	1 653.3	4 599.0	5 542.9
东亚的向域外出口	69.3	330.1	1 129.7	1 827.2	2 444.3
东亚的从域外进口	41.0	173.0	804.8	1 065.1	1 122.5
东亚区域外的世界贸易	261.4	765.9	2 023.2	2 457.4	2 940.8

d. 零部件(比例/%)

	1980 年	1990 年	2000 年	2010 年	2019 年
世界总体贸易	100.0	100.0	100.0	100.0	100.0
东亚的域内贸易	7.3	17.9	29.5	46.2	46.0
东亚的向域外出口	17.3	21.4	20.1	18.4	20.3
东亚的从域外进口	10.2	11.2	14.3	10.7	9.3
东亚区域外的世界贸易	65.2	49.5	36.1	24.7	24.4

资料来源: RIETI-TID。

与此同时,东亚地区向世界其他国家/地区的电气机械最终成品出口在过去 40 年间也增长了 28.4 倍,在世界贸易中的份额从 1980 年的 14.1% 大幅增至 2019 年的 41.9%。相比之下,东亚地区从世界其他国家/地区的电气机械最终成品进口仅增长了 7.4 倍,在世界贸易中的份额从 1980 年的 8.0% 下降到 2019 年的 6.2%(1990 年为 10.9%)。

在该行业,东亚地区的域内贸易、向域外出口和从域外进口的合计在世界贸易所占份额(东亚地区地位)从 1980 年的 25.8% 大幅增至 2019 年的 69.2%。可以说,东亚地区在电气机械最终成品贸易中的存在感大幅提升。东亚地区以外的贸易份额从 1980 年的 74.2% 下降到 2019 年的 30.8%。

下一节将探讨东亚在电气机械零部件贸易中的地位。表 6－2 小表 c 显示,如上所述,1980—2019 年之间,全球电气机械零部件贸易增长了 30.0 倍。同时,在同一时期,东亚的域内零部件贸易增长了 188.8 倍,从 29.4 亿美元增至 5 542.9 亿美元。因此,如小表 d 所示,就电气机械而言,东亚的域内零部件贸易占全球零部件贸易的份额从 1980 年的 7.3% 增至 2019 年的 46.0%。然而,与 2010 年的水平(46.2%)相比,东亚的域内贸易的份额略有下降。

与此同时,东亚地区向世界其他国家/地区的电气机械零部件出口占世界电气机械零部件贸易总额的比例从 1980 年的 17.3% 上升到 2019 年的 20.3%,虽然此后有所波动,但一直稳定在 20% 左右。东亚地区从区域外进口的零部件份额也可以说基本保持稳定,尽管近年来有下降趋势。由于域内贸易的大幅增长,东亚地区在电气机械零部件贸易中的地位从 1980 年的 34.8% 大幅上升至 2019 年的

75.6%。东亚以外的零部件贸易份额从 1980 年的 65.2% 下降到
2019 年的 24.4%。

总之,自 1980 年以来的 40 年间,东亚在世界电气机械最终
成品和零部件贸易中所占的份额显著增加。特别是,东亚向域外
其他国家/地区的最终成品出口份额和东亚域内的零部件贸易份
额都有所增加,这表明东亚作为全球生产基地的供应链一直在
扩大。

2. 运输机械

根据表 6-3,我们现在来看看东亚地区在运输机械贸易中的地
位。小表 a 显示,如上所述,1980—2019 年之间,全球运输机械最终
成品贸易额增长了 12.7 倍,而东亚的域内贸易从 1980 年的 27.3 亿
美元增至 2019 年的 446.3 亿美元,增长了 16.4 倍。因此,如小表 b
所示,东亚的域内贸易占世界贸易总额的份额从 2.8% 上升到 3.6%。
然而,这一份额已从 2010 年的 4.0% 开始下降。

表 6-3 东亚地区在世界贸易中的地位 (运输机械)

a. 最终成品(金额/亿美元)

	1980 年	1990 年	2000 年	2010 年	2019 年
世界总体贸易	970.0	2 690.8	4 751.5	8 852.7	12 273.4
东亚的域内贸易	27.3	59.4	98.2	355.1	446.3
东亚的向域外出口	227.9	544.7	908.9	1 843.2	2 100.2
东亚的从域外进口	48.2	203.4	190.8	654.6	1 079.1
东亚区域外的世界贸易	666.7	1 883.3	3 553.6	5 999.9	8 647.8

b. 最终成品（比例/%）

	1980 年	1990 年	2000 年	2010 年	2019 年
世界总体贸易	100.0	100.0	100.0	100.0	100.0
东亚的域内贸易	2.8	2.2	2.1	4.0	3.6
东亚的向域外出口	23.5	20.2	19.1	20.8	17.1
东亚的从域外进口	5.0	7.6	4.0	7.4	8.8
东亚区域外的世界贸易	68.7	70.0	74.8	67.8	70.5

c. 零部件（金额/亿美元）

	1980 年	1990 年	2000 年	2010 年	2019 年
世界总体贸易	350.3	989.5	1 848.2	3 762.0	5 524.7
东亚的域内贸易	7.7	81.1	88.4	335.6	417.0
东亚的向域外出口	33.7	127.0	231.2	587.8	953.6
东亚的从域外进口	9.3	42.1	83.7	240.1	448.7
东亚区域外的世界贸易	299.6	739.4	1 444.9	2 598.5	3 705.4

d. 零部件（比例/%）

	1980 年	1990 年	2000 年	2010 年	2019 年
世界总体贸易	100.0	100.0	100.0	100.0	100.0
东亚的域内贸易	2.2	8.2	4.8	8.9	7.5
东亚的向域外出口	9.6	12.8	12.5	15.6	17.3

	1980 年	1990 年	2000 年	2010 年	2019 年
东亚的从域外进口	2.7	4.3	4.5	6.4	8.1
东亚区域外的世界贸易	85.5	74.7	78.2	69.1	67.1

资料来源：RIETI-TID。

另外，东亚地区对域外其他国家/地区的运输机械最终成品出口在世界运输机械最终成品贸易总额中所占的份额下降，从 1980 年的 23.5%降至 2019 年的 17.1%。至于东亚地区从域外进口的份额，1980 年为 5.0%，此后波动较大，2019 年为 8.8%。区域内贸易、对区域外出口和从域外进口的总份额从 1980 年的 31.3%降至 2019 年的 29.5%（表 6-3 的小表 b 中的最高值为 2010 年的 32.2%）。

现在我们来看看运输机械零部件贸易（见表 6-3 的 c 和 d 小表）。如上所述，全球运输机械零部件贸易增长了 15.8 倍。相比之下，东亚的域内贸易从 1980 年的 7.7 亿美元增至 2019 年的 417.0 亿美元，增长了 54.1 倍。因此，东亚的域内贸易占世界贸易的份额从 1980 年的 2.2%增至 2019 年的 7.5%。然而，从小表 d 的第二行可以看出，这一份额波动较大，并未稳步上升。

相比之下，东亚地区对其他国家/地区的出口份额几乎持续上升，从 1980 年的 9.6%上升到 2019 年的 17.3%。进口也几乎持续上升，从 1980 年的 2.7%增至 2019 年的 8.1%。因此，东亚的域内贸易、对域外出口和从域外进口的总份额从 1980 年的 14.5%上升到 2019 年的 32.9%。

最后比较电气机械和运输机械。截至 2019 年，东亚区域内零部件贸易的份额运输机械比电气机械要小得多，电气机械为 46.0%，运输机械为 7.5%。此外,2019 年东亚地区向域外其他国家/地区的最终成品出口份额运输机械比电气机械也要小得多,电气机械为41.9%,而运输机械为 17.1%。这表明,与电气机械相比,运输机械在东亚地区建立供应链的程度更为有限。

六、东亚地区供应链的现状和转型

(一) 零部件贸易矩阵概览

为了更深入地了解东亚地区内零部件贸易的结构,我们直接看贸易矩阵。在我们做的贸易矩阵中,在迄今为止所涵盖的 13 个东亚国家/地区中,除去过境贸易比重较大的中国香港和新加坡以及资源依赖型产业结构的文莱之外,其余 10 个国家地区均包括在内。因此,本节中使用的"东亚"一词指的就是这 10 个国家/地区。由于篇幅所限,此处只使用了 2000 年和 2019 年两个年份。

表 6-4 是电气机械零件的贸易矩阵,表 6-5 是运输机械零部件的贸易矩阵。与常规贸易矩阵一样,沿着相同的行横向查看,可以得到按目的地划分的出口额。例如,在表 6-4 的小表 a 中,横向看第一行(日本这一行),可以看到从日本出口到中国的电气机械零部件为93.4 亿美元,出口到中国台湾的电气机械零部件为 72 亿美元,等等。沿着相同的列纵向查看,可以得到按来源地划分的进口额。例如,在表 6-4 的小表 a 中,纵向看第一列(日本这一列),可以看到日本从中国进口了 30.4 亿美元的电气机械零部件,从中国台湾进口了 40.9亿美元,等等。请注意,表 6-4 和表 6-5 中的"0"表示贸易额小于100 万美元,并不一定意味着完全没有贸易。

表6－4 零部件贸易矩阵（电气机械，2000年、2019年，单位：百万美元）

a. 2000年

	日本	中国	中国台湾	韩国	柬埔寨	印度尼西亚	马来西亚	菲律宾	泰国	越南
日本	—	9 340	7 200	7 490	1	189	6 470	1 770	3 270	542
中国	3 040	—	975	1 280	0	36	632	65	325	10
中国台湾	4 090	1 050	—	1 840	0	103	1 600	1 290	620	61
韩国	3 310	3 930	2 620	—	0	37	1 670	973	569	34
柬埔寨	0	0	0	0	—	0	0	0	0	0
印度尼西亚	460	147	92	62	0	—	469	19	122	2
马来西亚	2 390	1 720	2 600	1 510	0	27	—	418	893	13
菲律宾	2 200	744	2 150	872	0	2	1 640	—	275	2
泰国	1 080	672	779	416	2	25	797	148	—	8
越南	176	6	14	11	0	2	61	1	203	—

b. 2019 年

	日本	中国	中国台湾	韩国	柬埔寨	印度尼西亚	马来西亚	菲律宾	泰国	越南
日本	—	31 200	2 450	5 930	25	941	3 720	2 250	3 970	5 110
中国	11 300	—	5 580	23 400	198	1 800	8 270	3 070	3 720	10 000
中国台湾	1 080	9 150	—	1 040	2	94	805	318	349	612
韩国	2 550	70 400	874	—	9	680	2 110	3 260	1 010	16 000
柬埔寨	72	9	0	30	—	0	3	3	126	7
印度尼西亚	1 110	499	77	111	3	—	110	31	176	123
马来西亚	1 780	35 400	536	1 980	13	276	—	659	1 450	1 330
菲律宾	2 320	8 270	142	756	0	65	1 150	—	617	502
泰国	2 110	6 000	216	696	134	403	1 490	644	—	1 030
越南	2 610	14 700	126	1 230	12	140	718	134	348	—

资料来源：RIETI-TID。

1. 电气机械

对比 2000 年和 2019 年,可以发现,首先中国的存在感显著增加。比较两个年份的中国,可以发现,对所有国家/地区来说,中国的出口(来自中国的进口)都大幅增加。在 2000 年,中国占日本从东亚国家/地区进口总额的 18.2%,而到 2019 年,这一比例上升到 45.3%。同样,韩国也从 9.5% 上升到 66.5%。在表 6 - 4 中的 10 个国家/地区中,2000 年只有日本从中国的进口超过总进口的 10%,但到 2019 年,有 6 个国家/地区从中国的进口超过 40%。电气机械零部件方面,中国在东亚的存在在过去二十年里显著增加,这表明中国正在推动该地区供应链的扩张。

中国的存在感在出口方面也很突出。截至 2000 年,在韩国(29.9%)和日本(25.8%)这两个国家向中国的零部件出口在向整个亚洲地区的出口中占的比例较大。然而,到 2019 年,大多数国家/地区对中国的出口比例都很高,其中马来西亚(81.5%)和越南(73.4%)的比例极高,韩国(72.7%)和日本(56.1%)的比例也很高。

在过去 20 年中,中国在零部件贸易中的份额有所上升,而日本在零部件贸易中的份额则有所下降。除了在柬埔寨和印度尼西亚的份额有所增加以外,日本作为进口来源国和出口目的地的份额在所有国家/地区都大幅下降。

就单个国家/地区而言,柬埔寨在 2000 年几乎没有参与东亚的电气机械供应链,而到 2019 年,柬埔寨已开始进口和出口零部件,尽管规模较小,但也表明其参与了供应链。越南是一个发生变化的重要国家。2000 年,越南在东亚地区的电气机械零部件进出口量很少,但到 2019 年,进出口量大幅增加。例如,2019 年,韩国出口到东亚地

区的零部件中有 16.5%以越南为目的地,而中国出口的零部件中有
14.9%以越南为目的地。

2. 运输机械

我们现在根据表 6-5 来考察东亚地区运输机械零部件贸易的
状况。按国家/地区划分,中国的贸易增长仍然显著。2000 年,中国
在东亚的域内进口总额中所占份额最大的是日本,为 23.9%,而韩国
仅为 6.5%。然而,到 2019 年,中国在日本的份额上升到 47.2%,而
韩国在 10 个国家/地区中的份额最大,达到 56.8%。

在出口方面,截至 2000 年,韩国在中国对东亚的零部件出口总
额中所占份额最大,为 19.9%,其次是中国台湾(14.2%)、日本
(13.9%)和马来西亚(10.8%)。然而,到 2019 年,这些数字已大幅
增加:韩国为 45.2%,日本为 47.3%。此外马来西亚为 21.5%,越南
为 21.7%。

另外,日本在运输机械领域的份额也大幅下降。除马来西亚
等一些国家/地区外,日本作为出口目的地的份额也有所下降。同
样作为进口来源地,2000 年日本在所有国家/地区的份额都非常
高,但到 2019 年,日本在所有国家/地区的份额都大幅下降。不
过,与电气机械相比,日本的地位下降幅度较小。例如,对比 2019
年中国和日本作为进口来源地的份额可以发现,就电气机械而言,
在所有国家和地区(除日本和中国外)的 8 个国家/地区中,中国的
份额都高于日本,只有泰国的份额几乎相同。相比之下,在运输机
械方面,日本在 8 个国家/地区中的 4 个国家/地区所占份额高于
中国。

越南在运输机械领域的崛起也很明显。2000 年,很少有国家/地

表6－5　零部件贸易矩阵（运输机械，2000年、2019年，单位：百万美元）

a. 2000 年

	日本	中国	中国台湾	韩国	柬埔寨	印度尼西亚	马来西亚	菲律宾	泰国	越南
日本	—	682	1110	608	1	1000	211	187	1100	25
中国	226	—	124	43	0	22	15	7	5	4
中国台湾	255	107	—	11	0	119	45	113	35	67
韩国	126	48	21	—	0	14	9	11	3	8
柬埔寨	0	0	0	0	—	0	0	0	0	0
印度尼西亚	55	2	6	1	0	—	28	8	26	3
马来西亚	23	13	41	2	0	21	—	5	17	0
菲律宾	97	0	16	0	0	20	11	—	95	3
泰国	162	5	12	1	1	37	46	13	—	12
越南	3	0	1	0	0	0	0	0	0	—

b. 2019 年

	日本	中国	中国台湾	韩国	柬埔寨	印度尼西亚	马来西亚	菲律宾	泰国	越南
日本	—	7 000	984	763	37	1 720	645	397	2 750	505
中国	3 240	—	1 020	1 360	77	763	643	309	1 030	508
中国台湾	425	464	—	37	83	91	56	54	124	89
韩国	921	1 790	113	—	7	66	133	92	153	690
柬埔寨	2	0	0	0	—	0	0	0	8	1
印度尼西亚	318	146	38	9	18	—	247	79	446	139
马来西亚	198	149	47	18	14	87	—	69	92	20
菲律宾	214	45	12	16	3	69	23	—	250	12
泰国	1 020	469	169	81	30	922	827	226	—	349
越南	524	321	88	109	58	110	72	20	177	—

资料来源：RIETI-TID。

区从越南进口零部件,而 2019 年,日本从越南进口了 7.6% 的零部件,其他国家/地区也从越南进口了一定数量的零部件。

(二) 东亚的域内贸易的集中程度

上一节的讨论表明,东亚域内的零部件贸易可能在普遍化。为了从数量上捕捉这种情况,分别计算了出口和进口的赫芬达尔—赫希曼指数(HHI)。HHI 是份额的平方和,数值接近 1 表示集中程度较高。计算了东亚 10 个国家/地区各自的进出口 HHI,然后根据 2019 年的出口进口金额进行加权,得出加权平均值。

结果见表 6-6。首先,电气机械出口目的地集中程度的数值从 2000 年的 0.213 逐步上升到 2010 年的 0.363 和 2019 年的 0.440。这可能是所有国家/地区对中国出口比例增加的结果。相比之下,进口集中程度则稳定在一个相对较低的数值上。至于东亚地区的零部件进口,集中程度则不太明显。如前所述,中国的进口份额也有所增加,但这可能是由于其他国家/地区的份额也有一定程度的增加。

表 6-6　东亚地区零部件贸易的出口及进口集中程度 (HHI 的加权平均)

	电 气 机 械		运 输 机 械	
	出口集中程度	进口集中程度	出口集中程度	进口集中程度
2000 年	0.213	0.288	0.212	0.606
2010 年	0.363	0.231	0.315	0.458
2019 年	0.440	0.285	0.241	0.352

资料来源: RIETI-TID。

再看运输机械,出口集中程度一直稳定在较低水平,尽管 2010 年略有上升。这表明,运输机械部件的出口目的地相当分散。相比之下,进口来源地的集中程度则明显下降。据推测,这是由于从日本进口的份额减少,从中国进口的份额增加,同时从泰国和越南等的进口也有所增加。东亚运输机械供应链正在深化。

七、结论

本文得出的结果可总结如下。其中许多结果与小桥(2018)第 II 节中已经获得的结果相同,但本文涵盖的时间段截至 2019 年或 2020 年,也捕捉到了一些不同的趋势:

(1)至少在 2010 年之前,全球贸易总值一直在稳步增长,但自 2010 年以来已趋于平稳。

(2)与此同时,零部件贸易持续增长,表明供应链在全球范围内不断扩大。

(3)东亚地区在世界最终成品和零部件贸易中的地位迅速上升。

(4)就电气机械和运输机械而言,东亚地区在最终成品和零部件方面的地位同样在不断上升。

(5)不过,这两个行业的情况略有不同。运输机械的东亚的域内贸易规模比电气机械要小多。

(6)从东亚各国/地区的贸易趋势来看,日本的衰落和中国的崛起引人注目,而东盟的一些国家,如越南,也在不断扩大其影响力。

(7)不过,与电气机械相比,截至 2019 年,日本在运输机械领域的下降幅度仍然不大。

(8)从零部件出口目的地和进口来源地的集中程度来看,可以判断东亚地区的供应链在 2000 年至 2019 年期间有所深化。

值得注意的是,东亚地区供应链的上述变化基本上是基于经济因素和动机。如果一个国家/地区的技术得到改善,可以制造零部件,那么可能就不需要从其他国家/地区进口零部件,供应链也就可能缩小(高富等,2016)。此外,当一个国家/地区的工资上涨时,将以前适合在有关国家/地区进行的劳动密集型流程转移到另一个国家/地区也是合理的。另外,在 2011 年日本东日本大地震和泰国洪灾等自然灾害面前,基于风险分散角度的管理决策,供应链也可能发生变化。此外,供应链的规模还取决于产品的技术特点。例如,据说电动汽车的零部件数量大大少于传统发动机汽车。因此,随着电动汽车的普及,供应链的规模有望缩小。

无论如何,基于上述经济因素的供应链扩展和变化都会提高国际贸易的效率,促进世界经济的发展。然而,政治或人为因素导致的供应链变化可能会损害国际贸易的效率收益。目前,人们正在通过分析外国直接投资的趋势来讨论对这种变化的担忧(日本经济产业省,2023;Alfaro and Chor,2023),并提出了"全球化减缓"(slowbalization)一词(IMF,2023)。本文的分析侧重于零部件贸易,也表明 2010 年至 2019 年间东亚供应链结构可能会发生一些变化。东亚各国/地区目前应该做的是加深相互理解与合作,确保东亚地区供应链的变化和收缩不会损害经济效率,阻碍全球经济发展。

参考文献

[1]池部亮・藤江秀樹(編著)(2016)『分業するアジア:深化するASEAN・中国の

分業構造』日本貿易振興機構。

[2] 小橋文子(2018)「生産ネットワークの拡大と深化」『フィナンシャル・レビュ
ー』(財務省財務総合政策研究所)第 3 号(通巻第 135 号)11 月。

[3] 経済産業省(2023)『通商白書』6 月。

[4] 高富康介・中島上智・森知子・大山慎介(2016)「スロー・トレード：世界貿
易量の伸び率鈍化」Reports and Research Papers(日本銀行),10 月。

[5] Alfaro, Laura and Davin Chor (2023), "Global Supply Chains: The Looming
'Great Reallocation'," paper prepared for the Jackson Hole Symposium, 24–26
Aug 2023.

[6] ASEAN-Japan Centre (2022), "ASEAN Global Value Chain and Its Relationship
with RCEP: Impacts of RCEP on ASEAN Integration," ASEAN-JAPAN CENTRE,
March.

[7] International Monetary Fund (2023), World Economic Outlook, April 2023: A
Rocky Recovery, April 11.

第七章 从供应链关系看亚洲经济共同体发展

靳玉英

很高兴今天能有机会到上海大学来参加本次国际论坛,非常感谢欧阳校长的邀请,使我今天能够到这儿来学习,收获也非常多。今天我跟各位作一个交流,希望能从微观企业的视角,从客户和供应商的关系,去看亚洲经济一体化目前的状态,以及未来的、可能的前景。我的报告是从微观的视角去看国与国之间,也就是在亚洲代表性的国家之间,企业层面彼此关联的状态。我试图从这样一个微观的视角,去捕捉到一些企业对于目前的一些政策的反应。

比如我们都知道,现在像美国也好,日本也好,欧盟也好,都在采用大量补贴的方式推动他们的产业链实现本土化、近邻化,至少是友岸化、区域化。企业是不是"听从"这些政策?这些政策能否影响企业?我们希望能够看到从 2018 年以来——尽管这个时间跨度比较短,但是我们希望看一下,从中美贸易摩擦开始到现在,企业是一个什么样的国际关联的状态,这就是我今天的报告为什么会从这样一个微观视角去看的原因。

2018 年中美贸易摩擦之后,美国希望它的产业能够回到它的本

94

土去,也采取了一系列促使制造业回流的措施。当时包括殷风老师在内的研究者也做了很多有关外商直接投资的调研,调查企业的意向。当时调研的结果还比较乐观:企业不想走,外资不想走。但是我们也可以看到这几年下来,已经有蛮多的资金,尤其在上海这种经济中外资所占比例较大的地区,已经有较多的外资撤出的行为,所以这也是我为什么要从微观角度,去看一下这五年我们亚洲的企业的反应。

今天要讨论的是这样的一个主题,即在我们亚洲的这些经济体之间,企业层面供应链的关系发生了怎样的变化? 彼此之间的联系是加强了还是弱化了? 又是在哪些国家之间存在这种加强或弱化的情况?

我们首先说说亚洲的重要性,这个是毫无疑问的。我们专家也都提到了亚洲经济合作的重要基础,包括亚太命运共同体,亚洲的人口和市场,亚洲经济的活跃程度,以及我们在文化上面的相似性,这个我就不展开讲了。

新冠疫情之后,我们可以看到各国都在努力做的一件事情,尤其美、欧,就是试图促使战略产业回流,以及缩短全球的供应链长度,来保证国家的供应链安全。这导致全球供应网络格局发生变化,呈现本土化、近邻化、友岸化的趋势。亚洲区域经济一体化的程度在不断地加深。2020 年亚洲开发银行有一个统计数据,今天也有专家提到:亚洲区域内贸易约占对外贸易总额的 58%。企业作为市场经济的主体,它们之间的关联尤其重要。我们讲经济全球化,去全球化、逆全球化,最后还是要看企业之间的供应链的关系。它们的联系越紧密,就说明全球化的进展越好。我们从供应链的断裂和新建这样一个角度,去反映企业之间合作关系的变化,还能体现政府当局的决策意向,也就是政府的政策跟市场选择的有机结合。

今天上午有专家讲到,目前的这种地缘政治状况,政府的政策影响是最大的。在我看来政府政策是最大的外生冲击,能够去影响市场主体——企业的选择。企业面对这样一些政策,同时站在市场效率的角度,会做怎样的取舍?所以我们试图从供应链的角度,去探讨亚洲经济共同体的发展方向。在当前全球供应链重塑的过程中,部分制造业由中国转移到东南亚国家。我们主要选择了三个国家:中、日、韩,可以讲是我们东亚地区,甚至是亚洲地区最重要的三个国家;再加上越南、菲律宾、新加坡等国。本来想把印度放上,但由于我要用的数据库无法支持,没有得到一个稳定的结果,就没有把印度放上。我主要用的数据是全球供应链数据库,这个数据库涵盖了全球23 000 家上市公司,拥有 325 000 对特定的供应链的关系。在最近有关企业的供应链研究中,它也被广泛运用。

我们的样本涵盖从 2018 年到 2022 年这五年的时间,应该讲时间的维度是比较短的。为什么没有往前面去进行更多延展?因为我们发现 2018 年以前企业的供应链关系是相对比较稳定的,就选择了 2018 年中美贸易摩擦发生的时间点。万老师也讲到,逆全球化的趋势在 2018 年已经初现端倪,但是大家并没有充分认识到。中美贸易摩擦后,逆全球化趋势不断加深,所以我们选择了这五年的时间,基本上采用描述性统计的方式,试图发现其背后的一些特征。

表 7 - 1 展示了中国和日本的企业之间供应链的总体情况。我们可以看到 2018 年的时候,中国所有的供应链关系对一共是18 113 对。

表7-1 中国—日本供应链总体情况

年 份	中国 所有供应链数	中国—日本 所有供应链数	中国—日本 供应链数占比
2018	18 113	994	0.054 877 7
2019	20 471	1 140	0.055 688 5
2020	24 485	1 344	0.054 890 7
2021	30 524	1 569	0.051 402 2
2022	39 220	2 022	0.051 555 3

大家要注意的是,这里面不仅仅包含中国企业跟国外企业的供应链关系,还包括本国企业之间,即中国企业跟中国企业的供应链关系。这些统计是非常有意义的,我后面还会跟各位专家详述。因为时间的缘故,我没有把这两者区分开。区分开其实有非常重要的意义,接下来我们会继续去做相关的剖析工作。在这18 000多对里面,我们可以看到中国企业跟日本企业之间的供应链关系有994对。它占多少呢?大概占5%。我们看下来,这五年没有特别大的变化。

总体而言,日本是中国在亚洲重要的经济合作伙伴,两国之间的供应链占中国总供应链的5%以上,但这个比重从2019年开始略微地往下降。我们可以看到中国的供应链关系对是在不断地增加,从18 000增加到39 000,——我怀疑这里面有比较大的一部分是本国企业跟本国企业,即中国企业跟中国企业。再把它剖开分析的话,我们可能会发现中国企业也出现了供应链回撤的现象,就是说中国企业更多地去采用我们本国的供应链;在现实中也存在这样的现象。

图7-1是中国跟日本之间供应链断裂和新建的情况。我们可

以看到从 2018 年到 2022 年这段时间里,中日两国企业供应链的断裂是逐年上升的,但它的占比呈下降的趋势,到 2021 年约占中日两国企业供应链总数的 17.5%。而供应链新建的数量明显多于断裂的数量,这在一定程度上还是说明两个国家企业之间的交往处在进一步加深的过程。我们可以看到主要的供应链合作存在于这些行业,比如说有 1366 个是出现在电器、电子的装备设备的行业上。我们可以看到这些国家之间,到后面也可以看到,整个行业分布的情况,事实上是比较聚焦的,基本上都是在这样的行业。这也说明整个的亚洲地区,我这里所讲的 6 个代表性的经济体之间,它们合作的、产业层面的基础。

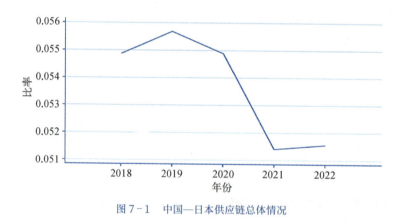

图 7-1　中国—日本供应链总体情况

表 7-2 是中国跟韩国供应链的总体情况。在 18 113 对供应链关系里面,中国和韩国的供应链关系比重基本上从 3% 降到了 2.6%。也就是说在中国的供应链中,从 2018 年到 2022 年,韩国企业所发挥的作用其实是在弱化的。图 7-2 是供应链断裂和新建的情况,因为时间的缘故,我就不花太多的时间详述。总体而言,2019 年是个分界

点。供应链断裂的数量呈先上升后下降的一个趋势。新建还是明显多于断链,一定程度上也是说明这两个国家还是在不断地加深彼此之间的合作。这是两国之间行业分布的情况,基本上跟中日之间是相似的。

表7-2 中国—韩国供应链总体情况

年　份	中国 所有供应链数	中国—韩国 所有供应链数	中国—韩国 供应链数占比
2018	18 113	549	0.030 309 7
2019	20 471	638	0.031 166
2020	24 485	759	0.030 998 6
2021	30 524	877	0.028 731 5
2022	39 220	1 042	0.026 568 1

图7-2 中国—韩国供应链总体情况

接下来我们来看一下中国和新加坡的供应链关系,可以看到相对于日韩两个国家,新加坡在中国企业的供应链里面的作用显然要低得多。在这个数据库的样本里面它不到1%，而且呈现不断下降的趋势。这跟中新两国之间的产业结构有关系。因为整个数据库里面的供应链关系，主要集中在制造业以及跟制造业相关的生产性服务业。所以这是由新加坡服务业比重更高这样的产业结构所决定的。中新之间的关联是在不断下降，这是主要产业分布的情况。

越南跟我们之间，更多的是替代性的关系。我们可以看到，在我们的供应链里面，越南企业所发挥的作用其实是微乎其微的。可以看到在新冠疫情之后，两个国家的供应链断裂呈急剧上升的趋势。供应链新建的占比，从2021年以后开始逐渐回升，基本上达到2018年初始的状态，这是两者产业分布的情况。菲律宾在我们国家供应链中的角色跟新加坡差不多，它的作用并不大。这是中国与菲律宾之间，从供应链断裂到供应链新建的情况。总体而言，彼此都在弱化关联。这是行业的一个分布。刚才我们讲了，比如说日本对中国的企业有多重要。现在我们反过来来看一下中国对日本的企业有多重要。我们看，2018年日本的企业有28 000对供应链关系，和中国之间是994对，基本上占总数的3%。我们可以看到2022年的时候，它已经达到3%—5%，也就是说比重在不断上升。这个说明什么？我们从前面可以看到，对中国而言，日本企业的重要性是呈下降的状态。但对于日本而言，中国企业的重要性却是在不断提升，这一趋势非常明显。这是日本的供应链断裂和新建的情况。

表7-3、图7-3是日本跟韩国之间的关系。可以看到韩国占日本的供应链数量，处于下降的状态，而且它的占比低于中国。这是日本跟新加坡之间的关系，大致也是这样的一个状态。对于日本的企业而言，新加坡企业对它的影响不是很大，只有0.7%的比例。我们

表 7-3 日本—韩国供应链总体情况

年 份	日本所有供应链数	日本—韩国所有供应链数	日本—韩国供应链占比
2018	28 580	891	0. 031 175 6
2019	34 691	1 072	0. 030 901 4
2020	37 987	1 167	0. 030 721
2021	40 274	1 167	0. 028 976 5
2022	39 981	1 205	0. 030 139 3

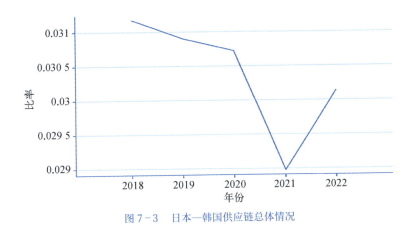

图 7-3 日本—韩国供应链总体情况

也可以看到,从断裂的数量而言,新加坡企业对日本企业的重要性,也处在下降的状态。可以看到日本企业和越南企业的供应链关系在不断升温。对于韩国的企业而言,中国企业的重要性在上升:我们可以看到中国企业的供应链占比处于一个逐年上升的状态;到了2022 年,也就是统计的最后年份,已经达到了 5% 的状态。从断裂和新建的关系看,新建数量也是多于断裂数量。而且新建数量的占比,上升到 32%。这是彼此合作的行业，基本上集中于交通设备、电子电器这样的行业上。下面是韩国跟日本之间的供应链关系。我们可以看到，对于韩国的企业而言，日本供应链的重要性在不断下降。时间的缘故我就不再介绍其他内容，主要就是讲了中日韩三者之间的供应链关系。

我最后作一个总结。从微观企业的视角，对于中国企业而言，日韩企业在供应链关系上的地位正在弱化。这背后的原因到底是什么？是不是中国企业更多地去选择了本土的企业？数据库可以让我们去做这样一个甄别的工作，我们后续会做相应的研究。但是反过来，对于日韩两国的企业而言，中国供应链的重要性却是在上升。从日韩的角度，事实上对中国供应链的需求是在增加的。我们还可以看到，越南在中日韩三国供应链中的比重，均呈上升的趋势。原因就是，近年来欧美等国越发重视供应链的安全，积极推行"中国加一"的政策，把设在中国的工厂逐渐转移到东南亚，尤其是越南。我们平时也都有这样的感受。由于时间的缘故，我就不作更多的介绍。这两点我觉得是核心的发现。一方面亚洲国家在强化区域内的合作，另一方面彼此体现出来的供应链关系重要程度却是不对等的。我仅作描述性分析，试着从微观角度去考察整个亚洲地区供应链合作的现状。中美贸易摩擦，包括疫情冲击之后，企业层面会有什么样的选择？我们亚洲地区是否有进一步加强合作的空间？

第八章　劳动力跨国就业在亚洲共同体创建过程中的作用

李麦收

一、引言：亚洲共同体的构想与劳动力跨国就业的崛起

亚洲,这个拥有悠久历史和多元文化的大陆,正日益成为全球政治与经济格局中的重要力量。在这个全球大变革的时代,国家间的紧密联系和互相依赖变得愈发显著。在这个背景下,亚洲共同体的构想逐渐浮现在国际关系的舞台上,成为解决共同挑战和推动地区繁荣的一种新型合作模式。亚洲共同体的构建旨在超越传统的国家边界,通过促进政治、经济、文化等多方面的合作,推动整个亚洲地区的一体化发展。该愿景的实现对于维护地区和平稳定、推动经济增长以及促进文明交流都具有重大意义。亚洲共同体的构建不仅仅是政治层面的合作,更是对于一个更加和谐、稳定和繁荣的亚洲地区的追求。由东到西,由北到南,亚洲拥有着千姿白态的文化、语言和发展水平。要实现亚洲共同体的梦想,需要协同解决地区内多样性和差异性带来的问题,推动共同体在政治、经济和文化层面的紧密结合。这一目标不仅有助于弥合地区内的分歧,更有望为亚洲地区创

造一个共同繁荣的未来。

亚洲共同体的构建是对多样性和差异性挑战的集中回应,旨在推动整个亚洲地区的政治、经济和文化一体化。在构建亚洲共同体的过程中,劳动力跨国就业的崛起无疑成为这一愿景的重要组成部分,为共同体建设提供了新的机遇和动力。亚洲共同体的构想并非地缘政治的联盟,而是一种对共同价值观的追求。在这个构想中,亚洲国家将通过政治、经济、文化等多领域的合作实现相互之间的深度融合。共同体构建的目标在于创造一个政治和经济稳定的地区,弘扬亚洲文化,推动亚洲在国际事务中的影响力。

亚洲共同体的构建并非一蹴而就,而是经历了漫长的历史和发展过程。20 世纪末和 21 世纪初,亚洲地区的一体化努力逐渐引起国际社会的广泛关注。2001 年,亚洲合作对话(Asia Cooperation Dialogue,ACD)的创立标志着亚洲国家在经济合作和政治对话方面迈出了坚实的一步。然而,亚洲共同体的概念远非止步于此。在推动一体化进程的同时,亚洲国家开始更加积极地探讨地区共同体的构建,旨在通过政治、经济、社会和文化的紧密合作,为整个亚洲地区创造更有活力和稳定的未来。

随着全球化的推进,亚洲国家之间的贸易和投资活动日益频繁,为劳动力提供了更广泛的就业机会。人们跨越国界寻找更好的生活和职业发展机会,推动着劳动力跨国就业的崛起。这种趋势不仅在经济层面上带来了深远的影响,也在社会和文化层面上引发了新的思考。劳动力跨国就业已经成为亚洲地区国家之间共享资源、共同发展的一种方式,为共同体的建设注入了新的动力。中国、印度、菲律宾等亚洲国家的劳动力开始穿越国界,寻求更好的生活和职业发展机会。这种现象不仅仅是为了追求更高的薪酬,也是一种对技能和专业知识更广泛应用的追求。劳动力跨国就业的趋势表明,亚洲国家之间正在形成一种共享人力资源的模式,为共同体建设提供了新的可能性。

亚洲共同体构建的过程中,劳动力跨国就业的崛起为共同体带来了深远的影响。首先,劳动力的跨国流动加强了地区内经济的互补性。一方面,劳动力的流动促进了亚洲国家之间的资源共享。通过跨国就业,各国能够充分利用彼此的优势,提高整体生产效率。例如,在高技术产业领域,印度的软件工程师可能在新加坡的公司工作,为双方带来了技术交流和共同发展的机会。另一方面,劳动力跨国就业推动了亚洲地区的经济发展。通过吸引高技能外国劳动力,一些国家得以填补本国劳动力市场的短缺,促进了产业升级和经济结构的调整;低技能劳动力的流动也可以填补一些劳动密集型行业的用工缺口。同时,跨国就业也为劳动者提供了更广泛的发展机会,促使他们在不同国家不断积累和提升工作经验。其次,这种劳动力的跨国流动也为亚洲共同体构建提供了一条人文纽带。通过劳动力的相互交流,不同国家之间的文化和社会价值观也得以更深层次地融合。这有助于减轻因文化差异而可能引发的矛盾,推动共同体构建向更为紧密的方向发展。劳动力跨国就业不仅仅是亚洲共同体构建的一个必然产物,更是推动共同体建设的重要推动力。

然而,现实中仍然存在诸多因素不利于亚洲地区的劳动力跨国就业,需要在共同体建设中认真应对。首先,文化差异和语言障碍可能成为劳动力跨国就业的阻碍因素。在一个多元文化的亚洲地区,如何有效地管理来自不同国家和地区的劳动者,确保劳动合作能够顺利进行,是一个需要深入思考的问题。其次,劳动力跨国就业可能引发一些社会问题,例如劳动权益的保障和社会融合。在一些情况下,外来劳动力可能会面临不公平的待遇,需要建立有效的制度来保障他们的权益。在这一背景下,亚洲共同体的构建需要认真考虑如何在劳动力跨国流动中平衡各方的利益,促进共同体的共同繁荣。劳动力的跨国就业不仅仅是一种经济行为,更是文化和社会互动的过程,需要全方位的政策支持和国际协作。

本文的研究目的在于深入分析劳动力跨国就业在亚洲共同体创建过程中的作用,探讨其对亚洲共同体建设的影响机制、优势和潜在问题。为实现这一目标,论文将分为以下几个部分展开讨论:第一,梳理已有文献,对劳动力跨国就业所带来的一系列影响和影响劳动力跨国就业的因素进行归纳总结,指出现有研究已取得的进展与不足;第二,对亚洲各国劳动力跨国就业进行分地区的现状分析;第三,对不利于劳动力跨国就业的阻碍因素进行分析与总结;第四,分析劳动力跨国就业在构建亚洲共同体中的机制作用,并针对目前阻碍亚洲地区劳动力跨国就业的因素给出相应的政策建议。

二、文献综述

近十几年来,随着经济全球化的不断推进,各国的经济依存度不断加深,国际交流合作不断深化,出现了大规模人口跨国流动现象(Docquier & Rapoport,2012)。根据潘士远等(2019)的研究,截至2019年仅中国跨国流出人口数量达1 073万人。个人追求更高的劳动技能、得到更多的劳动回报和获得优质的生活环境以及全球产业链分工都是影响劳动力在国际间迁移的重要影响因素（Lockwood B，Nathanson C，Weyl E，2017）。在劳动力迁移过程中，高素质劳动力更加倾向于迁移至发达国家，具体表现为发达国家是人力资本的净流入国，而发展中国家则是人力资本的净流出国（范兆斌等，2013）。劳动力的跨国流动对各国的经济社会发展产生了深远影响，已有文献认为劳动力的跨国流动促进了国际的贸易投资，促进了各国的人力资本积累和技术创新水平，但发达国家受劳动力跨国流动的积极影响更明显，使其在人力资本积累、技术创新、对外贸易等方面相比发展中国家将更具优势（周丽群等，2021；范兆斌等，2012；魏浩等，2022；铁瑛等，2020）。

以上内容为劳动力跨国流动对各国经济社会运行产生影响的相关文献梳理，同时亦有相关文献对影响劳动力跨国流动的影响因素进行了深入阐述。基于经济因素视角，现有文献从产业结构、产业发展阶段、对外开放水平、相对薪资水平、货币汇率、贸易关系等因素对劳动力跨国流动的方向和规模展开分析（谢勇才等，2018；余官胜等，2012；魏浩等，2020）。

此外，亦有学者逐渐关注到影响劳动力跨国流动的非经济因素：一是政治因素，如各国的对外政策、国内的政局稳定程度、不同国家间的制度相似度等政治类因素对劳动力跨国流动的影响（张原等，2018）；二是自然类因素，主要包括国家间的地理距离、环境差异等因素（盛斌等，2004），但随着生产力水平的不断提高，自然因素对劳动力跨地区流动的影响逐渐削弱；三是文化类因素，文化认同感对劳动力的跨国流动同样具有作用（李楠，2015），马慧洁等（2023）的研究指出文化差异较大的两个地区将具有更高的劳动力流动成本，较高的流动成本将会降低劳动力的流动意愿。

当前的研究在劳动力跨国就业方面取得了显著的成果,深入探讨了经济、政治、自然和文化等多方面的因素对这一现象的影响。已有文献准确把握了全球化趋势下劳动力跨国流动的主要动因,如个体对更好的经济机会和生活条件的追求,以及全球产业链布局促进地区分工合作的影响。此外,对劳动力在国际流动对各国经济社会产生的深远影响,学界也有了清晰的认识,尤其在事关发达国家方面,其在人力资本积累、技术创新、对外贸易等方面的优势得到了充分论证。

然而,现有研究仍存在一些不足之处。首先,对于非经济因素的研究仍相对有限,如对政治、自然和文化因素的综合分析仍有待加强。其次,现有文献多集中在全球范围,对于特定地区劳动力跨地区流动的研究相对较少,限制了对局部现象的深入理解。此外,对于劳动力跨国就业的长期影响以及未来趋势的探讨也有待加强。

三、亚洲国家劳动力跨国流动的现状

(一)东盟内部的劳动力跨国就业

在全球化的时代,劳动力跨国流动成为亚洲地区经济蓬勃发展的一个显著特征。劳动力流动主要是由于劳动力迁出地和迁入地的工资差异所形成:迁入地的工资一般较高,而迁出地的工资一般较低,这一高低差异推动了劳动力的迁移就业。在东盟国家内部,经济发展不平衡,各国的经济水平和劳动力薪资报酬水平存在明显差异,导致了东盟内部劳动力流动不对称的现象。东盟是一个由高收入、中等偏上收入、中等偏下收入、低收入国家组成的国际组织,各成员国的经济发展水平和劳动力的薪资报酬水平存在着显著的差异,因此,东盟内部形成了劳动力净输出国和净接收国的不对称现象。收入水平相对较高、社会福利较为优厚的国家,如新加坡、马来西亚、文莱和泰国,成为劳动力的净接收国,而其他经济较为落后的国家则成为劳动力的净输出国。

劳动力跨国流动在东盟内部呈现两个基本区域模式。首先,泰国为主要接收国,泰国周边的缅甸、老挝、柬埔寨和越南为劳动力输出国。大约60%迁移到泰国并在泰国工作的劳动者来自东盟其他成员国。其次,马来西亚周边,以新加坡、文莱和马来西亚为跨国就业劳动力的目的地,主要由印度尼西亚和菲律宾两国输送劳动力。

在亚洲地区的劳动力跨国流动中,各国的劳动力出口和输入呈现多样化的模式。新加坡国内出生率较低,使得跨国就业者已占国内总就业人口的64%。相对而言,马来西亚在2021年面临老龄化社会的挑战,65岁及以上人口占比为7.4%,导致国内劳动力短缺。因此,国外劳动者占马来西亚国内劳动力的25%,其中来自东盟其他成员国的比例为67%。菲律宾劳动力资源丰富,但由于国内就业空间狭窄和失业问题严重,政府积极鼓励劳动者到其他国家就业,使其成为劳动力的净输出国。与此相反,印度尼西亚作为东南亚地区劳动力资源最为丰富的国家之一,由于国内劳动力市场难以消化大规模的劳动人口,政府从20世纪90年代已开始推动本国劳动者进行跨国就业,逐步成为东盟成员国中的劳动力净输出国。这些劳动力出口和输入的差异使得亚洲国家在共同面对劳动力跨国流动的挑战时,需要因地制宜地制定政策和采取措施。

（二）东北亚国家的劳动力跨国就业

东北亚国家的劳动力跨国就业主要表现为中国向韩国、日本、新加坡的劳务输出。这种输出是一种有组织的劳务输出。这些劳务输出组织主要表现为,中介机构、商业行会、商业公司(不管是日本的公共机构,还是韩国的商业行会,抑或是新加坡的商业公司)在劳务输入的过程中扮演着关键角色。这种输入方式是劳工在家乡被选拔出来,直接安排在海外严格划定和控制的岗位、工作场所和生活空间。比如在日本的研修生制度。

20世纪90年代开始,中国人才开始大规模以个体形式赴日本、韩国和新加坡务工。1992年至2003年间有来自14个国家60万研修生赴日工作,其中中国人占了一半(日本法务省数据,2005)。据日本出入国管理局(2023.6)统计,居住在日本的中国籍人数为78.849 5万人,其中持有劳动签证者总人数达到38.584 8万人,占日本外国劳动者总数比21.2%,仅次于越南。

就输入国而言,日本、韩国和新加坡是中国劳务输出的前三大目的地。截至2004年11月,在日本登记注册的中国工人约有10万、新加坡8万、韩国4.7万。在日、韩非技术和半熟练外籍工人中,中国工人比例最高,分别是近70%和超过40%。在新加坡,中国工人数可能仅次于马来西亚,位居第二(中国承包商会,2004)。

一方面,日本政府提供了许多的社会保障福利,例如生育补助、食品补助、住房补贴和子女教育补贴等。这些福利将帮助外籍人员顺利地融入日本社会,安心地工作和生活。另一方面,外籍人员在日本也可以享受到许多法律保护。例如,日本法律规定禁止在工作环境中存在性骚扰和种族歧视等不当行为。这使得外籍人员在日本工作的过程中不会受到不公正的待遇。

而且,在日本办理工作签证也变得越来越容易,例如在 2019 年发行的新特定技能签证:留学生可以直接申请 1 年的工作签证,并在此期间找寻合适的工作。

韩国出国劳务网的数据显示,2022 年韩国的外国人就业人数为 84.53 万人,外国就业者主要来自亚洲各国。其中,中国朝鲜族为 33.13 万人,中国非朝鲜族有 4.77 万人,两者合计占外国在韩就业者总数的 45%。

中国劳动力在韩国的月工资平均在 200 万—300 万韩元(11 080 人民币元—16 620 人民币元)之间,收入不低,但是社会福利并不高。他们不但需要承担韩国人不愿做的“3D 工作”,而且在社会认知上,也得不到应有的尊重,在社会权益上,也没有得到对等的待遇。

在日本和韩国,中国移民目前主要受雇于农业、食品生产和小型家具生产;在韩国从事建筑、汽车零部件制造等产业工作的中国人有 5 万多人,占比超过一半。此外,在餐饮、酒店服务行业以及物流、金融、保险、IT、贸易、咨询等行业的中国籍员工数量也比较多。在新加坡的中国移民则主要从事后勤、小生产和零售业。这三国的服务业,如小餐馆和零售店也雇用了不少中国劳工。

四、阻碍亚洲国家劳动力跨国流动的因素

随着全球化的推进,亚洲国家间的经济、社会联系日益紧密,劳动力跨国流动也逐渐成为促进亚洲地区发展的重要因素。然而,在实际操作中,亚洲国家劳动力跨国流动面临着许多制度障碍,这些障

碍限制了劳动力的自由流动,阻碍了亚洲地区的进一步整合和发展。阻碍因素主要体现为以下几个方面:

(一) 签证与居留制度限制

首先,许多亚洲国家在签证申请上设置了较高的门槛。申请流程可能烦琐且耗时,需要提交大量的文件和证明材料。这对于希望跨国流动的劳动力来说,增加了不少困难和成本。其次,一些亚洲国家对外国劳动力发放签证时,限制居留时间和工作领域。这些限制可能会规定外国劳动力在特定的时间内必须离开,或者只能在特定的行业或职位工作。这种限制影响了劳动力的自由选择和流动,同时也限制了劳动力市场的灵活性和效率。如果外国劳动力脱离了规定的时间和行业或者职位,就成为非法劳动者。此外,签证与居留制度的限制还可能造成劳动力市场的分割和不平等。本地劳动力和外国劳动力可能面临不同的规则和待遇,这种制度性的不平等可能引发社会不满和冲突。总体来说,亚洲国家的签证与居留制度是影响劳动力跨国流动的重要因素。为了促进劳动力的自由流动和亚洲地区的经济整合,有必要对这些制度进行简化和改革,减少不必要的障碍和不平等,增加劳动力市场的灵活性和效率。这将有助于亚洲地区的长期发展和繁荣。

(二) 劳动力市场信息不透明

在亚洲地区,尽管全球化势头不断加强,但劳动力市场的信息不完善、不透明成为制约劳动力跨国流动规模和质量的重要因素。这一现象主要体现在就业机会信息不透明、薪资水平不透明、法规和政策不明确等方面。

首先,就业机会信息的不透明性是劳动力跨国流动面临的一项重要挑战。在亚洲各国的就业市场存在信息不对称问题,即劳动力难以获取准确、全面的职位信息。这使得有潜力的劳动力在寻找国外就业机会时面临困难,也使得雇主难以找到合适的人才。此外,由于国际劳动力市场的复杂性,一些潜在的跨国劳动力往往难以了解到目标国家的工作环境、社会制度等相关信息,进而影响其对跨国流动的决策。

其次,薪资水平透明度不足也是劳动力市场信息不透明的一个方面。在一些国家尤其是东南亚地区的发展中国家,由于缺乏统一的薪资标准和透明的薪资信息公示制度,劳动者难以准确评估自己的市场价值。这不仅影响了劳动力在本国的就业选择,也对其考虑跨国流动时的薪资期望造成了困扰;外国雇主也面临着比较来自不同国家劳动力的薪资水平的困难,降低了他们对外国劳动力的吸引力。

最后,法规和政策的不明确性是劳动力市场信息不透明性的另一方面。不同国家对外国劳动力的签证、工作许可等方面存在各种各样的规定,这些规定并不统一且不清晰明确。一些国家尤其是政局不稳的国家可能频繁调整相关政策,或者政策的执行存在不确定性,这使得劳动者和雇主难以预测和适应。这种不明确性影响了劳动者跨国流动的意愿,也使得用人单位在考虑招聘外籍员工时面临较大的不确定性,从而放慢了劳动力跨国流动的步伐。

(三) 社会保障制度差异

由于亚洲各国的经济发展水平差异较大,致使亚洲各国在社会保障制度方面同样存在较大差异。一些发达国家(例如日本、韩国、新加坡)的社会保障制度较为完善,为劳动者提供了较好的福利待遇,而另一些国家的相关制度则相对落后。以东盟各国为例,东盟 10 国在为本国国民制定的社会保障制度和提供的社会保障水平也参差不齐,即使是同一种社会保障都会存在不同的社会保障形式,例如工伤保险,文莱、马来西亚和新加坡是雇主全给付制,而其他国家则是社会保险的形式。现阶段,大多数成员国没有给那些没有本国国籍、没有获得本国居住资格、未达到国家社会保障最低缴纳年限要求的跨国就业劳动者提供本国居民所能享受的社会保障项目。这种制度差异给成员国之间的社会保障合作和协调带来了严重的阻碍,也导致了劳动力在跨国流动时面临社会保障待遇的损失,使得一些劳动者对跨国就业持谨慎态度。

(四)语言与文化障碍

语言与文化障碍是在亚洲地区劳动力跨国流动中的常见问题,对劳动力跨国流动的规模和质量产生了深远的影响。这一问题主要表现在语言沟通的困难、文化冲突的产生以及社会融入等多方面的挑战。

首先,语言沟通困难是劳动力跨国流动中最直接的障碍之一。在亚洲地区,由于语言和方言众多,不同国家之间存在着巨大的语言差异。劳动者和用人单位可能使用不同的语言,这给劳动者在面试、工作沟通和团队协作等过程带来了很大的挑战。

其次,文化冲突是劳动力跨国流动中常见的问题,尤其是在亚洲这样一个拥有多元文化的地区。不同国家和地区拥有独特的文化传统、价值观念和社会习惯,这使得在新文化环境中工作和生活成为一个挑战。文化冲突可能表现为工作习惯的不同、沟通方式的差异、对权威的理解不同等,这些都可能导致团队合作的困难,甚至影响到工作质量。在多元文化的工作环境中,文化冲突还可能影响到员工的职业发展和晋升机会,增加了劳动者在新国家融入和适应的难度。

最后,社会融入的挑战也是语言与文化障碍的一个重要方面。在新的国家工作和生活,劳动者需要更好地融入当地社会,建立起与同事、邻居和社区的良好关系。然而,由于语言和文化的障碍,劳动者可能感到孤立和难以融入,这不仅对个体的心理健康产生负面影响,也可能影响到工作效率和生活质量。社会融入的问题还表现为对一些法规和制度的不熟悉,可能导致在生活中遇到问题时难以得到及时帮助和支持。

语言与文化障碍对劳动力跨国流动的影响不仅是单一层面的,而是相互交织的。语言沟通困难可能导致文化冲突的加剧,而文化冲突又可能加大社会融入的难度,形成一个复杂的循环。因此,如何有效应对这些障碍,促进劳动力在跨国流动中更好地适应和融入,是一个亟待解决的问题。

五、劳动力跨国就业在亚洲共同体创建过程中的作用

劳动力跨国就业在亚洲共同体创建过程中发挥着重要的作用,不仅在经济层面促进资源配置和劳动力市场的灵活性,而且在社会义化交流、政治合作和区域一体化方面也具有深远的影响。首先,劳动力跨国就业有助于促进亚洲地区的经济发展和资源优化配置。随着全球化的推进,劳动力在亚洲地区国家之间的流动不断增加,形成了更为灵活的劳动力市场。这种市场的灵活性使得各国能够更好地应对劳动力需求的波动,提高了生产效率和经济增长速度。特别是

一些发展中国家的劳动力向经济相对发达的国家流动,促使资源得到更加高效的利用,推动了全区域范围内的产业升级和技术创新。其次,在政治层面,劳动力跨国就业有助于构建亚洲地区的政治合作框架。共同面对跨国劳动力流动带来的政治、法律和社会管理等问题,各国需要加强协作,制定共同的政策和法规,共同维护跨国流动劳动者的权益。这促使各国在共同关心的议题上形成共识,为建设亚洲共同体奠定了基础。通过政治合作,各国可以加强边境管理、签署双边和多边合作协议,提高整个地区的治理水平,形成更加紧密的区域合作机制。

通过采取一系列互动措施,增强劳动力在亚洲各国各地区间的流动,有利于更好地推动亚洲共同体的建设:

(1)加强文化交流:亚洲各国有着丰富的文化和历史背景,但这些文化差异往往成为各国之间交流的障碍。通过劳动力跨国就业,可以促进各国人民之间的文化交流和理解。劳动力流动能消除自我中心观念,劳资双方相互理解对方的文化,是消除民族、国家之间矛盾的极好方法。通过劳动力流动有助于消除宗教、民族、历史隔阂。

(2)冲击劳动力输入国改变企业经营理念和经营体制,发展民族文化的多元性和多样性,改变单一民族国家的封闭结构,在新文化的创造和知识创新方面取得更大进展,可以促进本国经济发展。目前全球化趋势的发展越来越快,人口跨国流动与迁移日益频繁,国际间信息交流和信息网络的形成,"少子高龄化"的压力,越来越多的国家更深刻地理解了"国际化"的内涵与意义。作为亚洲国家,要积极与亚洲邻国共生共益,实现多元的民主主义。

(3)缓解就业压力。随着全球化的不断深入,许多国家的就业形势越来越严峻。通过鼓励和支持劳动力跨国就业,可以为一些国家提供更多的就业机会,缓解本国就业压力。同时,也可以为其他国家提供人才支持和技术合作的机会。

(4)推动区域一体化。在构建亚洲共同体的进程中,推动区域一体化是重要的一环。通过劳动力的交流,加强各国之间的经济、社会和文化联系,可以提高亚洲共同体的凝聚力和影响力,促进地区和平稳定与繁荣发展。

总之,在亚洲共同体建设过程中,劳动力跨国就业还带来了一系列的机遇和挑战。一方面,跨国流动劳动者的贡献促进了区域内部的经济繁荣,加速了技术和经验的传播,有助于提高整个亚洲地区的竞争力。同时,流动劳动者的跨文化体验和认知拓宽了社会视野,有助于构建更加开放和包容的社会环境。另一方面,在劳动力跨国就业过程中也带来了一系列的挑战,包括社会融合的难题、文化差异的冲突、法规和政策的不一致等。这些问题需要各国共同努力,通过合作和协商来解决,以确保共同体建设的顺利进行。

最后,未来的一切矛盾都可以通过科学(自然科学、社会科学)的发展来解决。自然科学,比如说量子力学、区块链技术、人工智能等的迅猛发展,能给人类带来取之不尽用之不竭的能源,解决人类在发展过程中遇到的各种资源问题。社会科学的发展,比如说建立基本收入制度,使得无论是资本主义国家还是社会主义国家都可以建立基本收入制度来保障低收入群体以及失业群体的生活,维护正常的社会秩序。

参考文献

［1］范兆斌,吴华妹.国际人口迁移、信贷约束与人力资本积累[J].世界经济研究,2013(03):73-79.

［2］范兆斌,刘德学.跨国移民、人力资本结构与技术创新[J].国际贸易问题,2012(06):3-17.

［3］李楠.文化因素对人口流动的长期影响:基于中国历史经验的实证分析[J].社会,2015,35(04):159-176.

［4］李文.东北亚人口跨国流动与迁移的难点与问题[J].当代亚太,2001(5).

［5］马慧洁,李銮淏,夏杰长.文化差异和劳动力跨境流动——基于中国对外劳务输出的事实证据[J].山西财经大学学报,2023,45(08):1-15.

［6］潘士远,朱丹丹,何怡瑶.美国减税之中国应对研究:基于人才流失的视角[J].经济研究,2019,54(10):183-198.

［7］盛斌,廖明中.中国的贸易流量与出口潜力:引力模型的研究[J].世界经济,2004(02):3-12.

［8］铁瑛,蒙英华.移民网络、国际贸易与区域贸易协定[J].经济研究,2020,55(02):165-180.

［9］魏浩,连慧君.国际劳动力流入对美国进出口贸易影响的实证分析[J].国际商务(对外经济贸易大学学报),2020(04):1-16.

［10］魏浩,邓琳琳.国际移民流入、中间品进口与东道国生产率提高[J].国际贸易问题,2022(05):38-50.

［11］吴伟东,吴杏思.劳动力跨国就业与东盟的社会保障一体化[J].东南亚纵横,2015(7).

［12］项飚.劳工移植:东亚的跨国劳动力流动和"点对点"式的全球化[J].开放时代,2011(5).

［13］谢勇才,丁建定.印度海外劳工社会保障权益国际协调的实践与启示[J].中国人口科学,2018(01):107-119+128.

［14］余官胜,林俐.我国海外投资对劳务输出的促进效应——基于跨国面板数据的实证研究[J].财贸经济,2012(11):78-84.

［15］张原,陈建奇."一带一路"倡议下国际劳务合作的机遇与挑战[J].国际贸易,2018(05):37-43+50.

［16］张永凯.人口迁移视角下老龄化对我国经济高质量发展的影响分析[J].河南大学学报(社会科学版),2023,63(9).

［17］周丽群,连慧君,袁然. 国际劳动力流入对美国创新影响的实证分析——兼论对中国吸引国际人才的启示[J]. 中国软科学,2021(06)：53 - 63.

［18］Docquier F, Rapoport H. Globalization, brain drain, and development[J]. Journal of Economic Literature, 2012, 50(3)：681 - 730.

［19］Lockwood B, Nathanson C, Weyl E. Taxation and the allocation of talent[J]. Journal of Political Economy, 2017, 125(5)：1635 - 1682.

第九章　RCEP 成员国区域价值链合作程度国际比较研究

孟雪辰　黄诗惠

一、引言

近年来,随着新一轮科技革命的展开,国际分工体系的底层分工、政策目标导向正在发生显著变化,叠加长期积累疫情背景下的全球化负面影响,全球价值链加速重构。在这些复杂形势下,全球产业链和供应链面临"脱钩断链"的风险,价值链收缩化、短链化、区域化、本土化趋势日益凸显(熊彬,2023)。RCEP 作为覆盖世界人口最多、经贸规模最大的自由贸易协定,为推动东亚区域价值链合作和延伸注入强劲活力。据中国海关总署统计,2022 年,我国对 RCEP 其他 14个成员国进出口 12.95 万亿元,增长 7.5%,占我国外贸进出口总值的 30.8%,其中对印度尼西亚、新加坡、缅甸、柬埔寨、老挝进出口增速均超过了 20%。同时,中间品进出口贸易总额为 8.7 万亿元,占中间品贸易总额的 67%,中国保持在区域内东盟国家第一大贸易伙伴地位。RCEP 的关税减让、贸易便利化和原产地累积规则会进一步扩大区内中间品需求,影响区域各行业的贸易格局。RCEP 区域价值链是对传统的东亚区域价值链的拓展延伸,各成员国根据要素禀赋的差异在区域之间形成互补合作,使得中间品贸易、区域贸易活跃。在上述背景下,本文基于 Wang(2015)贸易增加值分解模型建立了 RCEP 区域贸易增加值分解模型,根据增加值计算指标从不同维度对成员国进行国际比较,进而研究 RCEP 对成员国带来的动态经济效应、贸易规模效应,为亚太区域经济一体化合作路径和升级提供借鉴依据。

区域价值链的分工主要由全球价值链(GVC)的指标演化而来,将价值链的参与程度分为两类。一类是通过分解出口增加值来反映区域价值链的参与度以及分工情况,Koopman(2010)建立了总出口增加值分解框架,将增加值分解为国内和国外两部分,提出了 GVC 参与程度指数;王直等(2015,2017)在综合考虑出口贸易和国内需求的基础上将总出口的增加值分解成不同来源,进一步完善了增加值分解框架,也被作为研究价值链框架的重要基础被学界广泛引用和借鉴。李正等(2020)在 Koopman 指数的基础上分析了中日韩在东盟制造业价值链上的参与度,来评价三国在特定区域的产业融合度。张志明(2019,2020)则分别从嵌入深度和方向评析亚太区域价值链的嵌入程度。

另一类主要是从生产链的长度来反映价值链的嵌入程度。Fally(2012)借助到最终需求的距离、产品和服务的生产阶段数来衡量 GVC 地位。Wang(2017)根据增加值分解的不同来源将国家生产活动分成国内生产活动、传统贸易活动、简单和复杂 GVC 生产活动四类。常冉(2020)等从生产链角度构建了中国对欧盟、北美、东亚、金砖区域价值链的简单和复杂嵌入度。贾凤同样在该视角下考察了湄公河区域价值链的前后向参与度。

鉴于此,本文的贡献体现在:第一,在 RCEP 区域价值链嵌入的视角下,利用贸易增加值从多方面构建价值链合作度指标,从需求、供给两个角度比较分析 RCEP 成员国的全球分工位置,说明成员国在制造业和服务业区域价值链合作的重要事实。第二,本文从区域分析、跨国比较、细分行业三个维度综合分析了中国在区域内外的分工位置,并且考虑了 RCEP 其他成员国产业部门在区域、全球的分工位置,以某些特定行业为例在区域全球两个角度进行国家层面的比较,从而更加精细地剖析了 2010—2018 年 RCEP 成员国在产业区域及全球分工位置的演变和发展趋势。

二、指标测度与说明

(一) 区域价值链合作指标

由于中间品贸易是 RCEP 成员国之间进行区域贸易的主要贸易方式。为了更好地衡量评定 RCEP 成员国之间的区域贸易合作水平,本义参考熊彬等(2023)的研究,从总体行业价值链合作度、总体行业非价值链合作度、间接和直接行业价值链合作度三个指标测算,来反映国家之间在行业层面的区域合作度。

1. 区域价值链合作指标

总体行业价值链合作度的测算公式(1)如下:

$$\frac{EX_{it}^{CR} - EX_{it}^{CR} \times \dfrac{EXFNI_{it}^{C} \times EXDVASH_{it}^{C}}{EX_{it}^{C}} + EX_{it}^{RC} - EX_{it}^{RC} \times \dfrac{EXFNI_{it}^{R} \times EXDVASH_{it}^{R}}{EX_{it}^{R}}}{EX_{it}^{CR} + EX_{it}^{RC}} \tag{1}$$

其中, C 和 R 分别表示中国和 RCEP 其他成员国, i 和 t 分别代表行业和年份。$VCCD_{it}$ 是指 t 年中国与 RCEP 其他成员国在行业 i 上的区域总体价值链合作度, EX_{it}^{CR} 和 EX_{it}^{CR} 分别是 t 年中国在行业 i 上的最终品出口额, $EXFNI_{it}^{C}$ 是 t 年中国在行业 i 上的最终品出口额, $EXDVASH_{it}^{R}$ 是 t 年中国在行业 i 上的总出口国内增加值比率, EX_{it}^{C} 是 t 年中国行业 i 的出口额。

2. 总体行业非价值链合作度

与价值链合作度不同的是, 非价值链合作反映了中国与其他成员国在最终品贸易上的贸易强度, 测算公式如下:

$$NVCCD_{it} = 1 - VCCD_{it} \qquad (2)$$

$NVCCD_{it}$ 表示 t 年中国与 RCEP 其他成员国在行业 i 上的非价值链合作度。

3. 总体行业非价值链合作度

中国与 RCEP 其他成员国在中间品贸易中的合作方式可以分为直接进行中间品贸易和间接进行中间品贸易, 由此根据两种贸易方式可以得出直接和间接行业价值链度。其中, 间接价值链合作指的是有第三国参与中国与区域内其他成员国中间品贸易的价值链合作, 即中国(或 RCEP 其他成员国)出口行业中间品至第三国, 再由该国加工出口至 RCEP 其他成员国(或中国)。直接和间接价值链合作度的测算公式, 如下:

$$ZVCCD_{it} = \cfrac{\begin{aligned}&EXDVA_{it}^{CR} - EX_{it}^{CR} \times \frac{EXFNI_{it}^{C} \times EXDVASH_{it}^{C}}{EX_{it}^{C}} \\ &+ EXDVA_{it}^{RC} - EX_{it}^{RC} \times \frac{EXFNI_{it}^{R} \times EXDVASH_{it}^{R}}{EX_{it}^{R}}\end{aligned}}{EX_{it}^{CR} + EX_{it}^{RC}}$$

$$JVCCD_{it} = \frac{EX_{it}^{CR} - EXDVA_{it}^{CR} + EX_{it}^{RC} - EXDVA_{it}^{RC}}{EX_{it}^{CR} + EX_{it}^{RC}} \qquad (3)$$

（二）全球价值链参与度

1. 前向参与度

$$GVCpt_{f} = GVCpt_{f\_s} + GVCpt_{f\_c} = \frac{VAsgvc + VAcgvc}{SVA} \qquad (4)$$

$$SVA = VApdp + VArtp + VAsgvc + VAcgvc \qquad (5)$$

式（4）中，$GVCpt_{f}$ 表示前向参与度；$VAsgvc$ 为简单的全球价值链活动，表示由进口商直接吸收的中间产品出口中的附加值。式（5）中，$VAcgvc$ 为复杂全球价值链活动，表示由进口商进一步用于生产出口产品的中间产品出口中的附加值。$VApdp$ 表示国内生产和消费的增加值；$VArtp$ 表示最终产品出口中的附加值。

2. 后向参与度

$$GVCpt_{b} = GVCpt_{b\_s} + GVCpt_{b\_c} = \frac{FVAsgvc + DVAcgvc + FVAcgvc}{FG}$$

$$(6)$$

$$FG = DVApdp + DVArtp + DVAcgvc + FVAsgvc + FVAcgvc \quad (7)$$

式（6）中，$FVAsgvc$ 表示国内消费产品生产中由伙伴方直接创造的附加值（简单的全球价值链活动）；$FVAcgvc$ 表示在最终产品生产中创造的除 $FVAsgvc$ 以外的外国附加值。式（7）中，$DVApdp$ 表示生产国内消费的最终产品所直接创造的国内增加值；$DVArtp$ 表示通过生产出口最终产品直接创造的国内附加值；$DVAcgvc$ 表示国内返回和消费的国内增加值（复杂的全球价值链活动）。

（三）显性比较优势

显性比较优势指数能较好地反映一个国家或地区各产业的国际竞争力（魏龙,2016）。比较中国与 RCEP 主要国家优势产业的重合度,可以判断两地产业层面竞争性的强弱。相比传统显性比较优势指数,增加值口径下的显性比较优势指数更能真实地揭示出基于价值链分工的产业竞争优势。本文基于 Wang（2017）总出口的增加值分解方法,将增加值替换贸易出口额,得到贸易增加值统计口径下的显性比较优势指数如式（8）

$$RCA_{ir} = \frac{\left(e_{ir} / \sum_{i=1}^{n} e_{ir}\right)}{\left(e_i / \sum_{i=1}^{n} e_i\right)} \Rightarrow RCA_{ir} = \frac{ADV_{ir} / ADV_r}{ADV_i / \sum_{i=1}^{n} e_i} \quad （8）$$

三、数据来源说明

本文采用符合《国际标准产业分类》（ISIC Rev4.0）标准的 OCED – Tiva 数据库中的 16 个制造行业（食品、饮料和烟草制品制造;纺织品、皮革和鞋业制造;木材、木材制品和软木制品制造;纸和纸制品、印刷品制造;焦炭和精炼石油产品制造;化学原料和化学制品制造;医药品制造;橡胶和塑料制品制造;其他非金属矿物制品制造;基本金属制造;金属制品制造;计算机、电子和光学产品制造;电气设备制造;机械设备制造;交通运输设备制造;其他制造）与 14 个生产性服务行业（分销贸易、运输、住宿和餐饮服务;出版、视听和广播活动;电信、信息技术和其他信息服务;金融和保险活动、不动产活动、其他商业部门服务）作为文本研究范畴。

RCEP 区域价值链合作度、全球价值链参与度、显性比较优势指数都源于同一个贸易增加值核算框架,贸易增加值则根据 OCED 投入产出表统计得出。其中 2010—2018 年具体行业双边总贸易、中间品与最终品贸易以及各项增加值数据均源于 2022 年 OCED－Tiva 数据库,全球价值链参与度、显性比较优势指数等指标由 UIBE 指标体系数据库根据 OCED－Tiva 计算得出。此外,经济合作与发展组织(OECD)根据技术密集度分为低技术产业、中低技术产业、中高技术产业。本文在研究过程中综合考虑数据样本的大小以及数据的可获得性,相应地选择了具有代表性的产业。在制造业方面,本文选取了作为低技术产业的纺织品、服装及皮革业(D13T15),作为中低技术产业的基本金属制造(D25),作为中高技术产业的计算机、电子和光学产品制造业(D26)。在服务业方面,本文选取了作为低技术产业的水上运输(D50),作为中低技术产业的邮政快递活动(D53),作为中高技术产业的金融服务业(D46T66)。

四、区域价值链合作程度的比较分析

(一)制造业区域合作程度的演变趋势

根据 RCEP 成员国[①]制造业区域分工位置的演变趋势(见图 9－1),中国与其他成员国在制造业 2010、2014、2016、2018 年间区域

---

① 本文采取的国家缩写表示为:AUS 澳大利亚;BRN 文莱;CHN 中国;IDN 印度尼西亚;JPN 日本;KHM 柬埔寨;KOR 韩国;LAO 老挝;MMR 缅甸;MYS 马来西亚;NZL 新西兰;PHL 菲律宾;SGP 新加坡;THA 泰国;VNM 越南。

价值链合作度（VCCD），区域非价值链合作度（NVCCD），直接
（ZVCCD）和间接价值链合作（JVCCD）的演变趋势及构成情况均有
所呈现。可以发现：第一，在图中对应的四个年份中，制造业总体价
值链合作度最高依次为新加坡、韩国、马来西亚；制造业总体非价值
链合作度最高依次为柬埔寨、新西兰、缅甸；间接合作度最高的为新
加坡；直接合作度最高的为日本。在观察期间内，发展中国家在制造
业领域的总体价值链合作度高于发达国家。第二，2016—2018 年，除
新加坡、越南、泰国外，各成员国在制造业的总体合作度都有一定程
度的上升，制造业的直接区域合作已经成为其他成员国进行贸易的
主要合作方式。

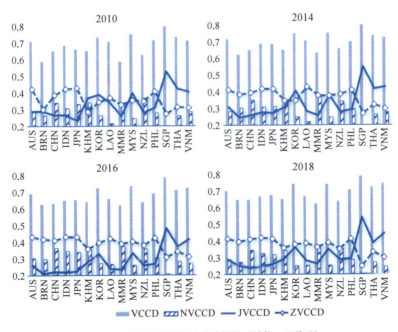

图 9-1　制造业价值链合作度比较（单位：万美元）

资料来源：作者自行整理计算。

（二）RCEP 成员国在制造业行业类型合作——以特定行业为例

图 9‑2、图 9‑3 分别展示了 RCEP 成员国在纺织品、服装及皮革业（D13T15）、基本金属制造（D25）与计算机行业的合作度。可以发现：第一，2010—2014 年间，韩国的纺织品、服装及皮革业总体价值链合作度最高；发达国家在纺织品、服装及皮革业的总体价值链合作度平均高于发展中国家，成员国在该行业主要以间接贸易为主要合作方式。第二，越南总体价值链合作度呈现 U 形趋势，即"下降—上升"的趋势，并在金属制造业上，越南的总体价值链合作度高于其他国家；发展中国家在基础金属制造行业的总体区域合作度以及间接合作度上平均高于发达国家，发达国家在基础金属制造行业的直

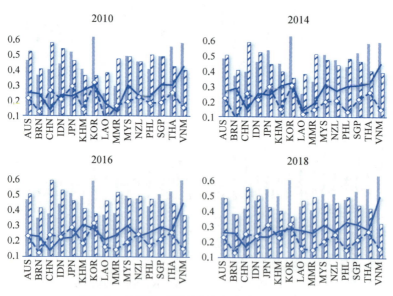

图 9‑2　纺织品、服装及皮革业（D13T15）价值链
合作度比较（单位：万美元）

资料来源：作者自行整理计算。

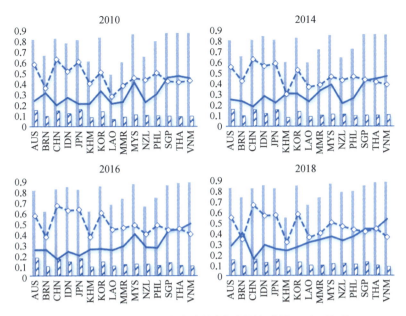

图9-3　金属制造（D25）价值链合作度比较（单位：百万美元）

资料来源：作者自行整理计算。

接合作度上要高于发展中国家。在行业上成员国主要以直接合作为主要区域贸易合作方式。

　　图9-4展示了RCEP成员国在电子和光学产品制造（D26）区域价值链合作度（VCCD）；区域非价值链合作度（NVCCD）；直接（ZVCCD）和间接价值链合作度（JVCCD）的区域比较情况。可以发现，在计算机、电子和光学产品制造行业上，新加坡、韩国、马来西亚的总体价值链合作度高于其他成员国。从发达和发展中国家层面来看，发达国家在该行业的总体价值链合作度平均高于发展中国家，韩国、日本以直接贸易为主要合作方式，马来西亚、越南、泰国以间接贸易为主要合作方式。这表明虽然这些国家的总体价值链合作度高，但合作方式却有着区别。

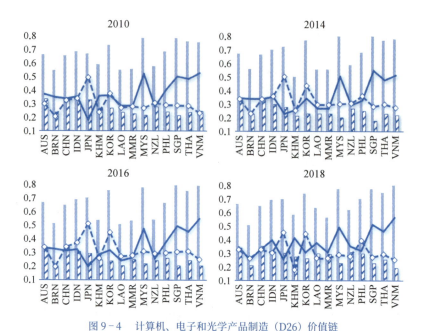

图9-4 计算机、电子和光学产品制造（D26）价值链
合作度比较（单位：万美元）

资料来源：作者自行整理计算。

（三）RCEP 成员国在服务业区域分工位置的演变趋势

图9-5 展示了 RCEP 成员国在服务业 2010、2014、2016、2018 年间区域价值链合作度（VCCD），区域非价值链合作度（NVCCD），直接（ZVCCD）和间接价值链合作度（JVCCD）的演变趋势及构成情况。观察可以发现：第一，在观察期间，新加坡在服务业的总体价值合作度高于其他成员国，韩国、菲律宾、日本在服务业的直接合作度要高于其他成员国，成员国在服务业中主要以直接贸易为主要合作方式。发达国家在服务业的总体价值链合作度和直接合作度上要平均高于发展中国家。第二，中国在服务业的总体价值链合作度位于中游位置，总体价值链合作度在 2010—2014 年和 2014—2018 年均呈现"下

降—上升"的趋势。中国在间接合作度上逐渐下降,在直接合作度上 2010—2014 年的数值比 2014—2018 年的要高。第三,成员国在服务业中的总体价值链合作度较高、联系密切,但在服务业中主要以间接合作为主要贸易方式,直接合作度较低。发达国家在服务业的总体区域合作中处于上游位置。

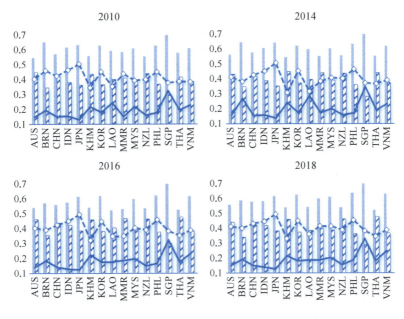

图 9 – 5　服务业价值链合作度比较（单位：万美元）

资料来源：作者自行整理计算。

（四）RCEP 成员国在服务业行业类型合作——以特定行业为例

图 9 – 6 至图 9 – 8 分别展示了 RCEP 成员国在水上运输（D50）、邮政快递（D53）、金融服务（D64T66）行业的区域价值链合作度（VCCD）、区域非价值链合作度（NVCCD）、直接（ZVCCD）和间接价值链合作（JVCCD）区域比较情况。可以发现：第一,在水上运输行

业上,新加坡、越南的总体价值链合作度高于其他成员国。发达国家在该行业的直接合作度上平均高于发展中国家。此外,泰国在观察期间在水上运输业的总体价值链合作度下降幅度明显。各成员国在水上运输行业的合作方式也不尽相同,柬埔寨、韩国在观察期间逐渐以直接合作为主要贸易方式。第二,在邮政快递行业,成员国主要以直接贸易为主要合作贸易方式,并且大多数国家在该行业上的总体价值链合作度较高,说明在邮政快递行业成员国合作联系紧密。其中发展中国家在行业的价值链合作度平均高于发达国家。第三,在金融服务业上,成员国的总体价值链合作度相对较低,主要以直接合作为主要贸易方式,韩、新加坡、日本的总体价值链合作度高于其他成员国,马来西亚在观察期间内上升幅度明显。

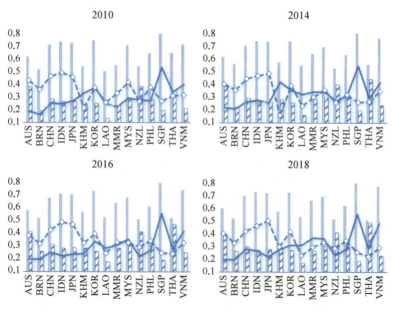

图9-6 水上运输行业(D50)价值链合作度比较(单位:万美元)
资料来源:作者自行整理计算。

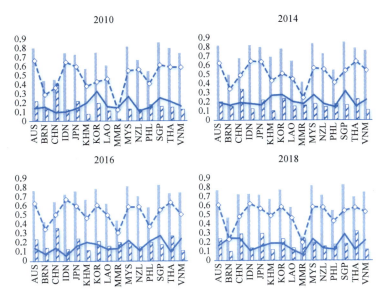

图 9－7　邮政快递（D53）价值链合作度比较（单位：万美元）

资料来源：作者自行整理计算。

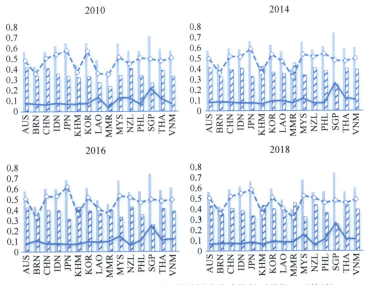

图 9－8　金融服务（D64T66）价值链合作度比较（单位：万美元）

资料来源：作者自行整理计算。

五、RCEP 成员国全球价值链分工位置的国际比较

本文首先研究 RCEP 成员国在整体行业全球价值链分工的位置。表 9－1 展示了 RCEP 成员国在全球价值链的前向参与程度、简单前向参与度、复杂前向参与度。研究发现：第一，韩国、新加坡、泰国、文莱的前向参与度要高于其他成员国，马来西亚的前向参与度最高，在中间品的复杂参与度中新加坡数值最高，简单参与度中文莱的前向参与程度最高。第二，中国在 2016—2018 年较 2014—2016 年的全球价值链前向参与度有所下降，在全球价值链简单前向参与度上 2014—2016 年有所下降后一直保持着较平稳的趋势。第三，发达国家和发展中国家中各成员国在全球价值链前向参与程度上有所分化。在发达国家中，韩国在全球价值链简单、复杂参与度都占据前几名的位置，日本在 2014—2017 年全球价值链前向参与度、简单前向参与度、复杂前向参与度都呈现上升趋势，2017—2018 年有所回落；发展中国家中，文莱全球价值链前向参与度、简单前向参与度、复杂前向参与度居于 15 国之首。2014—2016 年，印度尼西亚、马来西亚、老挝、菲律宾全球价值链前向参与度下降，越南、柬埔寨、缅甸的全球价值链前向参与度上升，泰国呈现"下降—上升"的态势；2016—2018 年，印度尼西亚、菲律宾全球价值链前向参与度开始出现反弹，柬埔寨、缅甸全球价值链前向参与度、全球价值链简单前向参与度、全球价值链复杂前向参与度则一直保持上升趋势，泰国的全球价值链前向参与度、全球价值链简单前向参与度保持下降趋势，全球价值链复杂前向参与度在 2017—2018 年呈现下降。

表 9 - 1　RCEP 成员国整体行业全球价值链前向、简单前向、复杂前向参与度

时间	CHN	AUS	JPN	KOR	SGP	NZL	IDN	MYS	PHI	KHM	VNM	LAO	MMR	THA	BRN
前向参与长度（GVCpt_f）															
2014	0.087	0.136	0.087	0.186	0.362	0.113	0.135	0.274	0.142	0.144	0.253	0.202	0.091	0.203	0.541
2015	0.081	0.127	0.088	0.182	0.372	0.109	0.117	0.255	0.137	0.147	0.256	0.188	0.107	0.191	0.401
2016	0.075	0.131	0.083	0.177	0.369	0.104	0.105	0.242	0.133	0.151	0.261	0.197	0.117	0.206	0.372
2017	0.076	0.142	0.089	0.181	0.369	0.106	0.112	0.25	0.142	0.153	0.277	0.206	0.129	0.199	0.395
2018	0.075	0.15	0.088	0.182	0.372	0.109	0.117	0.248	0.144	0.163	0.292	0.201	0.146	0.195	0.411
简单前向参与度															
2014	0.056	0.092	0.05	0.114	0.223	0.084	0.086	0.171	0.09	0.089	0.175	0.123	0.059	0.134	0.36
2015	0.052	0.088	0.052	0.113	0.229	0.081	0.075	0.159	0.088	0.088	0.175	0.117	0.073	0.127	0.241
2016	0.048	0.092	0.049	0.109	0.229	0.079	0.07	0.15	0.086	0.091	0.184	0.122	0.08	0.137	0.225

续　表

时间	CHN	AUS	JPN	KOR	SGP	NZL	IDN	MYS	PHI	KHM	VNM	LAO	MMR	THA	BRN
2017	0.048	0.099	0.052	0.107	0.226	0.079	0.074	0.153	0.091	0.092	0.19	0.127	0.088	0.131	0.236
2018	0.048	0.098	0.051	0.109	0.232	0.082	0.075	0.15	0.093	0.101	0.2	0.123	0.1	0.129	0.198

复杂前向参与度

时间	CHN	AUS	JPN	KOR	SGP	NZL	IDN	MYS	PHI	KHM	VNM	LAO	MMR	THA	BRN
2014	0.031	0.044	0.036	0.071	0.14	0.029	0.049	0.103	0.052	0.055	0.078	0.079	0.032	0.069	0.181
2015	0.029	0.039	0.036	0.07	0.143	0.028	0.042	0.096	0.049	0.059	0.082	0.071	0.034	0.064	0.159
2016	0.027	0.039	0.034	0.068	0.14	0.026	0.036	0.092	0.048	0.059	0.077	0.075	0.037	0.068	0.147
2017	0.028	0.043	0.037	0.074	0.142	0.027	0.038	0.097	0.051	0.061	0.086	0.079	0.04	0.068	0.16
2018	0.027	0.052	0.036	0.073	0.14	0.027	0.041	0.098	0.051	0.062	0.092	0.079	0.046	0.066	0.213

表 9－2 展示了 RCEP 成员国整体行业全球价值链后向参与度、简单后向参与度、复杂后向参与度。研究发现：第一,在全球价值链后向参与度中,越南、新加坡、泰国高于其他成员国,其中越南的全球价值链后向参与度最高;在全球价值链简单后向参与度中,新加坡、越南、文莱高于其他成员国,其中越南的全球价值链简单后向参与度最高;在全球价值链复杂后向参与度中,新加坡、越南、柬埔寨高于其他成员国,其中新加坡的全球价值链复杂后向参与度最高。第二,中国在全球价值链后向参与度中位于下游位置。2014—2016 年中国的全球价值链后向参与度一直下降,2016—2018 年全球价值链后向参与度开始回升但还是低于 2014—2015 年的全球价值链后向参与度;在全球价值链简单后向参与度中,中国在 2014—2018 年均呈现 U 形变化态势,即先下降后上升的态势;在全球价值链复杂后向参与度中,中国在 2014—2016 年逐渐下降,2016—2018 年间全球价值链简单后向参与度有所上升但是变化幅度不大。第三,发达国家和发展中国家在全球价值链后向参与度、简单后向参与度、复杂后向参与度也呈现着一定程度的分化。对于发达国家而言,在 2014—2016 年间发达国家的全球价值链后向参与度、简单后向参与度、复杂后向参与度都呈现下降的态势,在 2016—2018 年间,澳大利亚的全球价值链前向参与度呈现"下降—上升"的趋势,且 2016—2017 年全球价值链前向参与度下降幅度不大,日本、韩国、新加坡、新西兰于 2016—2018 年间都呈现上升的趋势,日本、韩国、新西兰在简单参与度、复杂参与度中均呈现上升趋势,新加坡呈现下降趋势,澳大利亚则是呈现 U 形态势。

表9-2　RCEP成员国整体行业全球价值链后向、简单后向、复杂后向参与度

时间	CHN	AUS	JPN	KOR	SGP	NZL	IDN	MYS	PHI	KHM	VNM	LAO	MMR	THA	BRN
后向参与度（GVCpt_b）															
2014	0.117	0.087	0.111	0.212	0.391	0.115	0.129	0.242	0.139	0.248	0.364	0.235	0.11	0.284	0.209
2015	0.102	0.083	0.097	0.185	0.367	0.112	0.107	0.242	0.14	0.245	0.38	0.172	0.12	0.263	0.186
2016	0.095	0.081	0.081	0.174	0.351	0.108	0.094	0.239	0.148	0.242	0.395	0.162	0.142	0.245	0.19
2017	0.098	0.08	0.09	0.182	0.366	0.11	0.1	0.249	0.16	0.238	0.41	0.161	0.151	0.249	0.186
2018	0.1	0.084	0.096	0.184	0.368	0.116	0.113	0.243	0.173	0.228	0.415	0.172	0.141	0.257	0.185
简单后向参与度															
2014	0.077	0.06	0.085	0.127	0.147	0.075	0.082	0.115	0.089	0.094	0.156	0.121	0.066	0.138	0.14
2015	0.068	0.059	0.072	0.113	0.13	0.073	0.071	0.12	0.092	0.098	0.168	0.093	0.076	0.129	0.13
2016	0.064	0.058	0.061	0.109	0.138	0.072	0.065	0.124	0.097	0.098	0.179	0.088	0.091	0.114	0.131

续　表

时间	CHN	AUS	JPN	KOR	SGP	NZL	IDN	MYS	PHI	KHM	VNM	LAO	MMR	THA	BRN
2017	0.066	0.056	0.067	0.115	0.136	0.073	0.067	0.124	0.102	0.098	0.174	0.091	0.091	0.115	0.127
2018	0.068	0.058	0.067	0.116	0.129	0.077	0.074	0.122	0.111	0.092	0.175	0.094	0.08	0.122	0.127
复杂后向参与度															
2014	0.04	0.027	0.026	0.085	0.244	0.04	0.047	0.128	0.05	0.154	0.208	0.114	0.043	0.146	0.069
2015	0.034	0.025	0.024	0.072	0.237	0.038	0.036	0.122	0.048	0.146	0.212	0.079	0.044	0.134	0.056
2016	0.031	0.023	0.021	0.064	0.213	0.035	0.029	0.116	0.05	0.145	0.216	0.074	0.051	0.131	0.059
2017	0.032	0.024	0.024	0.067	0.23	0.038	0.033	0.125	0.057	0.14	0.236	0.07	0.06	0.134	0.058
2018	0.032	0.026	0.028	0.068	0.239	0.039	0.039	0.121	0.062	0.137	0.24	0.078	0.061	0.135	0.059

（一）RCEP 成员国制造业分工位置的比较

表 9-3 给出了 RCEP 成员国在制造业全球价值链前向参与度、简单前向参与度、复杂前向参与度。观察表可以发现：第一，新加坡、马来西亚、韩国、老挝、越南的全球价值链前向参与度高于其他成员国，其中新加坡的制造业的全球价值链前向参与度最高；在制造业的简单前向参与度中，新加坡、马来西亚、越南、泰国的简单前向参与度比其他成员国高；在复杂前向参与度中，新加坡、马来西亚、老挝、泰国的复杂前向参与度超过其他组织成员国。第二，中国在前向参与度中占据中游的地位并且总体呈 U 形的变化态势；在简单前向参与度中，中国所处位置处于下游位置，2016—2018 年的简单前向参与度较 2014—2016 年较低但有所回升；在复杂前向参与度中，中国在 2014—2016 年呈下降态势，2016—2018 年复杂前向参与度有一定的波动，呈现"下降—上升—下降"的态势。第三，对于发达国家而言，在 2014—2016 年中，日本、韩国、新西兰的前向参与度下降，新加坡的前向参与度上升，澳大利亚呈现先升后降的趋势；韩国、新西兰的简单前向参与度有所下降，澳大利亚、新加坡的简单前向参与度总体上均有所上升。在复杂前向参与度中，澳大利亚和新西兰有小幅度下降。在 2016—2018 年间，发达国家的变动幅度较 2014—2016 年呈相反趋势，日本、韩国、新西兰前向参与度上升，新加坡前向参与度下降，澳大利亚在 2017—2018 年前向参与度下降明显，下降幅度为 0.6%。在简单前向参与度中澳大利亚有所下降，韩国、新加坡呈"下降—上升"趋势，日本、新西兰呈上升趋势。在复杂参与度中，新加坡呈现"上升—下降"趋势，其余四国呈现上升趋势。对于发展中国家而言，在 2014—2016 年间，在前向参与度上，印度尼西亚、马来西亚、

表 9 - 3　RCEP 成员国制造业全球价值链前向、简单前向、复杂前向参与度

时间	CHN	AUS	JPN	KOR	SGP	NZL	IDN	MYS	PHI	KHM	VNM	LAO	MMR	THA	BRN
前向参与度（GVCpt_f）															
2014	0.135	0.185	0.197	0.363	0.498	0.213	0.158	0.428	0.211	0.225	0.313	0.379	0.083	0.326	0.434
2015	0.127	0.188	0.197	0.357	0.508	0.206	0.158	0.408	0.198	0.231	0.317	0.326	0.108	0.31	0.288
2016	0.123	0.187	0.186	0.356	0.519	0.195	0.151	0.395	0.187	0.242	0.318	0.282	0.112	0.334	0.245
2017	0.131	0.188	0.198	0.366	0.506	0.199	0.154	0.407	0.197	0.246	0.338	0.295	0.111	0.327	0.27
2018	0.13	0.182	0.204	0.373	0.498	0.209	0.159	0.402	0.2	0.263	0.365	0.318	0.125	0.32	0.306
简单前向参与度（GVCpt_f）															
2014	0.086	0.123	0.117	0.216	0.286	0.16	0.102	0.254	0.122	0.144	0.211	0.187	0.056	0.211	0.288
2015	0.082	0.129	0.118	0.215	0.299	0.154	0.102	0.244	0.116	0.143	0.216	0.175	0.074	0.204	0.174
2016	0.079	0.128	0.112	0.213	0.31	0.148	0.099	0.236	0.108	0.153	0.218	0.153	0.077	0.22	0.147

续 表

时间	CHN	AUS	JPN	KOR	SGP	NZL	IDN	MYS	PHI	KHM	VNM	LAO	MMR	THA	BRN
2017	0.083	0.127	0.118	0.208	0.295	0.151	0.101	0.24	0.114	0.156	0.228	0.162	0.076	0.212	0.16
2018	0.083	0.122	0.122	0.215	0.297	0.16	0.103	0.236	0.117	0.172	0.248	0.172	0.084	0.207	0.153
复杂前向参与度（GVCpt_f）															
2014	0.048	0.062	0.08	0.146	0.212	0.053	0.056	0.174	0.089	0.081	0.102	0.192	0.028	0.115	0.146
2015	0.045	0.058	0.079	0.142	0.209	0.052	0.056	0.164	0.082	0.088	0.102	0.151	0.034	0.106	0.114
2016	0.044	0.058	0.074	0.143	0.21	0.046	0.052	0.159	0.079	0.089	0.1	0.129	0.035	0.114	0.098
2017	0.048	0.06	0.08	0.158	0.211	0.048	0.053	0.167	0.083	0.09	0.11	0.133	0.036	0.116	0.11
2018	0.047	0.06	0.082	0.158	0.201	0.05	0.056	0.166	0.083	0.091	0.117	0.146	0.04	0.113	0.153

菲律宾、老挝、文莱呈下降趋势,柬埔寨、越南、缅甸呈上升趋势,泰国呈"下降—上升"趋势。在简单前先向参与度、复杂前向参与度中,印度尼西亚、马来西亚、菲律宾、老挝、文莱都有一定程度的下降。在2016—2018 年中,菲律宾、柬埔寨、越南、老挝在简单前向参与度、复杂前向参与度中基本保持上升趋势。

表 9-4 统计了 RCEP 成员国在制造业的全球价值链后向参与度、简单后向参与度、复杂后向参与度。观察可以发现:第一,新加坡、越南、马来西亚、泰国在后向参与度高于其他成员国;泰国、韩国、马来西亚、菲律宾的简单后向参与度高于其他成员国,其中泰国的简单后向参与度最高;在复杂后向参与度中,新加坡、越南、泰国、韩国的复杂后向参与度高于其他国家。第二,中国在后向参与度、后向简单参与度、后向复杂参与度呈 U 形态势,在 2014—2016 年呈现下降趋势,在 2016—2018 年呈上升趋势。第三,发达国家在后向参与度、简单后向参与度、复杂后向参与度虽个别有所波动,但大体上呈现 U 形趋势,即在下降后有所回升。对于发展中国家而言,菲律宾的后向参与度、简单后向参与度、复杂后向参与度在观察期一直呈上升的趋势,越南在后向参与度、复杂后向参与度有所上升,简单后向参与度则呈现"上升—下降"的趋势。

(二) RCEP 成员国制造业分行业全球分工位置的跨国比较——以特定行业为例

表 9-5 展示了 RCEP 成员国利用基于增加值计算的显性比较优势指数(RCA)在纺织品、服装及皮革业(D13T15),基本金属制造(D25),以及计算机、电子和光学产品制造(D26)的国际比较情况。按照日本贸易振兴会提出的 RCA 指数强弱划分标准,当 RCA<0.8

表9-4 RCEP成员国制造业全球价值链后向、简单后向、复杂后向参与度

时间	CHN	AUS	JPN	KOR	SGP	NZL	IDN	MYS	PII	KHM	VNM	LAO	MMR	THA	BRN
后向参与度（GVCpt_b）															
2014	0.16	0.182	0.202	0.336	0.538	0.192	0.166	0.407	0.184	0.339	0.449	0.226	0.164	0.405	0.197
2015	0.142	0.177	0.174	0.305	0.502	0.187	0.144	0.387	0.186	0.332	0.465	0.173	0.173	0.383	0.157
2016	0.139	0.162	0.148	0.288	0.431	0.183	0.13	0.379	0.193	0.327	0.477	0.166	0.199	0.362	0.163
2017	0.149	0.162	0.164	0.297	0.496	0.186	0.138	0.396	0.209	0.32	0.494	0.165	0.209	0.369	0.114
2018	0.155	0.173	0.172	0.303	0.5	0.2	0.156	0.387	0.228	0.309	0.497	0.176	0.201	0.375	0.153
简单后向参与度															
2014	0.084	0.112	0.132	0.132	0.097	0.104	0.097	0.13	0.108	0.074	0.12	0.087	0.101	0.141	0.101
2015	0.077	0.109	0.109	0.127	0.059	0.101	0.086	0.126	0.109	0.078	0.124	0.074	0.106	0.138	0.096
2016	0.077	0.097	0.093	0.125	0.098	0.103	0.08	0.135	0.115	0.076	0.126	0.073	0.124	0.117	0.094

续 表

时间	CHN	AUS	JPN	KOR	SGP	NZL	IDN	MYS	PII	KHM	VNM	LAO	MMR	THA	BRN
2017	0.083	0.096	0.101	0.131	0.089	0.103	0.084	0.131	0.12	0.079	0.116	0.075	0.124	0.123	0.059
2018	0.087	0.105	0.095	0.132	0.084	0.112	0.094	0.131	0.133	0.07	0.116	0.079	0.114	0.137	0.091
复杂后向参与度															
2014	0.076	0.07	0.07	0.203	0.44	0.088	0.069	0.277	0.076	0.265	0.33	0.139	0.063	0.264	0.096
2015	0.066	0.068	0.064	0.178	0.443	0.086	0.058	0.261	0.076	0.254	0.341	0.099	0.067	0.245	0.061
2016	0.062	0.065	0.055	0.164	0.384	0.079	0.05	0.244	0.078	0.251	0.351	0.092	0.076	0.245	0.069
2017	0.067	0.066	0.062	0.167	0.406	0.083	0.054	0.265	0.089	0.241	0.377	0.091	0.085	0.245	0.054
2018	0.068	0.068	0.077	0.171	0.416	0.088	0.063	0.256	0.095	0.239	0.381	0.097	0.086	0.238	0.062

表9-5 RCEP成员国在制造业的显性比较优势指数——以特定行业为例

时间	CHN	AUS	JPN	KOR	SGP	NZL	IDN	MYS	PHI	KHM	VNM	LAO	MMR	THA	BRN
D13T15															
2014	3.872	0.12	0.197	0.599	0.037	0.321	2.035	0.405	0.494	15.654	6.56	1.384	3.489	1.314	0.212
2015	3.666	0.112	0.198	0.557	0.037	0.293	2.088	0.378	0.417	14.788	6.34	1.178	3.245	1.277	0.254
2016	3.616	0.112	0.19	0.546	0.042	0.268	2.215	0.39	0.402	15.139	6.494	1.004	3.251	1.27	0.259
2017	3.548	0.106	0.185	0.477	0.036	0.276	2.195	0.401	0.441	15.677	6.803	1.12	3.373	1.327	0.253
2018	3.495	0.096	0.197	0.46	0.039	0.272	2.247	0.395	0.459	16.275	6.822	1.08	3.24	1.355	0.246
D25															
2014	1.905	0.336	0.565	1.107	0.309	0.435	0.372	0.559	0.163	0.035	1.943	0.313	0.069	1.13	0.002
2015	1.945	0.396	0.527	0.871	0.303	0.422	0.393	0.557	0.138	0.066	1.962	0.317	0.064	1.069	0.006
2016	2.006	0.31	0.541	1.056	0.284	0.417	0.409	0.551	0.126	0.039	1.88	0.201	0.062	1.039	0.007

续　表

时间	CHN	AUS	JPN	KOR	SGP	NZL	IDN	MYS	PHI	KHM	VNM	LAO	MMR	THA	BRN
2017	2.182	0.267	0.52	0.923	0.258	0.41	0.385	0.56	0.133	0.032	1.949	0.219	0.062	1.044	0.03
2018	2.231	0.251	0.505	0.817	0.236	0.473	0.39	0.534	0.135	0.032	2.049	0.262	0.06	1.049	0.078

D26

时间	CHN	AUS	JPN	KOR	SGP	NZL	IDN	MYS	PHI	KHM	VNM	LAO	MMR	THA	BRN
2014	2.868	0.099	1.515	3.034	2.213	0.089	0.453	3.445	3.223	0.04	1.363	0.027	0.063	1.832	0
2015	2.654	0.12	1.393	3.138	1.995	0.079	0.419	3.476	3.014	0.039	1.252	0.028	0.062	1.701	0
2016	2.69	0.129	1.314	3.207	1.844	0.082	0.402	3.493	2.897	0.037	1.231	0.029	0.061	1.568	0
2017	2.72	0.128	1.32	3.498	1.794	0.097	0.392	3.51	2.572	0.036	1.218	0.028	0.067	1.506	0
2018	2.763	0.111	1.32	3.644	1.68	0.079	0.435	3.595	2.617	0.056	1.226	0.029	0.053	1.49	0.002

时,该产业国际竞争力弱,当 RCA≥2.5 时,该产业具有极强的国际竞争力。观察可以发现:在纺织品、服装及皮革业(D13T15),柬埔寨、越南、中国、缅甸的显性比较优势指数高于其他成员国,并且在国际上有着极强的国际竞争力,其中柬埔寨的数值遥遥领先;发达国家在纺织品、服装及皮革业的 RCA 指数普遍较低,均小于 0.8,在纺织品、服装及皮革业上国际竞争力较弱。

在基本金属制造业上,中国、越南、韩国、泰国的 RCA 指数高于其他成员国,其中中国的 RCA 指数最高。但是,RCEP 成员国在基础制造业上的 RCA 指数均小于 2.5,该行业的国际竞争力没有核心优势,除中国、韩国、越南、泰国外其余成员国的 RCA 指数均小于 0.8,在基本金属制造业上竞争力较弱。在计算机、电子和光学产品制造上,马来西亚、韩国、中国、菲律宾的 RCA 指数高于其他国家,并且均大于 2.5,说明这些成员国在电子和光学产品制造行业上在国际上有着极强的竞争力。

通过与上文的全球价值链参与度结合起来可以发现:第一,中国虽然在制造业的前向、后向参与度在 RCEP 组织成员国中处于较下游的位置,但是在某些劳动密集型、资本密集型、技术密集型制造行业中都处于成员国中的上游位置,且具有着极强的国际竞争力。第二,在发展中国家中如马来西亚、越南、文莱,虽然在制造业中的前向、后向参与度中数值较高,但是在某些资本密集型、技术密集型产业国际竞争力极弱,展现出 RCEP 成员国根据要素禀赋在制造业上分工的差异性。第三,发展中国家在类似纺织品、服装及皮革业等中低端制造产业有着极强的国际竞争力,但是在类似基本金属制造、计算机、电子和光学产品制造等这类中高端产业上没有显著的优势性,国际竞争力极弱。发达国家在基本金属制造、计算机、电子和光学产品制造类似中高端的制造行业中各自有着能发挥出自己显著优势的行业,有着极强的国际竞争力,差异化明显。

(三) RCEP 成员国服务业分工位置的跨国比较

表 9 - 6 为 RCEP 成员国在服务业全球价值链的前向参与度、简单前向参与度、复杂前向参与度。观察发现:第一,新加坡、马来西亚、越南的前向参与度高于其他成员国,其中新加坡的数值最高;在简单前向参与度中,新加坡、马来西亚、越南的数值高于其他成员国;在复杂前向参与度中,新加坡、马来西亚、泰国的数值高于其他国家,其中新加坡在这个全球价值链的前向参与度、简单前向参与度、复杂前向参与度中均占最高。第二,对于发达国家而言,在 2014—2016 年中,发达国家在前向参与度中总体均呈现下降趋势,在简单前向参与度、复杂前向参与度中澳大利亚、日本、新西兰呈现下降趋势,其他发达国家成员国呈现"上升—下降"的趋势。在 2016—2018 年中,日本韩国、新西兰的前向参与度呈现"下降—上升"的趋势。澳大利亚的简单前向参与度、复杂前向参与度总体上均呈现上升趋势。对于发展中国家而言,在 2014—2016 年中,印度尼西亚、马来西亚、文莱的前向参与度均下降,柬埔寨、越南两国呈现上升的趋势。在简单前向参与度中,马来西亚、文莱、老挝的参与度逐渐下降,菲律宾、越南逐渐上升,在复杂前向参与度中,缅甸逐渐上升。在 2016—2018 年中,菲律宾、越南、缅甸、文莱在前向参与度中总体上均有上升,在简单前向参与度、复杂前向参与度中,除泰国、文莱和马来西亚(在简单前向参与度上)有一定程度的下降,其余发展国家都呈现上升的趋势。

表9-6　RCEP成员国在服务业的全球价值链的前向、简单前向、复杂前向参与度

时间	CHN	AUS	JPN	KOR	SGP	NZL	IDN	MYS	PHI	KHM	VNM	LAO	MMR	THA	BRN
前向参与度（GVCpt_f）															
2014	0.1	0.12	0.094	0.185	0.454	0.135	0.101	0.275	0.14	0.202	0.219	0.164	0.091	0.219	0.305
2015	0.095	0.117	0.095	0.187	0.463	0.133	0.099	0.269	0.138	0.203	0.222	0.136	0.106	0.208	0.195
2016	0.089	0.106	0.088	0.178	0.452	0.127	0.092	0.261	0.139	0.206	0.229	0.137	0.107	0.22	0.179
2017	0.087	0.113	0.096	0.178	0.456	0.126	0.095	0.268	0.148	0.209	0.239	0.143	0.131	0.211	0.177
2018	0.085	0.114	0.092	0.176	0.464	0.13	0.096	0.262	0.151	0.218	0.253	0.142	0.166	0.208	0.2
简单前向参与度															
2014	0.063	0.081	0.056	0.117	0.287	0.1	0.064	0.17	0.09	0.12	0.148	0.099	0.058	0.142	0.203
2015	0.061	0.081	0.056	0.119	0.291	0.098	0.064	0.166	0.091	0.115	0.15	0.084	0.069	0.136	0.121
2016	0.056	0.074	0.053	0.113	0.286	0.095	0.06	0.161	0.092	0.12	0.157	0.085	0.07	0.145	0.111

续　表

时间	CHN	AUS	JPN	KOR	SGP	NZL	IDN	MYS	PHI	KHM	VNM	LAO	MMR	THA	BRN
2017	0.055	0.078	0.057	0.11	0.286	0.094	0.062	0.163	0.097	0.121	0.161	0.088	0.085	0.137	0.108
2018	0.053	0.076	0.054	0.11	0.294	0.097	0.062	0.158	0.099	0.128	0.171	0.087	0.108	0.135	0.105

复杂前向参与度

时间	CHN	AUS	JPN	KOR	SGP	NZL	IDN	MYS	PHI	KHM	VNM	LAO	MMR	THA	BRN
2014	0.036	0.039	0.038	0.067	0.167	0.035	0.036	0.106	0.05	0.082	0.071	0.065	0.033	0.077	0.101
2015	0.035	0.036	0.038	0.068	0.172	0.035	0.036	0.103	0.048	0.087	0.073	0.052	0.037	0.072	0.074
2016	0.032	0.032	0.035	0.065	0.166	0.032	0.032	0.1	0.048	0.086	0.072	0.052	0.038	0.075	0.068
2017	0.032	0.035	0.039	0.068	0.17	0.033	0.033	0.105	0.051	0.088	0.079	0.055	0.047	0.074	0.069
2018	0.032	0.038	0.038	0.067	0.17	0.033	0.034	0.104	0.052	0.089	0.083	0.055	0.058	0.073	0.095

表9-7显示：第一，成员国在服务业的后向参与度、简单后向参与度、复杂后向参与度普遍不高，其中新加坡、马来西亚、越南的后向参与度高于其他国家，越南、马来西亚、柬埔寨的简单后向参与度、复杂后向参与度高于其他成员国。第二，发达国家在后向参与度、简单后向参与度、复杂后向参与度普遍比大多数的发展中国家低，并且在后向参与度均、简单后向参与度、复杂后向参与度呈现先降后升的趋势。对于发展中国家而言，柬埔寨在后向参与度、简单后向参与度、复杂后向参与度中均处于下降的趋势，马来西亚、菲律宾、越南在后向参与度、简单后向参与度、复杂后向参与度均处于上升态势。

(四) RCEP 成员国服务业分工位置的跨国比较

表9-8为中国与发达国家和发展中国家在水上运输(D50)、邮政快递(D53)、金融服务(D64T66)上的国际比较情况。在水上运输行业上，新加坡的 RCA 指数最高且有着极强的国际竞争力，除了中国、日本、韩国、印度尼西亚和泰国在 RCA 指数处于中游位置，其他成员国在该行业的 RCA 指数小于 0.8，国际竞争力极弱。在邮政快递上，柬埔寨具有极强的国际竞争力，除了澳大利亚、新西兰、印度尼西亚 RCA 指数处于中游位置外，其余成员国在该行业的 RCA 指数小于 0.8，在国际上没有显著的竞争优势。在金融服务行业上，新加坡的 RCA 指数最高且大于 2.5，说明新加坡在该行业上有着极强的国际竞争力。

六、结语

本文通过综合"区域合作链""产出供给链"和"投入需求链"，从

表9-7　RCEP 成员国在服务业的全球价值链的后向、简单后向、复杂后向参与度

时间	CHN	AUS	JPN	KOR	SGP	NZL	IDN	MYS	PHI	KHM	VNM	LAO	MMR	TIIA	BRN
后向参与度（GVCpt_b）															
2014	0.084	0.076	0.085	0.161	0.418	0.106	0.089	0.204	0.132	0.27	0.267	0.23	0.116	0.193	0.189
2015	0.07	0.072	0.078	0.145	0.409	0.103	0.071	0.217	0.132	0.258	0.286	0.18	0.127	0.177	0.175
2016	0.062	0.071	0.067	0.14	0.386	0.098	0.062	0.218	0.138	0.253	0.306	0.165	0.151	0.166	0.167
2017	0.058	0.07	0.073	0.146	0.402	0.1	0.066	0.224	0.148	0.246	0.314	0.163	0.159	0.164	0.175
2018	0.063	0.077	0.078	0.149	0.405	0.105	0.074	0.221	0.159	0.23	0.321	0.174	0.152	0.171	0.172
简单后向参与度（GVCpt_f）															
2014	0.057	0.05	0.067	0.114	0.117	0.065	0.055	0.105	0.082	0.092	0.132	0.106	0.061	0.098	0.112
2015	0.047	0.048	0.06	0.102	0.117	0.063	0.047	0.119	0.086	0.092	0.148	0.088	0.068	0.087	0.106
2016	0.043	0.048	0.052	0.098	0.115	0.061	0.043	0.121	0.089	0.092	0.162	0.081	0.084	0.077	0.101

时间	CHN	AUS	JPN	KOR	SGP	NZL	IDN	MYS	PHI	KHM	VNM	LAO	MMR	TIIA	BRN
2017	0.041	0.046	0.056	0.104	0.113	0.061	0.044	0.123	0.092	0.089	0.161	0.085	0.08	0.074	0.108
2018	0.045	0.051	0.059	0.106	0.107	0.064	0.048	0.122	0.098	0.082	0.162	0.089	0.07	0.076	0.105

复杂后向参与度

时间	CHN	AUS	JPN	KOR	SGP	NZL	IDN	MYS	PHI	KHM	VNM	LAO	MMR	TIIA	BRN
2014	0.028	0.026	0.019	0.047	0.3	0.041	0.034	0.098	0.049	0.178	0.134	0.124	0.055	0.094	0.077
2015	0.023	0.024	0.018	0.043	0.292	0.04	0.025	0.098	0.046	0.166	0.138	0.091	0.059	0.09	0.07
2016	0.019	0.023	0.015	0.041	0.271	0.037	0.02	0.097	0.049	0.162	0.144	0.083	0.067	0.089	0.066
2017	0.017	0.023	0.017	0.042	0.289	0.039	0.022	0.101	0.055	0.157	0.153	0.078	0.079	0.09	0.067
2018	0.018	0.027	0.02	0.043	0.298	0.041	0.026	0.098	0.061	0.148	0.158	0.085	0.082	0.095	0.067

表9-8 RCEP成员国在在服务业的显性比较优势指数——以特定行业为例

时间	CHN	AUS	JPN	KOR	SGP	NZL	IDN	MYS	PHI	KHM	VNM	LAO	MMR	THA	BRN
D50															
2014	0.992	0.451	1.166	0.493	6.377	0.269	1.153	0.54	0.164	0.599	0.518	0.436	0.534	1.434	0.216
2015	0.965	0.448	1.11	1.269	6.221	0.291	1.264	0.476	0.169	0.57	0.492	0.431	0.651	1.532	0.309
2016	0.949	0.476	1.12	1.892	6.383	0.305	1.463	0.528	0.19	0.589	0.494	0.422	0.963	1.745	0.327
2017	0.819	0.454	1.076	1.494	6.408	0.285	1.254	0.506	0.188	0.571	0.472	0.406	0.744	1.697	0.32
2018	0.785	0.506	0.922	1.61	7.127	0.313	1.238	0.548	0.203	0.588	0.471	0.425	1.695	1.869	0.347
D53															
2014	0.016	2.244	0.24	0.129	1.207	1.423	1.702	0.894	0.105	6.663	0.871	0.991	0.3	0.764	0.229
2015	0.017	2.358	0.205	0.313	0.657	1.486	1.876	0.679	0.115	6.407	0.825	0.589	0.337	0.7	0.514
2016	0.017	2.27	0.238	0.295	0.749	1.509	2.023	0.713	0.127	6.539	0.757	0.432	0.333	0.75	0.499

续　表

时间	CHN	AUS	JPN	KOR	SGP	NZL	IDN	MYS	PHI	KHM	VNM	LAO	MMR	THA	BRN
2017	0.013	2.166	0.295	0.29	0.754	1.364	1.708	0.678	0.127	6.643	0.728	0.388	0.186	0.653	0.457
2018	0.012	2.063	0.272	0.256	0.766	1.362	1.533	0.667	0.127	6.464	0.658	0.434	0.088	0.655	0.447
D64T66															
2014	0.125	0.364	0.407	0.216	3.054	0.618	0.077	0.525	0.213	0.197	0.104	0.491	0.08	0.166	0.05
2015	0.128	0.396	0.499	0.157	2.804	0.634	0.101	0.504	0.23	0.181	0.081	0.302	0.09	0.175	0.116
2016	0.13	0.359	0.543	0.132	2.67	0.629	0.131	0.513	0.246	0.169	0.077	0.221	0.146	0.156	0.116
2017	0.123	0.334	0.491	0.148	2.787	0.597	0.194	0.504	0.254	0.175	0.072	0.203	0.119	0.166	0.112
2018	0.113	0.35	0.446	0.151	2.949	0.622	0.189	0.517	0.264	0.178	0.072	0.234	0.069	0.174	0.115

区域价值链生产延伸至全球价值链生产引致的区域内外产出差异以及成员国在国际上的内外产出差异,测算了 2010—2018 年期间 RCEP 成员国制造业和服务业的区域价值链位置以及全球分工位置,并且与 RCEP 成员国进行了区域层面和国际层面上的比较,得出以下主要结论:第一,RCEP 区域价值链已经拥有一定的成熟性、稳定性、互补性,中国已经成为区域内制造业和服务业的核心。中间品贸易为 RCEP 成员展开区域贸易的主要贸易合作方式,另外,区域贸易中直接合作比间接合作更为活跃。第二,由于各成员国要素禀赋的差异性,在区域内和国家上的分工位置不尽相同。发达国家在中高技术以及高技术产业在国际上有着极强的国际竞争力,而发展中国家在中低技术产业在区域内合作联系紧密并且在国际上有着较强的国际竞争力。第三,中国在制造业和服务业细分行业的区域、全球位置同其他成员国相比呈现多维度的发展趋势,因此仅凭总体的指标判断一国的区域、全球位置,过于片面绝对。

根据以上结论,可以得到如下几点启示:第一,在注重国内大循环的同时,还要注重国内国际双循环。在打通国内产业链的上下游、发挥中国大规模市场优势、保障国内产业链的循环与稳定的同时,还要加强与发达国家进行上游产业端的合作,充分利用好"一带一路"、东盟国家的产业合作以及 RCEP 等 RTA 协议,更好地与国际市场接轨畅通。第二,我国在加强区域国际合作时应强化创新在中间品贸易中的合作体系,加强产能合作,削减关税,加大对知识保护产权的合作等,提高生产效率,提升我国在国际市场上的地位和核心竞争力,力争在全球价值链高端向上攀升。第三,优化 RCEP 区域内的商品出口结构,利用好货物零关税、原产地累积规则等优势,提高出口产品的多样性以及创新性,增加创新性、高附加值产品出口占比,早日建立在 RCEP 区域合作中的话语权。另外,充分利用好 RCEP 服务贸易条款,引入高质量制造服务行业,积极进行产业技术合作,带动国内产业升级创新,积累资源。第四,加快对科技制造的研究投入,早日攻克破解"卡脖子"技术的难题,提高技术成果在现实中的应用,提高中国在区域以及国际价值链的分工位置。

参考文献

[1] 高翔,张敏,李之旭.中国产业全球价值链分工的位置演变及其国际比较研究[J].国际贸易问题,2022(7):123-141.

[2] 李跟强,潘文卿.国内价值链如何嵌入全球价值链:增加值的视角[J].管理世界,2016(7):10-22+187.

[3] 潘文卿,李跟强.中国区域的国家价值链与全球价值链:区域互动与增值收益[J].经济研究,2018,53(3):171-186.

[4] 王直,魏尚进,祝坤福.总贸易核算法:官方贸易统计与全球价值链的度量[J].中国社会科学,2015(9):108-127+205-206.

[5] 魏龙,王磊.从嵌入全球价值链到主导区域价值链:"一带一路"倡议的经济可行性分析[J].国际贸易问题,2016(5):104-115.

[6] 吴迪.全球价值链重构背景下我国实现高水平对外开放的战略选择[J].经济学家,2023(02):15-24.

[7] 熊彬,罗科,王艺霖.RCEP 亚太区域价值链合作对中国制造业出口贸易隐含碳的影响研究[J].首都经济贸易大学学报,2023,25(4):18-36.

[8] 杨慧瀛,初天天,欧阳安.双循环新发展格局下中国重塑 RCEP 亚太区域价值链研究[J].商业研究,2022(2):142-152.

[9] 杨军,周玲玲,张恪渝.中美贸易摩擦对中国参与区域价值链的重构效应[J].中国流通经济,2020,34(03):93-103.

[10] 尹伟华.双循环背景下中国嵌入全球价值链和国内价值链的区域特征[J].中国科技论坛,2023(1):100-108+150.

［11］张志明,李健敏.中国嵌入亚太价值链的模式升级及影响因素研究：基于双重嵌入视角［J］.世界经济研究,2020,(06)：57－72+136.

［12］Baldwin, R. The Great ConvergenceJournal［J］. International Economy Volume, 2016, 30(4)：4.

［13］KOOPMAN R, POWERS W, WANG Z, et al. Give Credit Where Credit Is Due：Tracing Value Added in Global Production Chains［R］. NBER Working Paper, 2010, No. 16426.

［14］PEI J, OOSTERHAVEN J,DIETZENBACHERE. Foreign Exports,Net Interregional Spillovers and Chinese Regional Supply Chains［J］. Papers in Regional Science, 2017, 96（2）：281－298.

［15］WANG Z,WEI S,YU X. et al. Measures of Participation in Global Value Chains and Global Business Cycles［R］. NBER Working Paper, 2017a, No. 23222.

第十章　共同应对全球气候变化背景下的中国与亚洲地区能源合作

刘奎　吉璐

一、中国与亚洲地区的能源合作背景

能源是人类文明进步的重要物质基础和动力,关系国家繁荣发展和社会长治久安。党的十八大以来,习近平总书记提出"四个革命,一个合作"的能源安全战略,明确指出"全方位加强国际合作"是实现能源安全的重要路径。2022年3月,国家发改委和国家能源局印发了《"十四五"现代能源规划体系》(发改能源〔2022〕210号),提出了"构建开放共赢能源国际合作新格局"的任务,拓展"更大范围、更宽领域、更深层次"的能源开放合作。

亚洲是世界人口规模和经济体量最大的地区之一,2022年亚洲GDP达41.63万亿美元,约占全球GDP总量的40%,人口达47亿,约占全球总人口的60%。同时,亚洲也是全球经济最具活力和潜力的地区之一。国际货币基金组织(International Monetary Fund, IMF)预测,2023年亚洲对全球经济增长的贡献率将达到70%

以上。① 此外,亚洲还是全世界最大的能源市场,2022 年亚洲地区煤炭、石油、天然气及可再生能源消费量分别是 3 123.74 百万吨油当量、2 065.86 百万吨油当量、1 315.31 百万吨油当量和 895.74 百万吨油当量,分别占世界消费量的 81.01%、45.37%、38.82% 和 43.68%(见图 10 - 1)。

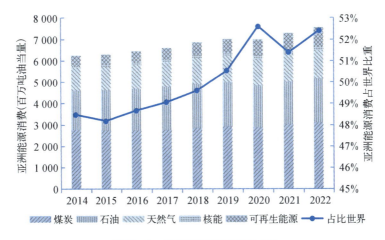

图 10 - 1　亚洲能源消费和世界占比

资料来源:能源研究所(Energy Institute, EI)& 英国石油(British Petroleum, BP)《世界能源统计年鉴》(2014—2022)。

与此同时,亚洲地区也面临着化石能源消费占比高、能源需求尚未达峰等问题和挑战。一方面,2022 年,亚洲的能源消费占全球能源消费总量的一半以上,其中 85% 来自煤炭、石油和天然气等化石燃料,高于同期的美国(81%)和欧盟(71%)。化石燃料的使用加剧了二氧化碳等温室气体排放,同时也导致了一定的环境污染问题。另

① https://www.imf.org/en/News/Articles/2023/04/14/tr41323-april-2023-apd-press-conference.

一方面,相比于美国和欧盟等发达国家和地区,当前亚洲地区的人均能源消费水平仍较低。2022 年,亚洲人均电力消费约为 3 013 千瓦时(kW·h),仅为美国和欧盟同期水平的 1/5 和 1/2 左右(见表 10-1)。随着亚洲城市化和工业化进程不断推进,亚洲地区能源需求仍将快速增长。国际能源署(International Energy Agency,IEA)预测,2025 年全球电力需求增长的 70%以上将来自亚洲的中国、印度和东盟地区。①

表 10-1　亚洲人均一次能源消费和人均电力消费

年份	人均一次能源消费/十亿焦耳			人均电力消费/千瓦时		
	2002	2012	2022	2002	2012	2022
世界	64.9	73.7	75.7	2 591.53	3 188.06	3 657.07
亚太/亚洲	34.48	53.91	64.43	1 172.91	2 080.52	3 012.53
中国	38.17	85.94	111.79	1 287.16	3 670.02	6 266.79
美国	328.32	284.77	283.52	14 277.00	13 727.93	13 656.63
欧盟	153.24	143.31	130.06	6 394.80	6 647.55	6 276.78

资料来源:能源研究所《世界能源统计年鉴 2023》。

　　当前,中国与亚洲其他国家共同面临着应对全球气候变化和实现经济社会可持续发展的紧迫压力。党的十八大以来,我国坚定不移推进能源革命,能源清洁低碳转型取得历史性成就。一方面,加强政策支持,推动风、光、水、核等清洁能源高质量发展。2022 年,中国的风电和光伏发电装机容量分别达到了 3.7 亿千瓦和 3.9 亿千瓦,占世界的 40.7%、37.3%,均居全球首位。同时,在绿色技术领域,中

---

① https://www.iea.org/reports/electricity-market-report-2023.

国的机组大型化、漂浮式风电关键零部件,晶硅光伏技术、第三代和第四代核电技术均取得了显著突破,在世界上处于领先地位。另一方面,作为全球最大的煤炭生产和消费国,中国政府陆续通过淘汰落后产能、推广清洁煤技术、提高煤炭使用效率等一系列措施降低对煤炭的依赖,推动煤炭清洁高效利用。此外,中国还明确表示,自 2021年开始不再新建境外煤电项目,支持发展中国家能源绿色低碳发展。2022 年,风、光、水、核等清洁能源约占中国一次能源消费的 27%,比2012 年增长了 12 个百分点,煤炭则从 67%下降到 55%。

亚洲是全球最大的能源市场之一,中国是亚洲最大的经济体也是最大的能源市场,在应对全球气候变化的背景下,中国和亚洲其他国家共同面临着能源清洁低碳化转型的压力和挑战,中国在能源转型中积累和发展的技术与经验对亚洲地区的能源转型具有积极的示范和引领作用,为亚洲各国在可持续发展和气候变化应对方面提供了有益的经验借鉴。

二、中国与亚洲地区的能源合作现状

(一)亚洲能源资源情况

1. 化石能源

亚洲的煤炭、石油和天然气等化石能源储量丰富,但在分布上存在较大的地区差异。煤炭方面,其资源储量丰富,探明储量约为3 300 亿吨,占全球的 30%,主要集中在中国、印度和印度尼西亚。2022 年,亚洲煤炭产量为 64.58 亿吨,约占全球煤炭总产量的 73%,其中中国的煤炭产量为 45.6 亿吨,占亚洲的 71%。石油方面,亚洲地区石油探明储量为 9 099 亿桶,约占全球石油探明储量的 53%。2022 年,石油产量约为 18.68 亿吨,约占全球石油总产量的 42%。亚洲石油产区主要集中在西亚和中亚地区,其中西亚地区贡献了亚洲近七成的石油产量,其他主要产油区包括哈萨克斯坦、中国、印度以及印度尼西亚等。虽然中国是亚洲第三石油生产国,但由于国内的石油需求量较大,因此主要依赖进口。2022 年,中国石油产量 2.05 亿吨,进口原油 5.1 亿吨,对外依存度达 71.2%。天然气方面,2022 年,亚洲地区天然气产量为 12 498 亿米^3,约占全球天然气总产量的 35%,主要产区位于中亚、西亚、中国以及马来西亚等。其中,西亚和中亚的天然气产量共约占亚洲的 60%(见表 10 - 2)。

表 10 - 2 2022 年亚洲地区/国家化石能源产量

地区	国　家	煤炭/百万吨	占比亚洲	石油/百万吨	占比亚洲	天然气/亿米^3	占比亚洲
东亚	中国	4 560.0	70.62%	204.7	10.96%	2 218	17.75%
	蒙古	39.3	0.61%	—	—		
	日本	0.7	0.01%	—	—	—	—
	韩国	0.8	0.01%	—	—	—	—
南亚	印度	910.9	14.11%	33.0	1.77%	298	2.38%
	其他	9.9	0.15%	25.5	1.37%	520	4.15%
东南亚	印尼	687.4	10.65%	31.4	1.68%	577	4.62%
	马来西亚	—	—	—	—	824	6.60%
	其他	63.4	0.98%	—	—	609	4.87%

地区	国　家	煤炭/百万吨	占比亚洲	石油/百万吨	占比亚洲	天然气/亿米³	占比亚洲
中亚	哈萨克斯坦	118.0	1.83%	84.1	4.50%	26	2.08%
	乌兹别克斯坦	5.4	0.08%	2.8	0.15%	489	3.91%
	土库曼斯坦	—	—	11.6	0.62%	783	6.26%
西亚	沙特阿拉伯	4.4	0.07%	573.1	30.67%	1 204	9.63%
	伊拉克	—	—	221.3	11.85%	94	0.75%
	阿联酋	—	—	181.1	9.69%	58	4.64%
	伊朗	—	—	176.5	9.45%	2 594	20.76%
	科威特	—	—	145.7	7.80%	134	1.07%
	卡特尔	—	—	74.1	3.97%	1 784	14.28%
	阿曼	—	—	51.4	2.75%	421	3.37%
	其他	—	—	8.0	0.42%	31	0.25%
亚洲	—	6 457.5	100.00%	1 868.3	100%	12 498	100%

资料来源：能源研究所《世界能源统计年鉴 2023》。

2. 非化石能源

亚洲也蕴藏着丰富的核能、水能、风能、太阳能等清洁能源资源。

核能方面，亚洲 2022 年共计核能发电 764.5 TWH，占世界核能发电量的 28.54%。中国、日本与韩国分别发电 440.8 TWH、51.8 TWH、176.1 TWH，约占亚洲核能发电总量的 58%、6.7%、23%。此外，亚洲核电还来自南亚的印度（46.2 TWH）与巴基斯坦

(22.3 TWH)以及西亚的阿联酋(20.1 TWH)。

水能方面,亚洲水能理论蕴藏量占全球的47.2%,水能资源主要分布在中国、印度、缅甸、阿富汗、尼泊尔、塔吉克斯坦等国家,其中中国水能资源理论蕴藏量最高,印度次之。[1] 2022年,亚洲水能发电1 916 TWH,约占世界水能发电量的44.2%,其中中国和印度水能发电量最多,分别贡献亚洲水电总量的68.31%和9.13%。

风能方面,亚洲技术可开发风能占全球的28.4%。风能资源广泛分布于中国、蒙古、哈萨克斯坦、阿富汗、伊朗、沙特阿拉伯、阿曼等国。2022年,亚洲风能发电量871.92 TWH,占世界风能发电总量的41.4%,其中87.47%的风电来自中国,8.03%的风电来自印度。与此同时,中国和印度风电市场发展潜力巨大。全球风能理事会(Gobal Wind Energy Council, GWEC)预计2023年至2027年间,全球将增加680 GW的风电装机容量,而中国将增加300 GW的风电装机容量;印度陆上风电装机容量可能增加21 GW,预计占该地区新增装机容量的1/2。[2]

太阳能方面,亚洲技术可开发光伏占全球的22.9%。太阳能资源主要集中在中亚的土库曼斯坦、哈萨克斯坦、乌兹别克斯坦,南亚的印度与巴基斯坦,西亚的沙特、伊朗、阿曼,以及东南亚。2022年,亚洲光伏装机6.1亿千瓦,占世界光伏装机容量的58%,其中中国贡献60%的光伏装机,印度贡献10%的光伏装机。亚洲太阳能发电729.64 TWH,占世界太阳能发电量的55%,其中中国、日本和印度发电量最多,分别为427.7 TWH、102.4 TWH和95.2 TWH。

---

① https://www.geidco.org.cn/publications/yjcgbg/yjcgbf/2020/3110.shtml.

② https://gwec.net/globalwindreport2023/.

表 10-3　2022 年亚洲地区清洁能源发电量

地区	核能发电量/TWH	占比亚洲	水能发电量/TWH	占比亚洲	风能发电量/TWH	占比亚洲	太阳能发电量/TWH	占比亚洲
东亚	669.5	87.55%	1481	75.37%	777.77	89.2%	567.81	77.82%
东南亚	—		164	8.35%	13.44	1.54%	38.53	5.28%
南亚	68.5	8.96%	232	11.81%	75.19	8.62%	97.72	13.39%
中亚	—	—	50	2.54%	2.53	0.29%	1.89	0.26%
西亚	26.7	3.49%	38	1.93%	2.99	0.34%	23.69	3.25%
总计	764.5	100%	1965	100%	871.92	100%	729.64	100%

资料来源：能源研究所《世界能源统计年鉴 2023》、国际水电协会（IHA）《世界水电展望 2023》。

（二）中国与亚洲能源合作现状

1. 化石能源合作

亚洲当前的煤炭合作集中在印度尼西亚、印度和中国之间，其中印度尼西亚既是亚洲也是全球最主要的煤炭出口国，中国、日本、韩国和印度是主要的煤炭进口国。2022 年，印度尼西亚对外出口约 4.62 亿吨煤炭，几乎全部出口到亚洲，中日韩和印度是其在亚洲的主要进口国。得益于低廉成本和地缘之便，中国与印度尼西亚煤炭贸易紧密，印度尼西亚近三成的煤炭出口到中国，占据了中国进口煤炭的 45%。

亚洲主要的产油国来自西亚、中亚和东亚，西亚和中亚国家是主要的原油出口国，东亚的中国、日本和南亚的印度则是主要的原油进口国。2022 年亚洲各国共进口原油约 12 亿吨，其中有 7.6 亿吨来自西亚。并且,西亚原油主要出口到中国、日本和印度,共计 5.6 亿吨,占其总出口量的 57.7%。目前中国在亚洲已建成中缅油气管道和中哈原油管道。截至 2022 年,中缅油气管道累计输送原油 6 486 万吨、成品油 730.36 万吨,保障了中国西南地区能源安全;中哈原油管道累计向中国输油突破 1.5 亿吨,作为中国第一陆路进口原油管道,并与中国境内西气东输工程相连,保障了中国原油进口的多元性和安全性。

亚洲天然气生产集中在西亚的伊朗和卡特尔、中亚的土库曼斯坦和东亚的中国。尽管伊朗和中国是亚洲较大天然气生产国,但受限于国内需求或国际制裁,其天然气出口规模相对有限。西亚是主要的天然气出口地区,中国、日本、韩国和印度是主要的天然气进口国。2022 年,西亚对外出口液化天然气(LNG)1 366 亿米³。亚洲各国共进口液化天然气 3 479 亿米³,其中中国、日本和韩国进口 1 855 亿米³,约占亚洲液化天然气进口总量的 53%。目前,中国在亚洲已建成中国—中亚天然气管道和中缅天然气管道。截至 2022 年,中国—中亚天然气管道已累计向中国输送天然气超过 4 000 亿米³,相当于替代煤炭 5.32 亿吨,减少 5.68 亿吨二氧化碳气体排放;[1]中缅天然气管道已累计安全输送天然气 408 亿标方。[2]

2. 清洁能源合作

亚洲清洁能源合作利用优势互补促进了技术资源在区域内的流动。中国通过合作项目、技术援助与培训、签订技术合作协议等方式

---

[1] http://www.nrdc.cn/Public/uploads/2019-04-24/5cbfd65048ec5.pdf.

[2] https://www.yidaiyilu.gov.cn/p/253476.html.

支持风、光、水、核等能源技术在亚洲地区的广泛应用,帮助亚洲地区建设更加安全、稳定的能源基础设施,推动亚洲清洁能源行业的进一步发展。近年来,中国光伏企业对西亚组件供应不断增加。2022 年,西亚全年累计从中国进口 11.4 GW 光伏组件,相比 2021 年提升了78%,增幅主要来自沙特阿拉伯和阿联酋。① 同时,中国深入推进光伏项目合作。由中国企业共同承建的沙特阿尔舒巴赫 2.6 GW 光伏电站项目于 2022 年启动;阿联酋艾尔达芙拉光伏电站项目于 2023年全面竣工。中国不仅向合作国输出能源设备,还输送专业人才和提供技术支持。中巴核能合作期间,巴基斯坦原子能委员会(PAEC)与中国核工业集团有限公司(CNNC)进行了多次交流访问,中国技术人员的倾囊相授使得巴基斯坦在反应堆主冷却剂泵、应急柴油发电机、汽轮机检修等领域积累了专业知识,增加了核电站的运行管理经验。此外,中国与孟加拉国、阿联酋、沙特阿拉伯等国家已达成了核电技术合作协议,亚洲国家在核能领域的需求对接与合作不断深化。

　　亚洲清洁能源合作通过多元化的投融资渠道增进了资金资源在区域内的流动。能源是资金密集型产业,需要强有力的金融保障。世界银行、国际货币基金组织、国家开发银行、进出口银行等金融机构和丝路基金、亚洲基础设施投资银行等新兴投融资平台为亚洲能源合作提供信贷、投资、结算、保险等综合金融服务。例如丝路基金围绕"一带一路"能源合作积极布局一系列油气资源、电力、新能源和能源基础设施项目投资,截至 2023 年 10 月,共计投资能源类项目 25

---

① 　https://baijiahao.baidu.com/s?id=1769275593870608485.

个,承诺投资金额约 68 亿美元。① 此外,能源合作模式也对项目的资金支持产生了显著影响。中国在亚洲的能源基础设施合作多采用"F+EPC"模式,即"融资+设计+采购+施工"总承包模式,将金融工具运用到能源项目的建设当中,中国在尼泊尔、孟加拉国、阿联酋等国家建设的大型水电站项目均采用了该种模式。此外,中国还通过政府和社会资本合作模式(PPP)在政府建设的清洁能源项目中引入私人资金,有效地填补了工程建设过程中的资金缺口。中缅密松水电站、柬埔寨甘再水电站、巴基斯坦萨查尔 50 MW 风电项目等均采用了该种模式。

亚洲清洁能源合作深化能源产业链一体化。东南亚、南亚地区充分利用中国在清洁能源制造产能和产业链整合能力上的优势,积极打造立足本土化的新能源产业基地。在东南亚,中国与柬埔寨、越南共同投资建设了位于柬埔寨的桑河二级水电站枢纽工程,该工程电站装机 40 万千瓦,占柬埔寨全国总装机容量的近 20%,多年平均发电量 19.7 亿千瓦时。在光伏合作上,中国光伏在东南亚逐步推进产能一体化建设和市场销售的影响力。晶科能源、隆基绿能、天合光能、晶澳科技、阿特斯等中国光伏企业通过合资并购、投资等方式在东南亚建立了光伏硅棒、硅片、电池片与组件的海外生产基地,落地了众多光伏项目,如印尼芝拉塔漂浮光伏项目、菲律宾圣马塞利诺市光伏站、越南禄宁 550 MW 光伏项目。亚洲是中国硅片和电池片出口的主要地区。2022 年,中国隆基绿能为中亚五国的光伏项目提供了 1/3 的核心设备。

---

① https://www.cpnn.com.cn/news/xwtt/202310/t20231018_1642611_wap.html.

表 10-4　中国与亚洲清洁能源合作

能源	合作国家	时间/年	能源项目
水能	柬埔寨	2019	桑河二级水电站枢纽
	老挝	2021	南公 1 水电站
	越南	2017	莱州水电站
	马来西亚	2015	沐若水电站
	印度	—	布德赫尔水电站、马拉那二级水电站、帕里瓦萨水电站
	尼泊尔	—	库勒卡尼水电站、上塔马克西水电站、塔纳湖水电站、上崔树里 3A 水电站
	巴基斯坦	2020	卡洛特水电站
风能	哈萨克斯坦	2021	札纳塔斯 100 兆瓦风电项目
	老挝	未完工	孟松风电场
	孟加拉	2023	科巴风电项目
太阳能	缅甸	未完工	佐托塔亚、京荣、薛京、希达、京达光伏项目群
	印尼	2023	芝拉塔漂浮光伏项目
	菲律宾	未完工	圣马塞利诺市光伏站
	越南	2020	禄宁 550 MW 光伏项目
	乌兹别克斯坦	2023	1 GW 光伏项目 20 MW 光伏组件

能源	合作国家	时间/年	能源项目
核能	巴基斯坦	2017 2021 2022	恰希玛核电4号机组、卡拉奇核电站2号、3号机组
	哈萨克斯坦	2021	铀矿贸易、乌里宾核燃料组件厂

3. 大国效应在能源合作中的应用

中国与亚洲地区能源合作一直保持着稳步推进的态势,持续发挥亚洲能源市场的规模优势、互补优势和稳定优势,构建化石能源与清洁能源一体化协同发展的能源转型格局。

亚洲能源市场的规模性促进合作的成本降低和分工深化。亚洲拥有全球最多的人口数量、最广袤的地理面积和最活跃的经济表现,为能源市场提供了规模性的自然资源、人力资本、技术资源和金融资本,不断加强的能源合作进一步扩大了能源市场的规模。市场规模推进生产规模扩大,形成了规模经济和规模效应(欧阳峣,2023)。随着生产规模的扩大,生产成本逐渐下降,产品价格降低,利润空间增加。得益于中国在可再生能源新增产能上的主导地位,2022年全球太阳能光伏发电平均成本下降了2%,陆上风电平均成本下降了5%。亚洲能源消费需求大且需求层次多元促进了细分的消费市场的形成,同时亚洲能源要素规模大,可以形成一定量的资源聚集,导致产业分工和专业化(陶文娜等,2023)。例如,在石油勘探、加工、贸易和消费等分工链的环节上,中国与亚洲各国充分发挥比较优势:西亚的沙特阿拉伯、伊拉克、伊朗和东南亚马来西亚、印度尼西亚等国家负责原油勘探和生产环节;中国、印度、韩国、日本、新加坡是亚洲主要的石油加工和炼油中心；同时，中国、印度、日本、韩国也进口大量原油和石油产品。

亚洲能源市场的差异和多元结构促进合作的区域互补、技术互补。一方面，亚洲的化石能源储量丰富但分布差异明显，主要集中在中亚、西亚地区；清洁能源产业发展不平衡、不充分，东亚、东南亚风光水资源丰富但开发利用程度低，而中国在清洁能源科技领域拥有丰富的研发经验。另一方面，亚洲能源市场具备人力资源和技术的多元结构，适应不同的能源产业环节，而单一的国家无法整合这些资源。通过合作，亚洲国家共同参与项目开发、管理和运营，实现了人才和技术的转移，适应了亚洲能源转型的多样化需求。中国在与亚洲国家的能源合作中提供了技术支持，培养了新型工业化人才，充分实现技术、资金、管理经验共享，推进优势互补的产业格局形成。

亚洲能源合作加强了能源产业的稳定性，促进产业结构升级。中国与亚洲国家的能源合作使得国家间的能源供应更加紧密，降低了单一国家或地区受到供应中断、价格波动等因素的风险，有助于维持能源市场的稳定性和可靠性，抗风险能力增强。能源合作刺激多层次的市场需求，增加市场活力，创造了更多领域的就业机会，从项目建设到运营，需要涉及各个领域的专业人才，维护了就业的相对稳定性。此外，亚洲地区的能源合作为筹集人力、资金、技术资源提供了便利，使得一部分资源可以优先投入到要素禀赋要求高的行业。伴随着要素转移的增加，技术资产和创新能力较强的地区会优先将引进技术投入到生产实践中，再通过企业聚集产生的知识外溢效应推动其他地区应用新技术、优化生产流程和产品结构，驱动能源产业升级（史丹，2023）。如果不通过大范围的合作，小国只能逐步从劳动密集型向资本密集型、技术密集型转变,降低了产业结构升级的速度。

三、亚洲能源合作存在的挑战

（一）地缘政治冲突给亚洲能源合作带来不确定性

亚洲各国政体不同、文化多元、宗教各异、社会形态差别很大,各地区、国家之间还存在不少历史遗留问题,如边界、领土、领海等主权争端,使得亚洲各地区、国家之间的地缘政治关系更加复杂化,能源合作呈现复杂的竞合特征。

中国与日本、韩国均是油气进口需求大国,多年来中日韩在风电、光伏、核电等新能源领域不断加大研发投入,积累了丰富的管理经验和前沿技术,因而具有一定的能源合作基础。但中日韩之间对彼此的能源战略缺乏认同,更没有形成以共同利益为基础的相互依赖关系,在相似的油气能源市场上竞争性高于合作性,围绕着清洁能源的原材料获取、技术创新、市场开拓的绿色竞争态势进一步加强（李昕蕾等,2023）。

东南亚拥有丰富的水能、太阳能、风能、地热能等资源,开发潜力巨大,但在开发能力和设备等方面存在短板,对此东南亚与中国一直保持着可再生能源方面的交流与合作。但东南亚国家在合作中面临着地缘政治冲突带来的不确定性:一方面,有关南海主权、利益主体的分配、共同开发区一直争议不断,另一方面,伴随着中美两国在贸易战和印太战略中愈加激烈的竞争关系,东南亚国家也深处大国平衡外交的困境,因此其对于与中国的能源合作政治互信度不够。例如,自 2009 年中国国家电网开始运营菲律宾国家输电网以来,菲律宾一直有所"防备",2023 年菲律宾以"国家安全"为由对菲律宾国家电网公司进行审查,防止中国远程进入并破坏其国家电网。

中国与印度能源消费结构相似且两国都是人口大国,均面临着能源需求增加、能源结构转型、效率提升的压力。基于保障能源供应安全、维持能源价格稳定的共同利益,中印在能源领域均释放了合作信号。但随着中国在亚洲地区日益紧密的经贸与技术合作,印度潜在地认为中国在亚洲地区的影响力与合作势力的扩大将威胁其在亚洲地区的大国地位。为了维护自身利益,印度推出与中国"21 世纪海上丝绸之路""一带一路"相抗衡的"季风计划""香料之路""东向行动政策",相似的战略和重叠的合作区域使得中印合作中的竞争态势日趋激烈。与此同时,印美之间互动增强,相关合作增多,2021 年印美建立起战略清洁能源伙伴关系(SCEP),其中有共同"制衡中国"的考量。美欧因俄乌冲突对俄罗斯实施能源禁运、限价、脱钩等制裁措施,油气价格在短期内屡创新高,国际能源"政治化"趋势显著增强。美国还设立湄公河大坝监测项目,利用检测"结果"向下游国家释放"危机预警",指责中国大坝蓄水影响下游国家生态环境。同时,美国还加强与日本、印度、澳大利亚等同盟关系,借助政治、军事、外交等手段挤压中国在亚洲能源合作的空间。

(二) 缺乏与亚洲能源市场规模相匹配的合作机制

亚洲地区能源资源丰富但分布不均,各地区经济发展水平、资本和技术上存在差异,这些因素都为亚洲能源合作提供了资源互补、优势互补的基础,但目前亚洲能源合作机制覆盖双边、多边和区域、国际层面,却缺乏泛亚洲区域、独立的能源合作机制,各国无法充分发挥资源、技术上的优势。相比之下,欧洲电力交易市场从单个国家扩大到跨境互联互通的统一市场,实现了23个国家日前市场与14个国家日内市场的耦合,提高了资源配置效率,更有效地发挥成员国之间资源互补优势,也更好地消纳清洁能源大范围的需求。

目前,亚洲地区能源合作机制以双边为主,包括中哈能源合作分委会、中国与乌兹别克斯坦能源合作分委会、中土能源合作分委会、中国与东盟自由贸易协定等一系列政府引导的双边合作机制。但双边能源合作机制易受到国际形势和合作双方能源战略变化的影响,与建立稳定的地区能源合作协调机制仍有较大距离。例如,面对全球油气价格波动的大范围能源安全问题,涉及利益主体多样化,难以有效协调集体行动。

亚洲地区的多边能源合作一般在综合性机制涉及的能源领域中进行。在国际层面,国际能源署、国际可再生能源署、国际能源论坛、清洁能源部长会议等国际组织和机制合作是由发达国家主导,亚洲国家在其中的话语权不足。例如国际能源署没有将中国、印度、东盟十国等新兴市场国家纳入其中,其成员国主要是发达能源消费国,从而阻碍着新兴国家能源治理的参与。此外,国际能源治理机制形成于20世纪六七十年代,侧重于传统能源治理而对清洁能源领域覆盖不足,治理机制亟待创新(张丹蕾,2023)。国际能源署在合作重点、目标上与亚洲国家的经济发展、能源供需现状并不相适应,亚洲国家难以获得满足发展需求的合作支持。在区域层面,东盟+3能源部长会议、亚太经合组织能源部长会议、东亚峰会能源部长会议、G20能源转型部长会议、上合组织能源俱乐部、东亚清洁能源论坛、孟中印缅能源论坛等是区域能源合作的主要平台。在次区域层面,大湄公河次区域经济合作机制就中国、缅甸、老挝、泰国、柬埔寨和越南能源互联网为抓手,推进各方在电力、油气、新能源方面的合作。由于亚洲地区合作机制在建立之初多围绕区域经济发展为议题,在合作推进过程中才逐渐丰富能源议题,各区域多边组织框架下的能源合作多有重叠,执行能力和协调效果受限于整体目标。

(三) 基础设施不完善阻碍亚洲能源合作的进一步深化

能源基础设施可分为硬基础设施和软基础设施。能源硬基础设施包括传统油气、煤炭能源输送的公路、港口、管道等和支持可再生能源开发利用的水库、水坝、风电光伏的组建设备等;能源软基础设施覆盖能源技术标准、能源金融领域、环保和减排机制等。亚洲能源软硬基础设施的互联互通利于增强能源产业链、供应链的韧性、稳定性和安全性,促进技术创新,推动传统能源清洁化、可再生能源规模化和有效化转型,构建传统能源与新能源并重的能源保障体系。

当前,亚洲地区软硬基础设施的不完善对能源合作的阻碍主要在以下方面。

第一,能源是资本密集型行业对资金和技术需求大,而西亚国家的新能源技术和设备几乎完全依赖西方国家(魏敏,2023);中国与东南亚新能源合作趋势加强,但电力合作规模化受限于该地区落后的能源技术和配套装备,以及不完善的电网架结构和分散化的输电网路导致区域内电力互联互通程度低,因而严重阻碍了当地丰富的风、光、水、核能源的开发利用和电力行业发展,不利于将能源优势转化为发展优势。

第二,能源技术标准不统一阻碍着清洁能源合作。目前在光伏行业中标准的制定机构不同,相互认可度也不高。虽然中国在可再生领域已经形成了比较健全的技术标准体系,但国际认可度还不高。目前,IEC 是国际上最被广泛认可的标准,基于该标准各国家也建立了自己的标准,如欧洲的 EN 标准,英国的 BS、EN 标准以及中国的 GB 标准,此外美国和加拿大有自成体系的 UL 系列标准。中国是世界上最大的光伏制造国,要将光伏设备出口到不同地区或国家的市场,需要满足不同系列的标准检验才能获得进入国的认证许可。同样的,在风能、水能、核能等能源产品和服务的出口上存在类似的困境,不利于中国充分发挥其清洁能源上的优势,实现有效的技术对接和研发管理经验的分享,也增加了欠发达地区获取先进能源设备和技术的壁垒。各国政策与国际法上的标准差异不仅阻碍着能源技术对接,还阻碍着碳中和目标的推进。中国与西亚国家间跨区域的碳中和技术项目要同时满足《伦敦协议书》中的碳减排活动规范和 2009 年二氧化碳跨界运输和离岸封存修正案,受此约束双方在能源转型技术上难以横纵向拓展。

第三,随着中国与亚洲国家能源合作领域从全力保障传统油气资源的供应转向保障能源结构的优化的清洁能源不断深化,能源融资需求不断扩大,但是融资缺口大,尤其是清洁能源。清洁能源产业融资模式不成熟加之传统能源具备储量和价格上的优势导致政策制定将公共资金偏向于化石燃料补贴,进一步挤压着清洁能源融资空间。就能源融资平台而言,亚洲地区性的能源融资平台尚未形成,国际融资机构在评估投资援助项目时,亚洲国家较高的政治风险、商业风险,较低的信用等级,以及在投资诉求、信息可信度、风险与投资价值等方面严重的信息不对称,都制约能源项目的融资。由中国主导建立的地区性融资平台,其融资程序复杂,因为目前中国企业主要采取内保外贷的融资方式,即担保公司的项目在海外,金融担保主体在国内。

（四）能源自身的特殊属性给亚洲能源合作带来压力

相比于其他领域的合作,能源的特殊属性给亚洲能源合作带来进一步的压力。

第一,能源作为一种保障国家安全的战略性资源,具有极强的政治属性,其价格易受到战争冲突、地缘政治矛盾、全球性大流行病以及经济危机等国际事件的影响。2022 年俄乌冲突的爆发,西方对俄制裁不断升级,以及全球新冠疫情的反复,导致石油、天然气能源供应链受到极大冲击,能源市场的不确定因素增加,能源价格在高位水平上大幅震荡,进而导致炼油、燃气产业等部门的生产成本上涨。与此同时,巴勒斯坦、以色列地处西亚重要的油气产区和苏伊士运河、霍尔木兹海峡国际运输行道,若巴以冲突持续恶化,将二次冲击全球油气市场,致使供需失衡和价格上涨。国际市场上的地缘冲击使得各国更加意识到需要降低对单一国家的能源依赖,增加能源供应种类的多样化和供应渠道的多元化,提高能源供给安全性。

第二,风、光、水等可再生能源不稳定,易受干旱、洪涝、高温等极端天气气候的干扰而呈现间接性和波动性(林伯强,2022)。2023 年5 月,干旱高温天气导致越南河流水流量下降,水电站无法获得足够的水位差,导致水力发电下降 3/4,多地区面临轮流停电。电力供应骤降的同时,高温天气导致需求激增,创造了巨大的能源缺口,越南面临能源供应紧张局势。随着全球气候变暖,极端天气气候发生的频率和强度逐渐增加,造成能源基础设施的损坏。例如,台风、暴雨天气可能会导致电网系统出现倒杆断线、变压器短路;极端低温可能会冻结风电涡轮机叶片,使其无法运转;极端高温可能会造成光伏组件功率损失等。

第三,化石能源在生产和消费过程中会排放硫氧化物、氮氧化物、臭氧和颗粒物,给气候变化和社会环境带来了较大的负面影响。同样,非化石能源在项目的开发过程中也潜藏着生态环境问题和安全问题。水资源的利用和保护一直备受争议。越南将湄公河三角洲面临的海水侵袭、岸线侵蚀、水质下降等环境问题归咎到老挝、中国的水电开发。继切尔诺贝利和日本福岛核事故造成大量放射性物质泄漏,对海洋环境、食品安全和人类健康造成了极大负面影响,核电安全一直都受到各国和国际组织的关切。

四、亚洲能源合作对策建议

(一)增加能源外交对话构建友好合作环境

亚洲地区的能源需求增长和结构转型的双重压力要求能源合作既要深化传统能源领域,又要加强绿色能源领域的贸易与合作。锚定"双碳"目标,要考虑到亚洲各地区资源禀赋和经济发展水平的差异,分区域协调制定差异化减排路径。这一过程中,外交对话至关重要,增加政府高层与首脑峰会互访,通过在产业结构调整、能源结构优化、技术创新等方面加强政策沟通和经验交流,不断加深共同利益的认识,破除零和博弈的思维,进而将合作确立为处理两国关系的理念和原则(刘建飞,2015)。签署能源合作框架协议,加强对能源投资与贸易合作,降低全球性危机和国家对贸易流的冲击(盛斌,2023)。例如,在能源买方市场中求同存异的贸易协议有助于减少市场恶性竞争带来的"亚洲溢价",维护能源价格稳定性。

此外,针对"中国威胁论"以及美国对中国"脱钩断链"的战略打击,一方面,中国需要通过不断提升综合竞争力,提升国际话语权,促使西方国家不再散布和传播;另一方面,以"一带一路"沿线亚洲国家为突破点,妥善处理能源行业合作中出现的矛盾和争端,建立更加紧密的能源合作伙伴关系,落实能源战略调整和能源结构转型的目标,并以实际行动证明中国构建能源"命运共同体"的强烈意愿。

(二) 建立和完善亚洲能源合作机制体系

亚洲区域各国及地区发展程度、能源禀赋、能源战略都存在差异,现有的双边合作机制难以协调复杂的能源诉求,同时多边能源合作机制不成熟。建立完善的能源合作机制,首先利用 APEC、G20、"一带一路"能源合作伙伴关系等区域机构作为能源生产国、中转国和消费国的对话平台,推动亚洲各国能源政策交流和项目对接,促进双边兼多边能源合作。借鉴国际能源署在能源定价、能源贸易争端、碳排放市场交易机制等领域的经验,加强亚洲能源治理能力。学习欧盟统一电力市场,一是优先布局重点地区市场,形成核心网络,再搭建多方参与的合作市场;二是以法律条约倒逼成员国增加市场开放份额,并不断推动深层次能源产业合作的开展;最终,联合亚洲国家共同建立一个能涵盖传统能源、新能源、能源技术、制造、贸易、投资等多领域的覆盖全亚洲范围的能源合作机制。

(三) 提高基础设施互联互通水平助力亚洲能源合作

亚洲发展中国家和落后地区的技术、制造装备落后阻碍着能源合作的开展以及进一步的深化。巨大市场需求提高创新基础设施的效率,增加企业集群和产业集群的外溢效应(欧阳峣等,2021)。积极引导企业自主合作,聚集区域内优质的资源和要素,帮助落后地区更容易获取资金和基础设施改造升级所需的技术和管理经验,合力推进亚洲输油输气管道、电网电站等基础设施的完善和改造升级,实现各地区之间能源合作的互联互通,打破市场分割,同时扩大市场,有效弥补东亚、南亚、东南亚油气需求的缺口,提升中亚以及西亚油气输出型国家海外资源输送的能力。

提升能源市场技术标准的统一性,首先要提高中国能源技术标准国际认可度,以中国四代核电、5G 通信技术、风电光伏机组等核心技术标准为突破口,促进形成中国牵头、集群合作、协力国际参与的"一带一路"可再生能源国际合作的标准及规范指南互认体系。其次,对准高层次的国际能源技术促进技术创新。在技术标准制定过程中发展中大国在原有技术的沉没成本和新技术的转移成本上更低,且易于通过技术模仿实现追赶。亚洲市场人口规模大,提供了丰富的知识型、技术型和复合型人力资源来促进技术创新;巨大的市场需求推进技术市场扩大,进而推进技术进步。为满足巨大市场需求,凝聚政府、市场和社会力量来保障高效的资源配置,分摊研发成本并提高盈利水平和技术创新成功率,也要通过政府政策引导鼓励模仿创新向自主创新转变,防止技术进口的过度依赖(袁礼等,2021)。

构建多元可持续的融资体系。一是需要利用世界银行、国际货币基金组织等国际金融机构和丝路基金、亚投行等地区性金融机构形成多渠道融资体系,设立基金风险担保措施,提高融资保险赔付比例和承包范围,加大对能源项目的支持力度。二是以"一带一路"沿线国家为突破口提升绿色金融服务能力,帮助沿线国家建立绿色金融标准、完善环境信息披露机制,鼓励金融机构结合可再生能源特征进行融资模式创新,发展绿色贷款和绿色债券等金融产品,对可再生能源项目适当延长贷款期限,放宽抵押物限制。

(四) 以更高水平能源合作应对亚洲地区能源转型的压力

随着全球气候变暖、环境污染加重,国际上加强了对化石能源开发利用的管制,加之国际政治格局动荡,化石燃料价格上涨,进口成本上升。可再生能源竞争力逐渐增强,新能源将取代传统化石能源成为能源结构的主体,但由于新能源容易受到气候条件的干扰,能源稳定性和安全性问题突出。

加强跨国油气通道运营与设施联通,确保海外油气资源安全稳定供应与平稳运行。同时依托亚洲广阔的地理范围,纵深发展产业的分工布局空间,培育高附加值的、高技术的能源供应链联系,形成更具安全性和韧性的产业链和供应链(欧阳峣等,2022),更好地抵御国际政治、经济等活动的冲击。

构建亚洲统一能源市场,应统筹规划水电开发,安全有序发展核电,采用风电、光伏分散布局,推动东亚、东南亚、南亚、中亚、西亚各地区水电与风电、太阳能发电协同互补,利用特高压直流输电等创新技术将空间资源发挥利用起来,例如将可再生能源丰裕区域的电力输送到用能负荷中心。同时,鼓励亚洲各地区能源企业、科研机构、高校在能源技术领域的多方互动,一方面推进在可再生能源发电、安全高效核能技术、气象监测数字技术、能源调储技术等领域取得突破,提升预测、防范气候风险能力,另一方面也能摊薄研发成本和降低技术研发的风险和不确定性(欧阳峣等,2023)。

参考文献

［1］李昕蕾,刘小娜.碳中和背景下中日韩清洁能源合作嬗变［J］.东北亚论坛,2023,
  32(02)：80－97+128.

［2］林伯强.碳中和进程中的中国经济高质量增长［J］.经济研究,2022,57(01)：
  56－71.

［3］刘建飞.构建新型大国关系中的合作主义［J］.中国社会科学,2015,(10)：189－
  202+208.

［4］欧阳峣,汤凌霄.大国创新道路的经济学解析［J］.经济研究,2017,52(09)：
  11－23.

［5］欧阳峣,汤凌霄.大国发展格局论：形成、框架与现代价值［J］.经济研究,2022,
  57(04)：12－21.

［6］欧阳峣,袁礼,汤凌霄.市场规模优势研究：理论逻辑与前景展望［J］.财贸经济,
  2023,44(09)：91－107.

［7］欧阳峣.大国经济特征、优势识别与发展格局［J］.人民论坛·学术前沿,2023
  (07)：14－23.

［8］盛斌.亚洲区域经济一体化与亚洲增长新动能［J］.人民论坛·学术前沿,2023
  (15)：5－12.

［9］史丹,叶云岭,于海潮.双循环视角下技术转移对产业升级的影响研究［J］.数量
  经济技术经济研究,2023,40(06)：5－26.

［10］陶文娜,欧阳峣.20世纪中叶中国生物技术重大突破的经济学阐释［J］.湖南师
  范大学社会科学学报,2023,52(05)：94－101.

［11］魏敏.能源转型背景下的中国与中东能源合作［J］.当代世界,2023(02)：
  23－28.

［12］袁礼,王林辉,欧阳峣.后发大国的技术进步路径与技术赶超战略［J］.经济科学,
  2021(06)：38－55.

［13］张丹蕾.全球能源治理变局下"一带一路"能源合作机制构建的探讨［J］.国际经
  贸探索,2023,39(02)：106－120.

第十一章　中国与东盟的经济合作及文明互学互鉴

顾清扬(新加坡)

一、从全球的角度看中国与东盟经济合作

当前,国际面临着冷战以来最严峻的挑战,挑战来自两个方面:第一个是以中美两个大国为首的大国博弈,国际政治环境处于极大的不确定性;第二个则是全球化步伐放缓,甚至出现严重倒退,逆全球化和反全球化思潮盛行。双重挑战之下,区域间贸易保护主义抬头,供应链布局与投资关系正在重塑。

(一) 从全球化加速变成全球化放缓

在传统的经济学理论中,经济全球化加快了资源和生产要素在全球的流通,提高了资本效率,促进了技术交流,经济全球化提高了各国人民的福利水平,达成多赢的局面。从亚当·斯密的绝对优势埋论,到大卫·李嘉图的相对优势理论,再到赫克歇尔和俄林的要素禀赋理论,都说明了经济全球化能有效地发挥各国的优势,促进全球经济发展,惠及每一个人。但是,如今全球化出现严重倒退,全球化进程放缓成为近几年的时代特征,全球化(Globalization)已经变成

"慢全球化"（Slowbalization），全球贸易活动和投资活动占 GDP 的比重都在下降。

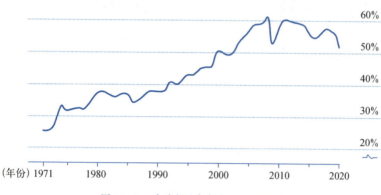

(年份)

图 11-1　全球贸易占全球 GDP 的比重

资料来源：世界银行（World Bank）。

　　在我年轻时所学的教科书中，全球化被描述为一种非常理想的境界。但是，我们现在看到全球化出现倒退，逆全球化和反全球化思潮非常盛行。当前全球化已经分裂成两个半球化或者两个平行全球化，可以理解为"一球两制"的全球化。国际上逐渐形成了两个能源市场、两个商品贸易体系、两个金融交易体系、两个科技圈和两种基础设施建设市场的局面。由于地区封锁，能源供给大国俄罗斯和伊朗被排挤出旧有的能源市场，从而形成两个能源市场；以美国为首的西方国家挑起的贸易争端愈演愈烈，两个商品贸易体系的特征也越发鲜明；伴随着地区封锁和贸易封锁的是金融交易的封锁，俄乌冲突背景下，美国将俄罗斯排斥在 SWIFT 结算系统之外，更加剧了金融封锁的紧张气氛，各国开始寻求"去美元化"的金融结算交易体系；以战略竞争为目标的科技封锁则将科技交流的窗口封堵住,国际上已经形成了两个科技圈;基础设施建设市场也分裂成两个市场,中国倡导的"一带一路"与西方提出的"援助开发机制"形成鼎立之势。全球市场的分化给全球合作与发展带来极大挑战。

我们观察到在资本市场,基础设施建设市场、金融市场、科技市场以及能源市场中,全球已经开始出现分化。这种分化使得全球合作与发展面临极大挑战,当我去海外访问或者旅游时,看到的景象是一样的。也就是说,全球化和全球地缘政治影响到我们每个国家。WTO 的总干事认为:"一系列危机冲击全球经济,世界贸易失去了动力,贸易增长在 2022 年放缓,并在 2023 年初持续疲软。"全球增长放缓,2022 年全球增长大约为 3.5%,而 2023 年的增长仅为 3.0% 和3.1%。欧洲受俄乌冲突的影响,经济发展遇到的阻力更大。大部分发达国家 2023 年经济表现不佳。新加坡 2023 年 GDP 增长大约只有1%。美国利用全球霸权,将 GDP 维持在 2.0% 左右,但是从历史上看,也处于低值。亚洲和新兴市场发展中国家的表现较好,约有

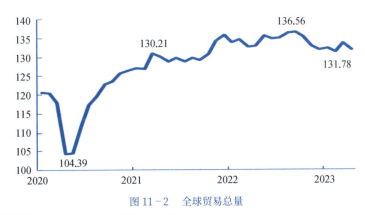

图 11-2　全球贸易总量

资料来源: Haver, Netherlands BEPA, QNB Economics.

5.3%的增长。在未来一段时间内,全球经济增长的希望在亚洲新兴市场。

图 11-3　2023 年 7 月多个国家出口增速

资料来源: 财新数据。

全球各国共乘一条船,大家同呼吸,共命运。各国需要持续加强经济合作,加深文明互建。今天的主题是如何在经济合作和文明互建方面使这条船行驶得更加平稳,我们需要以前瞻性和全局性的视角讨论参与全球化合作,促进全球经济合作的航船行稳致远。

(二) 地缘政治对产业链和供应链的影响

国际地缘政治带来的影响主要集中于全球供应链和产业链结构。在全球化盛行时代,我们追求的是全球产业链布置和全球投资布局,并完全遵循经济原则和效率原则。然而,当前产业链和供应链布局受到地缘政治的极大影响,经济效率不再是产业链布局的重要指标,各国转而追求所谓"经济韧性"或者"经济安全"。微观布局的理念也已转变。企业从追求利润最大化和效率最大化,转向追求韧性和安全。微观企业为追求韧性和安全,导致增长下降 10%,或者成本增加 10%。伴随着产业链收缩和重新布局,全球贸易和投资体系发生了长期变化。这种变化极大阻碍了经济的发展。

近年来,西方国家极力推崇的"近岸外包"概念大行其道。"近岸外包"是半经济学半地缘政治的概念。它是指,将供应链布局在周边国家的供应链外包模式。从经济角度分析,周边各国的地理位置较近,语言文化也较为接近,选择与其合作能在有效活用经济要素的基础上,减少交通费用与沟通成本,从而降低企业成本。近几年,日益高涨的交通运输费用更使得大量企业选择"近岸外包"的模式。从地缘政治角度分析,"近岸外包"属于比较平和的概念,地缘政治的色彩并不浓重。但是,"友岸外包"和"回岸生产",则是基于地缘政治因素考虑而设计的模式。特别是"友岸外包",完全由地缘政治因素主宰。"友岸外包"不考虑外包国的地理位置,其供应链关系仅取决于外包国是否为输出国的政治盟友。若两国理念不同,即使地理位置接壤,两国也不会建立供应链合作关系。"友岸外包"极大违背了经济效益原则和全球经济合作原则。"友岸外包"和"回岸生产"极大阻碍了全球的贸易和投资活动,拖累了全球发展。

在 WTO 全球化时代,各国按照比较经济原则进行全球贸易。而今,全球贸易更多基于国际地缘政治的考量。全球化贸易向区域化贸易演变,意识形态和安全考虑主导了区域性合作,地区间贸易保护主义盛行,区域内部贸易比重逐年增加。特别是,我们发现不同区域之间出现贸易封锁和壁垒,大家不约而同地将贸易活动集中在自己的圈子内,区域内贸易的比重会加大。刚才日本学者的演讲给我很大启发,东亚内部贸易比重在上升。实际上亚洲开发银行的数据也显示类似结果,大家都不约而同地将贸易关注点放在区域内部,排斥与其他区域按照比较经济原则开展贸易活动,对全球经济效益造成巨大损失。在 WTO 全球化时代,我们按照比较经济原则进行全球贸易,现在全球贸易则按照国际地缘政治原则进行。

此外,地缘政治也对国际投资活动造成极大影响。企业开始回避地缘政治风险较大的投资活动。当前,中国资本市场受到巨大冲击。国际资本在国际舆论引导下,大量撤出中国资本市场,给资本市场带来不必要的波动。总体而言,近几年全球供应链出现了本土化、区域化、短链化、多元化和数字化的趋势。这些变化中,有些是积极的,有些则是国际地缘政治导致的消极结果。如何化解国际地缘政治影响? 首先,各国要将发展拉回全球的中心。过去几年,全球关注点主要放在大国博弈和意识形态争端上,而忽视就业问题和民生问题。只有切实地将发展作为第一要务,才能更好地化解地缘政治带来的争端和分歧。此外,我们需要加强企业、地方政府和民间的经济合作,以减少国家层面国际地缘政治的干扰。在当前国际地缘政治关系紧张之际,中国与东盟的合作势在必行。中国与东盟应当发挥彼此的相对优势,加深经济合作,以应对复杂多变的国际环境。

二、从区域角度看中国与东盟经济合作

观察东盟关系,刚才是从全球的角度,现在我们来谈论区域的角度。当今世界,出于经济层面和地缘政治层面考虑,各国都在积极寻求区域经济合作机会。RCEP 和 CPTPP 等合作,正是近年来亚洲各国在区域经济合作模式上的探索。东南亚的区域经济合作的重点是由 10 个国家组成的东南亚联盟,近年来东盟在全球的影响力正不断

地扩大。有些人认为,东盟的影响力在未来甚至可能会超过欧盟。虽然现在东盟的体量是欧盟的 1/6,但东盟人口众多,且人口结构更年轻,经济增长速度较快,未来可期。即使今年东盟的经济增速有所下滑,但仍保持在 5% 左右,而欧盟过去的经济增速显然不能与之相比。因此,未来东盟的经济总量可能会超越欧盟,甚至很可能成为全球第四大经济体。

东盟在 2015 年宣布建成东盟共同体的三大支柱:经济支柱、政治制度支柱和社会文化支柱。三大支柱的确立为东盟注入了稳定性。因此,东盟虽然发展较慢,但是其发展更为稳定。东盟的逻辑与阿拉伯联盟和欧盟有所不同,它是以文化认同为主要共识,而非采用经济方面的机制约束各成员国。东盟十国包括了发达国家、中等收入国家和低收入国家,因此,东盟十国可以发挥各自资源禀赋的特点,在经济上优势互补。另外,东盟产业多元化,资源丰富。2022 年东盟的宏观经济数据显示,东盟 2022 年的贸易增长 14.9%,FDI 增速为 5.5%。

表 11-1　东盟 2022 年宏观经济数据

自动舱单系统（AMS）	年度 GDP 增长			2022 年趋势		2022 年 FDI	
	2022	2023（预）	2024（预）	美元（单位:十亿）	增长率（单位:%）	美元（单位:十亿）	增长率（单位:%）
东盟	5.7	4.7	5.0	3 847.0	14.9	224.2	5.5
文莱	-1.6	2.5	2.8	23.3	24.9	-0.3	-238.9
柬埔寨	5.3	5.5	6.0	50.7	19.6	3.6	2.7

自动舱单系统（AMS）	年度 GDP 增长			2022 年趋势		2022 年 FDI	
	2022	2023（预）	2024（预）	美元（单位：十亿）	增长率（单位：%）	美元（单位：十亿）	增长率（单位：%）
印度尼西亚	5.3	4.8	5.0	529.4	23.8	22.0	4.0
老挝	2.3	4.0	4.0	17.2	26.5	0.6	−40.7
马来西亚	8.7	4.7	4.9	655.8	22.0	17.1	40.8
缅甸	2.4	2.8	3.2	34.3	20.7	3.0	196.6
菲律宾	7.6	6.0	6.2	224.0	7.4	9.2	−23.2
新加坡	3.6	2.0	3.0	990.1	14.8	141.2	7.7
泰国	2.6	3.3	3.7	592.3	9.6	9.9	−32.1
越南	8.0	6.5	6.8	729.7	9.5	17.9	14.3

资料来源：东盟秘书处（2023 年 6 月）；GDP 预测值基于亚洲开发银行（2023 年 5 月）。

中国拥有 14 亿人口，而东盟覆盖了 6.7 亿人口，这两个人口众多的经济体的合作，将有力促进东亚经济发展，并深刻影响世界发展格局。从中国提出"一带一路"以来，中国一开始将"一带一路"重心放在巴基斯坦，着重发展中巴经济走廊和瓜达尔港。然而，近期中国已经将"一带一路"的重心转向东盟，这是一个非常正确的转变。我比较看好中国和东盟合作的原因是，两者不仅在地理位置上相近，在文化历史上有共同渊源，更重要的是当前东亚经济模式亟须转型，正是中国与东盟合作的最佳契机。

第一，中国和东盟实行出口导向的经济模式，在美国购买力衰减的条件下可以实现互补渠道的转换。中国、东盟国家、日本和韩国等亚洲国家,在过去不约而同地采用了东亚经济模式,即大进大出的经济模式。在过去一段时间内,东盟的经济的推动力主要是美国消费带动的东盟国家的出口,这是整个经济循环的原点。如果美国的购买力能够持续发展,东亚模式则不会成为问题。然而,不幸的是美国的购买力开始衰减,采用东亚模式国家的出口产品无法外销,东亚模式无法维系,国际经济循环需要另辟蹊径。中国在全球的购买力已经有比肩美国之势,加之东亚区域原有市场整合不足,所以美国退出的购买力完全可以由中国替补,这也是中国在区域合作上突出的优势。

第二,中国和东盟国家都面临着中等收入陷阱的威胁,需要通过"抱团取暖"实现产业升级。东盟的马来西亚、印度尼西亚、菲律宾和泰国,长时间停滞在中等收入水平;越南、老挝、柬埔寨和缅甸则仍然处于低收入水平。当前中国的经济也处于转型的关键阶段,中国和东盟国家都渴望突破现有的经济发展瓶颈,尽快步入高收入国家行列。中等收入陷阱的成因往往是,发展中国家既无法维持较低生产成本与其他国家竞争,又无法以完善的产业或不可替代的技术与高收入国家竞争。因此,实现技术和产业转型,特别是发展高科技引领的产业至关重要。近几年,中国受制于西方的技术封堵,突破"卡脖子"技术,实现产业升级,迫在眉睫。中国和东盟利益诉求一致,可以共同寻找解决方案。

第三,中国与东盟的经贸活动正不断深化,两者的经济关联呈现日渐密切的态势。自 2009 年以来,中国一直是东盟第一大贸易伙伴;2020 年开始,东盟也连续两年成为中国第一大贸易伙伴,并且于同年中国成为东盟第二大 FDI 来源国,东盟成为中国最主要投资目的地之一,占中国对外直接投资总额的 10.5%;截至 2020 年,中国在东盟在建及已建成共 41 个海外产业园区;2021 年,中企在东盟宣布的海外并购额占中企在全球并购总额的 26.8%。随着中国与东盟经贸关系的升级,中国与东盟的企业对于投资贸易活动的合作意愿也在增强。深化中国与东盟的经济合作将有利于双方培养大型的跨国企业,提升本国企业的国际竞争力,加快经济转型。中国和东盟也可以借鉴日本学者赤松要的"东亚雁行理论",形成中日韩带头,泰国、马来西亚等国家居中,东盟北部国家如越南、柬埔寨、老挝、缅甸处于雁尾的产业链格局,并以这种产业链格局带动整体区域的发展。

第四,东盟的营商环境和国家治理结构得到了很大改善,有利于加强经济贸易和投资合作。30 年前我到东盟时,看到的东盟与现在截然不同,东盟国家在国家治理体系和国家决策方面取得了长足的进步。因此,中国与东盟的合作有进一步深化和改进的空间,中国与东盟可以尝试将经济合作从点对点贸易和投资,转变为产业链的线的概念,并通过产业链工业园的开发,实现大规模面的改善,进一步深化双方合作。

第五,中国与东盟合作可以让中国与外部世界更加紧密联系,促进中国扩大和深化经济开放。新加坡等国家可以利用服务业和制造业优势,让中国与外部相连。欧阳峣教授提到了亚洲的产业雁行结构,中日韩可以带头,泰国、马来西亚等国家居中,东盟北部国家,如越南、柬埔寨、老挝、缅甸,可以在雁尾,形成较好的产业链整合,包括服务业和制造业。新加坡的开放程度和营商环境属于世界一流,特别是在制度性开放领域有许多值得借鉴和推广的地方。因此,中国与东盟合作,可以让中国与外部世界交流,对中国和东盟的未来发展具有积极作用。

当然,中国和东盟国家的经济发展都面临着巨大挑战。第一,实现科技引领的产业升级是中国和东盟国家面临的首要挑战,也是摆脱中等收入陷阱的关键。第二,高水平城市化的挑战。东盟许多国家的城市化发展水平较低,而中国的城市化发展处于中高水平。中国和东盟可以就城市化发展开展切实合作,相互交流,借鉴经验。第三,未来合作对各国治理体系和治理能力的挑战。在未来合作中,中国和东盟应如何发现并照顾合作国家的切身需求?中国在外部发展的硬实力是毋庸置疑的,基础设施建设和科技创新能力在全球受到广泛赞誉,但我认为中国的软实力则是对外交流中的短板。

三、中国与东盟的经济合作和文明交流

区域经济合作离不开文明的交流互通,没有坚实的信任基础,经济合作也无从谈起。因此,加强"一带一路"以及亚洲的经济贸易投资合作,都需要更加重视文化的交流和文明的互学互鉴。中国与东盟之间的互相交流、互学互鉴,应以文化文明交流为先导,建立信任的基础,以经济和发展为共同目标,理解与尊重双方需求,打造包容互惠的合作关系。

在"一带一路"过去的 10 年,中国的有些项目不很成功,一个重要原因是软实力或文明交往方面的缺失。许多深层次困境和矛盾需要通过文明和文化交流来解决,文明和文化交流是促成经贸合作的前提。在"一带一路"第二届高峰会议之前,我在国务院咨询时提到,

"一带一路"不能采用大集团作战方式，不能直接将大集团开拓至海外，而是必须在大量试探后才能将大部队开拓至海外。前期工作侧重于对文明和当地国情的了解，如果没有深入了解，匆忙派出大兵团作战就容易失误。因此，中国的不足之处在于对其他国家的文明和文化的了解还不够深入。曼德拉曾经说过："当你用他能理解的语言交流时，他会把话听在耳朵里，只有当你用它的文明、文化和历史这种能让他感同身受的交流方式来讲时，他才会把话听在心里。"我们现在更多是"听在耳朵里"，容易左耳进右耳出，距离"听在心里"还有很长的路要走。中国和东盟需要做到相互理解和信任，特别是当前中国和东盟面临着外部的冷战思维、意识形态偏见以及西方媒体的舆论攻击等诸多挑战。我在李光耀学院长期教授"China and Global Economy"的课程，参加我课程的是其他各国的学生。我惊讶地发现，即使是来自发展中国家的学生，他们对中国的"一带一路"和中国的发展都非常不理解，原因在于他们每天只看英文书籍和英文报纸，而这些英文书籍和报纸的立场往往有失偏颇。因此对中国而言，软实力的提升至关重要。我认为，当前中美正处于"囚徒困境"之中，我们希望中美可以将发展中国家作为桥梁，开展广泛、立体的交流，取得互信，从而打破非此即彼的二元对立零和游戏。

从经济学角度而言，"一带一路"是人类伟大的实践，也是众多发展中国家所渴求的合作模式。因为经济发展的推力主要来自三个方面：物质基础设施、人力资本和国家治理体系及能力。许多发展中国家，尤其是幅员少而贫困的国家，往往在以上这三个方面有所欠缺。"一带一路"向全世界分享中国的基础设施建设能力，帮助那些无法形成规模经济、没有科技引领的国家，形成经济发展的推力，例如"老挝—中国高铁项目"。"一带一路"是我们所期望的人类发展的突破口,是"新型"全球化。"老型"全球化是以美国为引领的,沿着南北方向的,并以金融投入为主导的全球化。美国领导的全球化缺乏包容性,即底层劳动者和人民受惠不多。"一带一路"引领的全球化方向是东西循环,在发展中国家之间循环。它主要通过基础设施的提升,引领产业发展,使更多的普通民众受惠,令他们获得就业以及生活水平的提升,更具包容性。这种新型全球化是我们全球未来发展的新方向。

当前,经济全球化受到很大阻碍,但这种阻碍并非来自经济本身。我经常在海外论坛上提到,"一带一路"的困境不在于融资、债务负担、经济因素和项目困难,而主要来自国际地缘政治。国际地缘政治是"一带一路"发展的最大风险。"一带一路"对未来发展极为重要,特别是对亚洲国家而言更是如此。我们院长曾做过一个研究,在1980 年代,全球经济重心位于大西洋中心,西岸是北美,东岸是西欧。随着"一带一路"的逐步推进,全球经济重心逐渐向东移动,预计2050 年将转移至以缅甸为中心的 6 小时飞行圈,北部包括中国、日本和韩国,南部有东南亚,并延伸至澳大利亚与新西兰,共 9 个国家,西部则包含南亚等地。因此,"一带一路"将使亚洲成为全球的经济发展重心。

亚洲文明和经济合作具有十分重大的意义,尤其是"一带一路"的陆上丝绸之路更是意义非凡。中国过去十年在陆上丝绸之路取得的成果,比海上丝绸之路取得的成果更丰硕。与陆上丝绸之路的沿线国家相比,中国的比较优势更明显。因为大部分海上的丝绸之路的沿线国家,在以前已经与美国达成过一部分经济合作,基础设施较为完备,所以中国的比较优势并不突出。过去十年,陆上丝绸之路合作对许多路属国家的经济产生了极大的促进作用。许多路属国家现已成为路通国家。"一带一路"联通全球的贸易,使得南南合作重新回到全球主舞台上。许多"一带一路"沿线的发展中国家,需要医疗水平和生活水平的提升,需要更好的物质生活和精神生活。"一带一路"正在让这些愿景成为现实,南南合作也正成为世界的主流。联合国经合组织统计显示,全球北北国家(发达国家)的贸易量在下降,南南国家(发展中国家)的贸易量持续上升,南南国家的贸易已经占了全球总贸易量的60%以上,而北北国家占了不到40%。发展中国家中的每一个国家都相对较弱小,购买力和经济体量都比较小,但由于数量众多,发展中国家集团的发展潜力巨大,并将成为世界经济增长的重要引擎。

统计显示,去年中国出口到发达国家和发展中国家的贸易量,已经发生了改变。以往,中国向发达国家出口的贸易额,一直高于向发展中国家出口的贸易额,但从去年开始,中国向发展中国家出口的贸易额,已经超过向发达国家出口的贸易额。从最近几次中国政府报告中可以看到,"一带一路"带来的投资和贸易已经超过美国对华制裁所导致的损失,特别是中亚、东盟国家与中国的贸易和投资活动日益紧密联系。在中国与东盟的经济合作中,我们应当如何将文明交流和互鉴为先导,切实增进双方互信,推进合作呢?东盟国家具有民族多样性和宗教多样性的特点。实际上,中国与东盟打交道并不容易。据我观察,"一带一路"项目在东盟的收获或损失,与我们如何处理文明和文化问题息息相关。相互尊重,互学互鉴,了解与欣赏不同的文明特色和文化差异,充分认识各个国家的文化多样性与丰富内涵非常重要。我们应当开放包容地欣赏不同文化的差异，才能从心底里，从 DNA 中建立起全球命运共同体的认识，深入考虑彼此的发展需求，加深彼此的信任，互利共赢，突破发展瓶颈。

　　全球面临着巨大的挑战，当前的世界非常脆弱。过去三年疫情防控中，我们看到任何一个国家都无法独立应付全球的政治、经济和社会发展等方面的挑战。全球各国只有携起手来，深入了解各国的需求，以需求为导向进行合作，才能应对未来可能出现的各种挑战。

第十二章　共建绿色未来：中国—东盟区域绿色价值链的机遇与挑战

杨逸夫

一、引言

"绿色价值链"是指在产品或服务的生产、交付和消费过程中，通过整合环保理念、可持续发展原则以及高效资源利用等绿色实践，构建起的一系列相互关联的环保和可持续发展环节（陈诗一等，2022）。绿色价值链强调了整个价值链中各个环节对环境的影响，并致力于最大限度地减少负面影响，推动社会、经济和环境的协同发展，其核心目标是实现生产和消费模式的可持续性，从而为社会创造长期经济、环境和社会价值。

联合国可持续发展目标（SDGs）提出了包括清洁水源、贫困消除、气候行动在内的 17 个目标，各国通过努力实现这些目标，共同推动了全球绿色经济的发展。为更好地适应全球绿色经济的发展趋势，各国开始构建全球绿色价值链，这意味着通过跨国合作，整合全球资源，提高绿色技术和产品的生产效益，形成全球性的可持续发展网络(沈静等,2019)。这一努力不仅可以有效应对环境问题,还有望推动全球绿色产业的繁荣。国际社会对绿色经济的认同为各国合作提供了有力支持,在全球范围内建立了绿色技术创新、环境治理等多领域的国际合作机制,为各国共同参与全球绿色经济的建设提供了有益的国际环境,也为构建全球绿色价值链创造了积极的条件。

近年来,中国与东盟地区的关系发展呈现出日益密切的趋势。经济合作不仅在规模上迅速扩大,而且在领域上不断拓展,使得双方之间的合作关系更加全面和多层次。双方在贸易领域建立了紧密的伙伴关系,双方贸易规模不断扩大,涉及的领域逐渐拓宽,既包括传统产业如电子产品、纺织品等,也涵盖了新兴领域,如清洁能源设备、环保技术等,这为构建区域绿色价值链提供了充足的物质基础(根据国务院新闻办相关资料整理)。人文交流也一直是中国—东盟关系的重要支撑。通过文化、教育、旅游等方面的交流,两地民众相互了解,增进友谊。人文纽带的加强为共同构建绿色价值链提供了社会基础,为合作增添了人文关怀的元素。

面对全球气候变化的严峻形势,中国与东盟国家共同认识到构建绿色价值链是应对气候挑战的有效途径。双方在国际气候变化谈判中密切协作,共同推动可持续发展议程,形成了共同的价值观和目标。中国与东盟地区的合作正是在绿色经济这一大背景下蓬勃发展,也为双方共同参与全球绿色经济建设提供了广阔的机遇(成新轩等,2023)。在这个过程中,中国—东盟绿色经济合作不仅受益于国际环境的积极变革,同时也为国际社会的绿色发展事业贡献了中国和东盟的智慧与力量。

作为地区性自由贸易协定,区域全面经济伙伴关系(RCEP)将进一步促进中国与东盟国家之间的贸易和投资便利化,为构建绿色价值链提供更广阔的市场和更便捷的合作机制(王勤等,2022)。RCEP涉及15个亚太地区的国家,旨在促进贸易和经济合作,加强区域间国家的经济联系。RCEP协定强调了绿色经济和可持续发展的原则,鼓励各方在环境友好型和创新型产业领域加强合作(许勤华等,2021)。在这一框架下,中国与东盟国家可以共同开发绿色技术,推动清洁能源利用,发展循环经济等方面的合作,构建符合可持续发展目标的绿色产业链(黄海蓉等,2023)。通过在RCEP框架下推动绿色价值链,也可以促使区域间国家在可持续发展方面取得共同进展,加强整个区域的经济一体化,为建设绿色价值链提供了政策支持和制度保障。然而,构建绿色价值链目前也面临一些挑战,如技术水平存在差异、技术标准不一、产业结构需要匹配等。因此,双方需要进一步加强沟通,制定统一的标准和规范,促进绿色产业链的顺利对接。通过系统性分析,本研究旨在总结中国与东盟国家在绿色产业合作方面面临的机遇和挑战,并提出切实可行的建议,以促进双方在这一领域的合作发展。

二、中国—东盟绿色价值链合作

在RCEP以及《中国—东盟环境合作战略及行动框架2021—2025》下,中国与东盟国家之间的绿色价值链合作在可再生能源、清洁技术和环保产品等领域展现出活力和潜力。本部分将专注于审视这一关系,特别关注双方在上述领域的合作,以及已经取得的成果和经验。通过对这些方面的深入分析,本文总结了现有的合作模式,评估取得的进展,并提出可能的改进建议。

(一) 可再生能源合作

中国拥有丰富的技术和资金,尤其在可再生能源和清洁技术领域,而东盟国家则拥有丰富的可再生能源资源,如阳光和风能。这种互补性使得双方可以在合作中实现优势互补,促进可再生能源的开发和利用。

东南亚地区拥有丰富的日照资源,阳光充足,这为开展光伏发电项目提供了天然的优势。中国企业在东盟地区已经投资并建设了多个太阳能项目。这些项目不仅令当地受益,还在技术水平和产业规模方面取得了可观的进展。在马来西亚、泰国和越南等国,中国企业积极参与太阳能发电站建设,为当地能源结构的升级提供了有力支持(根据中国"一带一路"网相关资料整理)。

风能是中国与东盟国家合作中另一个备受关注的领域。中国在风能技术和设备方面的引入为东盟地区提供了可行的解决方案。共同开展风能项目,不仅有助于满足东盟国家不断增长的能源需求,还为中国企业开拓海外市场提供了宝贵机遇。在实际合作中,中国企业与东盟国家共同建设风力发电项目,推动了当地清洁能源的开发。在印尼和菲律宾等地,中资企业与当地政府合作兴建风电场,为区域电力供应注入了更多绿色元素(根据远东控股集团有限公司官网整理)。

在水能利用方面,中国企业与东盟国家共同开发水电项目,充分利用区域内丰富的水资源。这些合作不仅为东盟国家提供了稳定的清洁能源,也通过跨境水电合作强化了双方在能源领域的紧密联系。中国企业在老挝和柬埔寨等东盟国家投资兴建水电站,实现了跨境电力输送,推动了整个地区清洁能源的可持续发展(根据观察者网资料整理)。

(二)清洁技术合作

清洁技术的研发和应用是中国与东盟国家合作的另一个重要领域。通过共同努力推动清洁技术的创新,双方实现了多个领域的合作,包括但不限于环境监测技术、废物处理技术等。

中国与东盟国家在环境监测技术方面的合作持续取得显著进展。通过共同研发先进的监测设备和技术,双方可以实现对大气、水质、土壤等环境要素的实时监控,涌现了一系列成功案例。例如,在大气环境监测领域,中国的高精度光学空气质量监测传感器,能够快速响应空气污染事件,能够为及时采取环境保护措施提供有力支持(据中国气象局官网)。在水质监测方面,中国产出的水质传感器系统在多个水域投入使用,实现了对水体污染源头的精准监控和定位(据深圳市政府官网)。此外,通过共同努力研发的土壤监测技术,双方成功实现了对农业面源污染等问题的有效管控(据南京农业大学官网)。技术领域的合作不仅提升了环境监测的精度和覆盖范围,同时也为共同应对跨境环境问题提供了实质性的技术支持;不仅有助于双方更好地了解和管理各自国家的环境状况,更为联手解决全区域性的环保挑战提供了坚实基础。

废物处理技术合作成为中国与东盟国家合作的又一亮点。中国以其在废物处理和资源化利用方面的丰富经验为基础,通过与东盟国家分享技术和管理经验,共同探索高效、可持续的废物管理方案。例如,中国与东盟有序推动海洋环境保护与微塑料垃圾防治,开展中国—东盟海洋生态环境保护与塑料垃圾污染防治合作(据中国海洋发展研究中心官网）。这种密切合作不仅在废物减量和资源回收利用方面取得了实质性的成果，也为改善城市环境质量、构建绿色价值链提供了切实可行的解决方案。通过共同致力于推动废物处理技术的创新和应用，中国与东盟国家共同迈向了更加清洁、可持续的未来。

（三）环保产品贸易

环保产品贸易在中国与东盟国家之间持续蓬勃发展，涵盖的领域涉及可回收材料、节能设备、低碳技术等多个方面。双方的共同努力，推动了这些领域的国际化合作，促进了全球环保产业的繁荣。通过积极参与环保产品贸易，中国与东盟国家共同致力于构建绿色经济体系，为地区的可持续发展注入新的动力。

中国与东盟国家在可回收材料领域可以进行有力的绿色贸易合作（据中国石油和化学工业联合会会长李寿生）。通过共同建立绿色供应链，双方致力于降低资源浪费，提高资源利用率，为企业创造了更加可持续的生产和经营环境。这种合作不仅有助于减少对有限资源的过度开采，还推动着循环经济的健康发展。通过引入高效的收集、分类、再加工体系，成功地将废旧材料转化为高品质可回收资源。这不仅降低了环境负担，也为双方创造了经济效益。

在节能设备与低碳技术领域，中国企业与东盟国家形成了积极而富有成果的合作。中国企业在东盟市场上取得了令人瞩目的成绩，通过引入先进的低碳技术，成功提升了东盟国家的能源效益。这一合作不仅为双方带来了经济效益，更为可持续发展目标贡献了实际行动。通过共同探索、研发和推广低碳技术，中国和东盟国家共同努力降低温室气体排放，实现了双方在应对气候变化方面的共同承诺。中国企业在东盟地区引入先进的节能设备,为当地实现能源效益提升、碳排放减少提供了切实的解决方案(据人民网)。

新能源汽车成为中国与东盟国家合作的新兴领域。双方共同致力于推动电动汽车技术的研发、生产和推广,通过合作建设充电基础设施、制定支持政策等方式,共同推动新能源汽车产业的快速发展(据人民网)。中国企业在电池技术、电动汽车制造等方面积累了丰富经验,为东盟国家提供了合作机会。同时,东盟国家在提供丰富的矿产资源、市场需求等方面为中国新能源汽车企业提供了广阔的发展空间。其中,中国企业在电动汽车领域的技术创新和市场推广成就显著,与东盟国家的合作不仅为双方注入了新的动力,也为区域内的绿色交通作出了积极贡献。

绿色基建也成为中国与东盟国家合作的重要领域。通过合作建设风电场、太阳能电站、智能城市基础设施等项目,中国与东盟国家共同落实了对环境友好型基础设施的承诺。中国企业在绿色基建领域拥有丰富的技术和经验,为东盟国家提供了技术支持和合作机会(据国家发改委官网)。同时,东盟国家的市场需求和区位优势为中国企业在绿色基建领域的拓展提供了广阔的市场空间。这种合作不仅推动了区域内基础设施的升级,也为双方打造更加环保、智能化的未来奠定了基础(林学艺,2021)。中国与东盟国家在绿色基建领域的合作既促进了经济增长,又实现了对环境可持续性的关切,为构建绿色价值链贡献了积极力量。

中国—东盟在环保电子产品领域的合作也具有重要意义(张群,2023)。目前,双方致力于推动电子行业朝着环保和可持续的方向发展,合作的关键方面包括能效标准、绿色设计与生产、电子废物管理、环保认证和标签、技术创新、循环经济以及消费者教育（据北京大学汇丰商学院数字经济国际专题报告）。在能效标准方面，双方共同制造并推广符合环保标准的电子产品，以最大限度减少能源消耗。通过推动绿色设计和生产，双方努力将环保理念融入电子产品的生产过程，采用可回收材料、减少有毒物质使用，从而降低产品的环境影响。双方也通过引入环保认证和标签，合作建立认证体系，为符合环保标准的电子产品颁发认证，为消费者提供清晰的信息，促使其作出环保选择。

（四）成果与经验

在构建中国与东盟国家绿色贸易关系的过程中，双方在环保技术创新、清洁能源合作以及环保产品贸易等领域取得了显著的合作成果与经验。这包括共同推动环保技术的创新，加强太阳能和风能等清洁能源的利用，以及初步形成的绿色价值链。这些合作成果不仅提高了双方在环保产业的竞争力，也为全球绿色经济的发展提供了示范和借鉴。这为未来深入发展绿色价值链奠定了坚实基础，同时为构建更加紧密的合作关系提供了有力支持。在后续部分，我们将继续探讨面临的挑战，并提出具体建议，以推动绿色价值链的深入发展。

三、机遇与挑战

在构建中国与东盟国家绿色价值链的过程中，涌现出许多机遇与挑战。RCEP 的市场潜力巨大，双方共同搭建绿色价值链，能更好地满足不断增长的绿色产品和服务需求。技术创新是推动合作的机遇,有助于应对环境问题,提高创新水平。同时,可持续发展目标的实现也是一个机遇,为经济增长与环境保护找到平衡点。然而,双方的技术发展水平不同、技术转移的法律保护不充足、环保标准不一致、市场准入存在障碍等诸多挑战存在,需要双方共同努力解决,确保绿色价值链的顺畅发展。这些机遇和挑战共同塑造了构建绿色价值链的复杂背景,需要双方共同努力克服,推动合作不断向前发展。

(一) 机遇

1. 市场潜力

中国和东盟地区作为全球最大的市场之一,为绿色价值链合作提供了广阔而丰富的商机。这一庞大市场的存在,不仅代表着巨大的商业机会,更为绿色价值链的合作创造了良好的商业环境和发展前景。

首先,中国和东盟地区的市场规模庞大,拥有数以亿计的潜在消费者。随着人们环保意识的提升,对绿色产品和服务的需求也不断攀升,为合作双方带来了广泛的市场需求。合作搭建绿色价值链,将能够更好地满足这一迅速增长的市场需求,促进双方绿色产业的健康发展。其次,合作搭建绿色价值链还将推动技术和创新的跨境流动。中国在绿色科技和可持续发展领域取得的创新成果可以在东盟市场得到应用,而东盟地区独特的资源和市场特点也将为中国企业提供丰富的发展机遇。这种技术和创新的跨境流动不仅有助于提高双方的竞争力,还将为地区的整体可持续发展贡献更多动力(张彦,2023)。最后,通过搭建绿色价值链,双方将共同参与到一个相互促进的合作体系中,形成规模优势(欧阳峣等,2023)。在这个体系中,中国和东盟国家可以共享经验、资源、市场信息,形成互补性和协同效应,共同推动绿色产业的发展。这种全方位的合作势必将为区域经济注入新的经济增长点,推动双方构建更加绿色、可持续的未来。因此,市场潜力的巨大规模是中国—东盟绿色价值链合作的重要动力和战略优势。

2. 技术创新

中国—东盟绿色价值链的合作不仅是双方实现共同繁荣的关键,更是推动绿色技术创新的助推器。通过合作共享技术资源和创新成果,中国和东盟能够更加高效地应对共同的环境问题,实现更加可持续的发展。

举例说明,双方的技术合作能为清洁能源和可持续交通等领域的技术创新提供战略性支持。清洁能源是绿色产业的核心。通过共同研发和应用最新技术,合作双方推动太阳能、风能等清洁能源的更广泛使用,以降低对传统能源的依赖,实现能源结构的转型升级。可持续交通方面,合作助力双方实现更环保、高效的交通体系。共同研究新型交通工具、推动电动车辆的普及,以及优化交通管理系统,都将是中国—东盟绿色价值链合作中的重要组成部分。这不仅有助于解决交通领域带来的环境压力,还为城市可持续发展提供了创新的解决方案。

3. 实现可持续发展目标

可持续发展是构建中国—东盟绿色价值链的核心目标之一,旨在实现经济增长与环境保护的良性互动,为地区居民提供更高生活质量的同时保护生态环境。通过共同努力,中国—东盟能够在以下几个方面实现可持续发展目标,促使绿色价值链的稳健发展:

首先,合作建设绿色价值链有助于推动经济增长。绿色产业的发展将为中国—东盟地区注入新的经济动能,创造更多就业机会,提高居民收入水平。清洁能源、环保科技、可持续交通等领域的发展将成为新的经济增长点,助力中国—东盟实现经济结构的升级和多元化。其次,绿色价值链的构建有助于环境保护。通过引入更多清洁能源、环保技术和绿色产品,合作双方能够减缓对传统资源的过度开采,降低对环境的污染和破坏。这将为地区的生态平衡和生物多样性保护提供有力支持,实现环境可持续性。最后,绿色价值链的建设将对地区居民的生活质量产生积极影响。通过提供更多清洁、健康、环保的产品和服务,绿色价值链有助于改善居民的生活条件。从食品、交通到居住,合作双方可以共同探索绿色生活方式,使居民享受到更多环保、健康、可持续的生活选择。

4. 政策支持

中国—东盟在推动绿色发展方面采取积极措施,通过提供全面的政策支持,为构建绿色价值链创造了良好的政策环境。在这一努力的背后,RCEP 的签署更是为东盟与中国的合作提供了坚实的法律框架,为双方开展更为便利的贸易合作奠定了基础。

首先,RCEP 成员国在绿色发展领域积极推动政策举措。各个成员国纷纷制定并实施了绿色发展战略,通过财政、税收等手段激励企业投资于清洁能源、环保科技和可持续发展领域(郅曼琳等,2023)。政府间的合作和政策的衔接使得中国—东盟地区在环保方面形成了协同推进的态势,为绿色价值链的构建提供了政策基础。

其次,RCEP 的签署为东盟与中国的合作提供了法律框架。RCEP 作为一个区域性的自由贸易协定,为成员国之间的贸易合作提供了明确的法规和规范。这为东盟与中国在绿色贸易领域展开合作提供了法律基础，降低了贸易壁垒，促进了双方绿色产品和服务的畅通流动。然而，双方合作所面临的挑战也不容忽视，中国与东盟国家需要共同努力、加强合作，通过科技创新、政策制定和可持续发展等手段，确保绿色价值链的稳健运行，实现共同的绿色发展目标。

（二）挑战与应对

1. 发展水平不同

中国—东盟在经济和技术等领域发展水平不同，这可能也是最大的挑战。合作伙伴们需要积极应对这一挑战，确保合作的可持续性和各方共同受益。这种差异既是合作中的挑战，也是促使各国互相学习和支持的机遇。首先，中国—东盟的不同发展水平意味着在绿色价值链建设中，各国可能面临不同的技术、管理和市场挑战（张媛，2023）。为了有效合作，合作伙伴需要共同努力解决技术水平的不均衡，通过技术创新和经验分享实现技术的共同提升。这种协作将助力弱势国家更好地整合到绿色价值链中，实现经济的可持续增长。其次，发展水平不同可能导致资源配置不平衡。合作伙伴需要借助合作机制，通过平等互惠的方式促使资源更加合理地分配。技术援助、培训计划和共同研究项目是促进资源平衡的有效手段，有助于巩固区域内的绿色合作网络。此外，了解和尊重每个国家的独特国情，制定差异化的合作策略也是解决不同发展水平带来的问题的关键。在合作项目的设计和执行中，需因地制宜，根据各国的特殊需求和资源配置，制订更具体、可行的方案。

2. 技术转移公平

在绿色技术合作的进程中，技术转移的公平性至关重要。面对这一问题，各方需要制定明确的政策和机制，以确保技术在合作中得到公平共享,从而推动全方位的可持续发展。

首先,建立透明的技术转移机制是解决问题的基础。各国合作伙伴应当共同制定明确的技术转移政策和标准,明确技术所有权、使用权和受益权等方面的规定。透明的机制可以减少不确定性,增加各方对合作的信任,推动技术更加自由、平等地在合作中流动。其次,要建立评估和监测机制,确保技术转移的效果得到及时评估。通过定期的技术评估,各方可以了解技术转移的实际效果,并对合作进行必要的调整。这有助于确保技术合作取得可持续的进展,最大限度地发挥技术的价值。同时,合作伙伴还应加强知识产权保护,为技术转移提供合理的法律保障。确保知识产权的公正保护有助于激发创新热情,鼓励技术创新者积极参与合作,从而更好地分享绿色技术的创新成果,促进全球可持续发展目标的实现。

3. 环保标准差异

在推动绿色价值链的畅通发展过程中,各国环保标准的差异可能成为合作中的障碍。因此,建立共同的环保标准和认证体系是至关重要的,以确保合作伙伴在绿色领域达成一致,促进可持续发展。

首先应该看到,制定共同的环保标准有助于降低合作成本并提高效率。各国若能在环保要求上达成共识,企业在生产和运营过程中将更容易遵守相关规定,从而减少因难以适应不同标准而引起的不必要的困扰。共同标准的制定可以促使企业更好地规划和实施环保措施,推动整个绿色价值链的协同运作。更进一步,建立统一的认证体系有助于提高产品和服务的市场可信度。统一的认证标志将减少因不同国家标准差异而引起的混淆,使得消费者更容易辨认和选择绿色产品和服务。这将鼓励企业更加积极地投入绿色领域，促使整个绿色价值链更具吸引力。此外，共同的环保标准和认证体系也有助于推动技术创新。通过在标准的基础上不断进行研发和创新，各国可以共同探索更为先进的环保技术和解决方案。这将为整个绿色价值链的可持续发展提供动力，推动绿色技术的不断升级。

4. 市场准入障碍

在贸易合作中，市场准入障碍可能成为合作伙伴面临的一项重要挑战。为了确保双方在贸易中能够实现公平竞争，需要通过政策对话和协商来积极解决可能存在的市场准入问题。

政策对话是解决市场准入障碍的关键手段。通过定期的高层对话和政策磋商，双方可以就市场准入政策进行深入的交流，理清彼此的立场和关切。这种对话平台不仅有助于发现潜在的问题，还能够促成对策的共同制定，为双方企业提供更加透明和稳定的贸易环境。

而协商机制是解决争端的有效途径。在贸易合作中，难免会出现一些纠纷和分歧，特别是涉及市场准入的政策执行问题。建立有效的协商机制，使得双方能够通过友好谈判解决分歧，避免争端升级，从而保障合作的稳定性和可持续性。

促进信息共享也是解决市场准入障碍的一项重要手段。通过建立信息共享平台，双方可以及时了解对方的市场准入政策和法规变化，从而更好地调整自身策略，避免因信息不对称而引发的问题。

最终，确保市场准入的公平竞争对于促进贸易合作的长期健康发展至关重要。通过政策对话、协商机制和信息共享，中国—东盟地区可以建立起更加公正透明的市场准入环境，为双方企业提供更大的发展空间，推动贸易合作不断向前发展。

5. 气候变化

气候变化是一个全球性的长期挑战,对于绿色价值链的影响尤为显著。中国与东盟国家在面临这一挑战时,需要共同努力采取有效措施,以确保绿色价值链的可持续性。

首先,加强合作是面对气候变化挑战的必然选择。双方可以通过加强技术创新、共享最佳实践和加强政策协同等方式,共同研究并推动更具适应性和韧性的绿色技术与解决方案的发展。这样的合作有助于降低双方企业在气候变化不确定性下的风险,提高绿色价值链的整体稳定性。其次,建立应对气候变化的政策框架是至关重要的。中国与东盟国家可以共同制定和实施适应性强、具体可行的气候变化政策,以降低气候变化对于绿色价值链运作的不利影响。这包括在可再生能源、节能减排、碳市场等方面进行政策协同,形成共同应对气候变化的合力。此外,共同推动可持续发展议程也是缓解气候变化带来挑战的有效途径。通过共同努力,中国与东盟国家可以在生态保护、资源管理和社会责任等方面合作,推动可持续发展的实现。这不仅有助于应对气候变化所带来的直接挑战,还为绿色价值链的未来发展奠定了更为健康的基础。

四、结论

研究通过对中国与东盟国家在构建区域绿色价值链中所面临的机遇与挑战进行深入分析,旨在为双方未来的合作提供有益的政策建议。在全球绿色发展的背景下,中国与东盟地区处于共同应对环境挑战、推动经济可持续发展的前沿。随着全球关注可持续性的不断增加,本文认为中国与东盟国家在构建绿色价值链方面将迎来更多的合作机遇。

全球绿色发展的大背景为中国与东盟国家提供了共同应对气候变化和环境问题的契机。在构建绿色价值链的过程中,双方能够借鉴彼此的经验,共同研发绿色技术,推动清洁能源和环保产业的创新。这不仅有助于提升双方在全球绿色产业中的竞争力,也为地区可持续发展注入新的动力。

而合作机遇具体体现在共同应对全球环境问题的紧迫性。中国与东盟国家在面对气候变化等挑战时,携手合作构建绿色价值链,不仅能够更好地实现资源优势互补,还有望加速技术创新和知识传递。这种紧密的区域合作将为双方创造更为灵活和强大的应对机制,有助于共同应对环境变化带来的挑战。

在这一背景下,本文提出了一系列政策建议,包括但不限于促进清洁技术创新、加强环境监测合作、推动可再生能源合作等。这些政策建议旨在为中国与东盟国家在绿色价值链合作中提供战略指导,推动双方更深层次的合作,共同推进区域绿色经济的发展。整体而言,中国与东盟国家在绿色价值链构建中将面临新的机遇与挑战。通过深刻分析,本文为双方提供了在全球绿色发展背景下深化合作的政策建议,期望能够为推动经济可持续发展、共同应对全球环境挑战作出积极贡献。

参考文献

[1] 陈诗一,许璐."双碳"目标下全球绿色价值链发展的路径研究[J].北京大学学

报(哲学社会科学版),2022,59(02)：5－12.

[2] 成新轩,宋长钰.中国参与亚太区域价值链合作模式的特征事实与未来选择[J].
国际经贸探索,2023,39(10)：60－79.DOI：10.13687/j.cnki.gjjmts.2023.
10.006.

[3] 欧阳峣,袁礼,汤凌霄.市场规模优势研究：理论逻辑与前景展望[J].财贸经济,
2023,44(09)：91－107.DOI：10.19795/j.cnki.cn11－1166/f.20230905.004.

[4] 黄海蓉,蒋伏心.中国—东盟价值链合作模式演变及影响因素分析[J].世界经济
与政治论坛,2022,(04)：90－111.

[5] 林学艺.中国与东盟十国基础设施互联互通对全球价值链分工地位的影响[J].
商业经济研究,2021,(23)：142－145.

[6] 沈静,曹媛媛.全球价值链绿色化的概念性认知及其研究框架[J].地理科学进
展,2019,38(10)：1462－1472.

[7] 王勤,金师波.RCEP对东盟经济发展和区域整合的影响[J].亚太经济,2022,
(02)：1－7.DOI：10.16407/j.cnki.1000－6052.2022.02.017.

[8] 许勤华,袁淼.RCEP开启区域全面可持续发展进程[J].现代国际关系,2021,
(03)：49－55+30.

[9] 张群.中国—东盟数字经济产业合作的机遇、挑战与前景[J].国际关系研究,
2023,(03)：43－61+156－157.

[10] 张彦.全球价值链调整下的东盟制造业发展[J].东南亚研究,2020,(02)：16－
39+153－154.DOI：10.19561/j.cnki.sas.2020.02.016.

[11] 张媛.东盟国家产业园发展前景及中国企业的机遇[J].广西社会科学,2023,
(07)：57－66.

[12] 郅曼琳,范祚军,王鹏宇.投资合作对中国与东盟国家全球价值链地位的影响
[J].统计与决策,2022,38(23)：143－147.DOI：10.13546/j.cnki.tjyjc.2022.
23.027.

第十三章 中国—新加坡自贸协定优惠原产地规则构建的影响因素研究

朱珠

一、引言

优惠原产地规则作为中国—新加坡自由贸易协定的重要组成部分,目的是确保自贸协定缔约国双方是协议的主要受益者,防止非缔约国之间的"搭便车"行为。一方面,合理的优惠原产地规则会提高缔约国企业对自贸区的利用率,有助于优化资源配置效率,促进缔约国双方贸易互通和产业结构的升级。但另一方面,优惠原产地规则由于其限制性,被各国政府用于保护国内相关产业,逐渐成为一种隐性的贸易保护手段。优惠原产地规则逐步成为自由贸易协定中各缔约国政府的重要政策工具。因此,自贸协定缔约国政府在签订自贸协定时,需要考虑自贸协定中优惠原产地规则设置的合理性。

现有大部分文献侧重对优惠原产地规则产生的经济效应展开研究。这些文献忽略了优惠原产地规则可能是内生决定的这一问题。理论认为进口规模越大,可导致进口渗透率越大,利益集团通过产业游说、政治手段等干预优惠原产地规则的制定,从而在自贸协定中设置较为严格的原产地规则保护自身利益的可能性越高。这说明优惠原产地规则在为自贸协定缔约方创造更大市场的同时,其限制程度的设置同样受到诸多因素的影响。在产生更大经济效应的同时,优惠原产地规则反映了来自国内厂商的内部压力。

中新自贸协定谈判于 2006 年 8 月启动。2023 年 4 月,中国商务部与新加坡贸工部共同签署了《关于宣布实质性完成中国—新加坡自由贸易协定升级后续谈判的谅解备忘录》,实质性地完成两国自贸协定升级后续谈判。升级后的中新自贸协定是中国对接高标准国际经贸规则,扩大对外开放的重要举措和实际行动。因此,我们选择以中新自贸协定为对象,研究哪些因素影响了它的优惠性原产地规则的谈判和最终设置,希望从政治经济学视角来分析中新自贸协定中的原产地规则限制水平的选择行为。

二、中新双边贸易发展特征

自 2013 年"一带一路"倡议提出以来,中国连续 9 年成为新加坡最大贸易伙伴。2022 年中新双边贸易额为 7 715.4 亿元人民币,同比增长 27.4%。2023 年 1—7 月,中新双边贸易额为 4 447.4 亿元人民币,同比增长 15.2%。与此同时,新加坡已成为中资企业"走出去"开展贸易投资合作的主要目的地之一。中国对新加坡投资重点聚集在贸易、石油、航运以及电力等行业。

中新自由贸易区谈判于 2006 年 8 月启动,经两年时间于 2008 年10 月签署《中国—新加坡自由贸易协定》,《协定》于 2009 年 1 月生效。这是中国与东盟国家签署的第一个双边自贸协定。2018 年,双方签署自贸区升级协定,提升贸易便利化、原产地规则、经济技术合作、电子商务等领域规则水平。2020 年 12 月,双方对协定再次升级启动谈判。

2023 年 4 月,中国商务部与新加坡贸工部共同签署了《关于宣布实质性完成中国—新加坡自由贸易协定升级后续谈判的谅解备忘录》,确认实质性地完成两国自贸协定升级后续谈判。该协定是中国在自贸协定实践中首次采用负面清单模式作出服务和投资开放承诺。双方在原升级协定基础上,进一步提高服务贸易和投资开放承诺水平,新增电信章节,并纳入国民待遇、市场准入、透明度、数字经济等高水平经贸规则。双方还共同确认服务贸易和投资领域开放措施不回撤,以协定方式承诺彼此"开放的大门越来越大"。该协定是中国对接高标准国际经贸规则,扩大对外开放的重要举措和实际行动,将有力推动中新经贸合作迈上新台阶。

(一)国家层面

自中新双方签订自贸协定以来,其双边贸易迅速发展。目前,中方是新方第一大贸易伙伴,而新方也是中方重要的贸易伙伴之一。本文根据联合国数据库统计了中国与新加坡 2005 年至 2019 年双边贸易发展情况。

从中新双边贸易进出口总额来看,大体上呈逐年增长的趋势,从 2005 年的 331.47 亿美元增长至 2019 年的 901.94 亿美元,增长了 2.72 倍。其双边贸易发展状况大致可分为三个阶段。第一个阶段是 2005—2008 年,在此阶段中国对外开放程度不断加深,中新两国经济迅速发展,中新双边贸易实现快速增长。第二个阶段是 2008—2009

年,因受国际经济形势影响,中新双边贸易进出口总额经历了短暂下跌,双边贸易额由 2008 年的 524.77 亿美元跌至 2009 年的 478.63 亿美元,但之后实现了迅速回升。第三个阶段是 2009—2019 年,除 2016 年短时下滑外,在此期间中新双边贸易额实现了恢复增长,2019 年双边贸易额较 2009 年同比增长了 88.4%。同时在 2008 年成立的中国—东盟自由贸易区在很大程度上也加速了中新两国的贸易进程。

从出口额角度来看,在 2005 年至 2019 年的 15 年间,除 2005 年中新两国出口额大致相同,2006 年至 2019 年中国向新加坡出口量远超新加坡向中国出口量。并且随着中新自贸协定的建立以及全球经济的复苏,在 2010 年之后,中国对新加坡出口额和进口额均呈持续增长趋势,在 2015 年出口额达到最高 519.42 亿美元,进口额出现小幅下滑。之后受全球经济宏观环境影响,出口额和进口额在 2016 年均有短暂下滑,从 2017 年起又逐步回升,至 2019 年出口额达 549.64 亿美元,进口额达 352.3 亿美元。且自中新自贸协定成立以来,新加坡总进口量增长了 20.8%,但是自中国进口量增长了 76.98%。

总体上来看,虽然在 2008 年中新双边贸易受到美国次贷危机的影响,使得 2008 年签订的中新自贸协定没有迅速产生效果,但是随着经济的复苏,中新两国双边贸易实现了迅速增长。至今,中国仍是新加坡第一大贸易伙伴、第一大出口市场和第一大进口来源国。

(二)行业层面

根据 2005 年至 2019 年中新双边进出口行业贸易数据,中国自新加坡进口的二十一大行业中具有代表性的五大行业,即机械器具、化学产品、塑料橡胶、仪器仪表、矿物产品;中国出口至新加坡的二十一大行业中具有代表性的五大行业,即机械器具、运输设备、纺织产品、矿物产品、贱金属。

从图 13-1 可看出机械器具的进口量远高于其他行业,是新加坡向中国出口的主力产品。受国际经济形势影响,在 2009 年和 2015 年的进口贸易额出现短时下降,但很快出现迅速回升,占中国自新加坡总进口三分之一以上。进口额排名第二位的是化学产品。进口额排名第三位的是塑料橡胶,中国对于塑料橡胶的进口整体持平稳状态。进口额排名第四位的是仪器仪表。进口额排名第五位的是矿物产品。

图 13-1　中国自新加坡进口主要行业的贸易状况(单位: 亿美元)

资料来源:根据 UNCOMTRADE 数据整理计算。

对于中国出口至新加坡主要行业的贸易发展趋势,位居首位的仍是机械器具,其贸易形势呈阶段式的增长,在 2005 年至 2006 年间实现巨幅增长。位居第二位的是矿物产品。位居第三位的是运输设备。贱金属和纺织产品位居最后,这两大行业出口变化趋势类似,较为平稳(见图 13-2)。

图 13-2 　中国出口至新加坡主要行业的贸易状况（单位：亿美元）

资料来源：根据 UNCOMTRADE 数据整理计算。

三、中新自贸协定优惠原产地规则的制度特征

中新自贸协定中规定两种可获得货物原产地资格的商品：一是在中国或新加坡完全获得或者生产的产品；二是在中国或新加坡非完全获得或者生产的产品。在全球范围内的大多数自由贸易协定中，都将判定各缔约国出口的产品是否具备原产地资格的类别分为两种途径，即完全获得或者生产和非完全获得或者生产。中新原产地规则的内容相较其他自贸协定较为简单，且比较具体，将各产品细化到 HS6 位编码，其中将产品特定原产地规则所列产品的判定标准与主要判定标准进行区分。

对于完全获得产品的原产地规则，主要判别最终产品的生产全过程是否完全在自由贸易区缔约国境内完成。符合完全获得或生产的产品不得含有任何来自其他国家的成分或材料，因此其产品的原

产性较容易界定。在中新自贸协定中规定以下产品为完全获得产品：① 在其境内收获、采摘或收集的植物及植物产品；② 在其境内出生并饲养的活动物；③ 在其境内从第②项活动物中获得的产品；④ 在其境内狩猎、诱捕、捕捞、水产养殖、收集或捕获所得的产品；⑤ 从其领陆、领水、海床或海床底土开采或提取的除上述第①至④项以外的矿物或其他天然生成物质；⑥ 在该方领水以外的水域、海床或海床底土获得的产品，只要按照国际法的规定，该方有权开发上述水域、海床或海床底土；⑦ 在该方注册或有权悬挂该方国旗的船只在公海捕捞获得的鱼类及其他海产品；⑧ 在一方注册或有权悬挂该方国旗的加工船上完全采用第⑦项的产品进行加工或生产所得的产品；⑨ 在该方收集的既不能用于原用途，也不能恢复或修复，仅适于弃置或回收部分原材料，或者仅适于再生用途的物品；⑩ 完全采用上述第①至⑨项所列产品在一方生产或获得的产品。综上，经查询中新双边贸易产品 HS6 位编码可知，中新自贸协定原产地规则中完全获得商品主要为第一章至第八章、第十章至第十四章及第十六章部分产品。在前十七章即农作物产品中，完全获得产品占比为 85.6%。

对于非完全获得产品的原产地规则，由于产品的生产不局限于一个国家或地区内，因此需要判定这些产品的原产地资格。在非完全获得改变标准中，实质性改变标准起着重要作用。实质性改变的主要判定依据为区域价值成分（RVC），在全球不同自贸协定的原产地规则中对于区域价值成分的百分比确定值不同。一般情况下会确定固定的百分比区间，在我国以 40% 的区域价值成分（RVC40%）作为唯一判定百分比。在中新自贸协定中规定对于非完全获得或者生产的产品，若判定其原产地资格，除中新自贸协定中所列货物外，该区域价值成分比例不得少于 40%。此外,在中新双边贸易中计算货物的区域价值成分时,在货物的生产过程中生产商所使用的非原产材料的价值,不应包括随后在该货物生产过程中为生产原产材料而使用的非原产材料的价值。如货物的生产商在其所在一方境内获得非原产材料,该材料的价格不应包括将其从供应商的仓库运抵生产商厂址的过程中所产生的运费、保险费、包装费及任何其他费用。在中新自贸协定优惠原产地规则适用标准中,区域价值成分标准使用占比为 99% 以上,因此其为中新自贸协定优惠原产地规则中主要判定依据。

除区域价值成分外,中新自贸协定还规定了两种选择性标准适用于中新产品特定原产地规则,即税目改变标准(CTC)和加工工序标准(SP)。根据中新自贸协定,若产品满足产品特定原产地规则,应视为已经实质性改变的商品。因此在一方境内发生实质性改变的商品,应视为该方原产货物。在中新自贸协定中主要选取两种判定产品特定原产地规则的标准:一是唯一标准,二是选择性标准。唯一标准主要涉及完全获得的 8 种农产品与所属章(HS2 位编码)。选择性标准主要采取复合标准,即出口商既可采用区域价值成分不低于 40% 的普通规则,也可采用中新自贸协定中的选择性规则,其主要包括税则归类改变标准和加工工序标准。在税则归类改变标准中主要涉及产品所属章(HS2 位编码)改变、品目(HS4 位编码)改变,以及品目(HS4 位编码)改变且有例外情形。在加工工序标准中,中新自贸协定中规定非原产材料若想获得原产资格必须经过规定的加工工序。加工工序标准主要包含以下纺织材料和纺织品:一是纤维和纱线,二是织物/地毯及纺织材料的其他铺地制品,三是针织或钩编的服装及制成的其他纺织品。在第二和第三类中,还包含加工工序且有例外情形的标准。

综上,对于中新自贸协定优惠原产地规则主要应用区域价值成分不低于40%判定标准,此标准也被其他自由贸易区成员国广泛应用。在中新产品特定原产地规则中,税目改变标准和加工工序标准被用于区域价值成分不低于40%标准的补充。

(一)中新自贸协定优惠原产地规则的测算

根据1—7分赋值方法,以及中新《产品特定原产地规则》的具体划分,测算中新自贸协定优惠原产地规则的限制程度,并得出中新自贸协定优惠原产地规则限制水平赋值方法,结果如表 13-1 所示。基于原产地判定标准的限制性特征,对各标准进行排序和赋值:将原产地规则限制程度由1—7有序赋值,其中 1 表示原产地规则最为宽松,7 表示原产地规则最为严格。限制程度最高的是完全获得标准,赋值为 7。税则归类改变的限制程度由产品所属章(HS2 位编码)改变、品目(HS4 位编码)改变、子目(HS6 位编码)改变依次递减,并分别赋值为 6、4、2。一般来说,联合标准的限制程度高于选择或单一标准。因此,在第 64 章的标准中出现品目改变标准(HS4 位变化)且有例外情形或区域价值成分不低于 40%,将其赋值为 5.3,在第 60 章、61 章、63 章出现了有特定加工工序且有例外情形或区域价值成分不低于 40%,将其赋值为 4.8。

从各原产地规则标准占比来看,在中新自贸协定优惠原产地规则中,涉及区域价值成分不低于 40% 标准的产品占比最多,达76.38%;其次是完全获得标准的产品,占比为 13.61%;占比最少的产品标准为税目改变标准,只有一个,占比 0.02%。对比北美自贸协定的优惠原产地规则限制指数 5.57,泛欧优惠原产地规则限制指数为 5.17。根据本文测算,中新自贸协定优惠原产地规则限制程度的平均值为 4.4,从总体上处于中间水平。

表 13-1　中新自贸协定优惠原产地规则限制水平赋值表

原产地规则	原产地规则解释	赋值	占比
WO	完全获得标准	7	13.61%
CTC	税目改变标准(HS2 位变化)	6	0.02%
CTC or RVC40%	税目改变标准(HS2 位变化)或区域价值成分 40%	5	0.18%
CTH or RVC40%	品目改变标准(HS4 位变化)或区域价值成分 40%	4.5	2.36%
CTH+EXC or RVC40%	品目改变标准(HS4 位变化)且有例外情形或区域价值成分 40%	5.3	0.43%
RVC40%	区域价值成分 40%	4	76.38%
TS or RVC40%	有特定加工工序或区域价值成分 40%	3.5	6.43%
TS+EXC or RVC40%	有特定加工工序且有例外情形或区域价值成分 40%	4.8	0.60%

资料来源:结合《产品特定原产地规则》,根据 Estevadeordal（2000）和 Portugal（2011）的研究测算所得。

(二) 行业限制水平

为进一步分析中新自由贸易协定优惠原产地规则限制水平,现基于 HS 编码对中新自贸协定各行业优惠原产地规则限制水平进行测算,结果如表 13-2 所示。

表 13-2　中新自贸协定各行业优惠原产地规则限制水平赋值表

行　业	限制程度	产品个数	占比	行　业	限制程度	产品个数	占比
活动物	7	432	7.65%	纺织原料	3.83	816	14.46%
植物产品	6.56	344	6.09%	鞋帽制品	4.62	51	0.90%
动植物油	4.06	50	0.89%	石料玻璃	4	148	2.62%
食品饮料	4.52	223	3.95%	珠宝首饰	4.06	53	0.94%
矿物产品	4.06	151	2.68%	贱金属	4.01	571	10.12%
化学产品	4	916	16.23%	机械器具	4	797	14.12%
塑料橡胶	4.15	220	3.90%	运输设备	4	146	2.59%
皮革皮毛	4.24	69	1.22%	仪器仪表	4	220	3.90%
木制品	4	135	2.39%	武器弹药	4	22	0.39%
木浆纸品	4	145	2.57%	杂项制品	4	128	2.27%
艺术收藏	4	7	0.12%	—	—	—	—

资料来源：根据《中国—新加坡产品特定原产地规则》，赋值按照 HS2 位编码下的数据取均值所得。

　　首先,限制程度最高的是活动物,第一章至第五章所有产品的原产地规则是完全获得。在第二类植物产品中,第六章至第十四章中6.6%的产品涉及税目改变,因此,植物产品的平均限制程度为6.65,位居第二。其次,鞋帽制品和食品饮料的限制程度也在中新自贸协定优惠原产地规则平均限制程度4.4以上,在鞋帽制品中,虽涉及产品不多,仅51个,但在第六十四章涉及品目改变标准(HS4位变化)且有例外情形的产品占24个,其赋值为5.5,其余产品大部分归类于区域价值不低于40%的标准,其赋值为4,因此,鞋帽制品的限制程度为4.62,位居第三。最后,其余行业的原产地规则限制程度均在4左右,限制水平居中。其中纺织原料的限制程度最低为3.83,这是由于在第五十二章中涉及特定加工工序标准的产品占比73.4%,其赋值为3.5。此外,在限制水平较低的行业中,化学产品的贸易种类最多,占总量的16.23%,位居第一;纺织原料和机械器具的贸易种类占比次之,位居第二和第三。总体来看,中新自贸协定优惠原产地规则限制水平存在着比较明显的行业差异。

四、中新优惠原产地规则构建的机制分析

作为隶属于自由贸易协定框架下的重要配套措施,优惠原产地规则确定了产品的"经济国籍",限制了自贸区内的贸易偏转以及非成员国的"搭便车"行为,同时又能够有效区分产品的原产地,促进自贸区产生更多的贸易创造效应。优惠原产地规则会使得自贸区成员国享受更多的优惠待遇,促使成员国降低贸易壁垒、减免关税,以获得更低成本的商品。

原产地规则的制定受到两个阶段的影响:首先各国考虑潜在的贸易偏转因素和政治经济因素,通过产业游说和政府作用,对每种产品制定相应的原产地规则;其次通过政府和贸易代表的谈判,制定自贸协定下的原产地规则。具体而言,在中新自贸协定签订之前,对某一商品具有较大出口量的国家的内部厂商倾向于游说政府制定更加宽松的原产地规则政策来使另一伙伴快速成为自贸协定的缔约方。另外,在另一国不具有出口竞争优势的部门更倾向于游说严格的原

产地规则制度,以防止价格和利润的下降。一般来说,具有出口竞争优势的行业应倾向更具自由化的市场,所以希望制定较为宽松的原产地标准;而不具有出口比较优势的行业则更倾向保护国内市场,从而希望通过更严格的原产地规则来对抗进口产品的竞争。因此产业发展水平越高,优惠原产地规则越严格。

本研究选取的解释变量分为两个部分。一是防止贸易转移的影响因素;二是基于政治经济动机的影响因素。在防止贸易转移的影响因素中,本文选取了缔约国双方最惠国税率的差异程度。自由贸易协定缔约双方最惠国税率差异程度越大,第三国为获取优惠关税的动机就越大,因此,缔约方更倾向于制定更加严格的原产地标准来限制贸易偏转。

在基于政治经济动机的影响因素中,本研究选取了三个解释变量。一是缔约国关税优惠幅度;二是中新两国的潜在出口渗透能力,此指标用于衡量缔约双方签订 FTA 后的贸易潜力;三是产业内贸易指数。具有出口竞争优势的行业应倾向更具自由化的市场,所以希望制定较为宽松的原产地标准;而不具有出口比较优势的行业则更倾向保护国内市场,从而希望通过更严格的原产地规则来对抗进口产品的竞争。

构建如下模型:

$$\text{Probit}(RoO_{csi}) = \beta_0 + \beta_1 MFN_{csi} + \beta_2 ROUH_{csi} + \beta_3 GL_{csi} + \beta_4 \ln C_i$$
$$+ \beta_5 \ln S_i + \beta_6 FM_{csi} + \beta_7 RCA_{ci} + \beta_8 RCA_{si} + \varepsilon_i$$

其中,RoO_{csi} 表示中国新加坡贸易往来产品的优惠原产地规则限制指数;MFN_{csi} 表示中国对新加坡的最惠国税率差;$ROUH_{csi}$ 表示产品差异程度;GL_{csi} 表示产业内贸易指数;$\ln C_i$ 表示中国的潜在出口渗透能力;$\ln S_i$ 表示新加坡的潜在出口渗透能力;FM_{csi} 表示关税优惠幅度;RCA_{ci} 表示中国的出口显性比较优势指数;RCA_{si} 表示新加坡的出口显性比较优势指数;ε_i 指随机误差项。

五、中新优惠原产地规则构建影响因素的实证分析

(一) 基准回归结果

实证结果表明,整体上来看,优惠原产地规则限制指数越大,其边际效应的促进作用越明显。就基于防止贸易转移的影响因素而言,边际效应结果显示在双边贸易中每增加 1% 的同质化产品,优惠原产地规则趋于严格的概率就下降 2.74%;中国对新加坡每扩大 1% 的最惠国税率,原产地判定标准倾向于严格的概率就增加 0.24%。就基于国内产业贸易保护诉求的影响因素而言,产业内贸易指数每增加 1%,原产地判定标准倾向于严格的概率就增加 1.93%;中国国内潜在出口规模较高且具有出口比较优势的行业相较于新加坡更倾向于制定宽松的优惠原产地规则限制指数,这说明中国具有较强出口竞争力的行业并不倾向于制定较为严格的优惠原产地规则。最后,通过进一步分析其他控制变量的边际效应可得出,新加坡出口显性比较优势指数仍不显著。关税优惠幅度每增加 1%,原产地判定标准倾向于严格的概率就降低 0.24%。这表示即使关税优惠幅度有所提升,中新两国也不会倾向于制定十分严格的优惠原产地规则,这也在很大程度上说明中新两国对于构建中新自贸协定的积极态度。

(二)进一步实证结果

为了检验各解释变量基于行业层面的边际影响是否存在差异,本研究进一步选取农林牧渔业、纺织皮毛制造业、矿产品制造业三个典型行业,将被解释变量优惠原产地规则限制水平分成较高和较低两类,进一步探究解释变量对较高和较低限制水平的边际影响。

对于农林牧渔业,在基于防止贸易转移的影响因素中,对优惠原产地规则限制程度有显著影响的是中新两国最惠国税率差,其表现为中国相对于新加坡每提升 1%的最惠国税率差,会使中新自贸协定原产地规则趋于严格的概率增加 0.73%。在基于国内产业贸易保护诉求的影响因素中,新加坡潜在出口能力对优惠原产地规则限制程度的影响与理论预期一致,而中国潜在出口能力在此并不显著。最后,关税优惠幅度对于农林牧渔业优惠原产地规则限制程度有显著影响,每增加 1%的关税优惠幅度,原产地判定标准倾向于严格的概率就降低 2.47%。

对于纺织皮毛制造业,在基于防止贸易转移的影响因素中,对优惠原产地规则限制程度有显著影响的是中新两国最惠国税率差,但其符号与理论预期相反,中国相对于新加坡每提升 1%的最惠国税率差,会使中新自贸协定优惠原产地规则趋于严格的概率降低 0.45%,趋于宽松的概率增加 2.55%,这说明对于该行业中国更倾向于制定更加宽松的优惠原产地规则。在基于国内产业贸易保护诉求的影响因素中,产业内贸易指数、中国潜在出口渗透能力指数是显著影响因素。这是由于纺织皮毛制造业是我国传统优势产业,该行业潜在出口渗透能力指数平均为 17.47,远高于其他行业,因此对优惠原产地规则限制程度有显著影响。此外,若增加该行业的潜在出口规模,中国更倾向于制定更加宽松的优惠原产地规则,而新加坡潜在出口渗透能力在此并不显著。

对于矿产品制造业,在基于防止贸易转移的影响因素中,中新两国最惠国税率差和中新贸易产品的差异程度均对优惠原产地规则限制程度有显著影响,且与理论预期相同。与前两个行业相比,在矿产品制造业中79%以上的产品为差异化产品,因此中新贸易产品的差异程度是其主要影响因素。在基于国内产业贸易保护诉求的影响因素中,中新双方的潜在出口渗透能力指数是主要影响因素。中国若在该行业提升1%的潜在出口渗透能力,会使优惠原产地规则趋于宽松的概率增加2.13%;新加坡若提升其潜在出口规模,会使优惠原产地规则趋于宽松的概率降低3.19%。这说明在该行业中新加坡不希望通过宽松的原产地规则促进对中国的出口,而是希望通过严格的原产地标准来保护国内产业。

根据以上分析,中新双方各自具有基于不同行业诉求的贸易保护倾向,且中新自贸协定优惠原产地规则的限制程度与行业及产品特性存在极大关联。

六、结论与政策建议

本研究从防止贸易转移和政府对国内产业的贸易保护诉求两个方面分析中新自贸协定优惠原产地规则构建背后的影响因素。主要研究结论和政策建议如下:

(一)结论

第一,防止贸易转移是中新自贸协定优惠原产地规则制度构建的基础,中国对新加坡最惠国税率差与中新产品差异程度,对中新自贸协定优惠原产地规则的限制水平均存在显著影响。缔约方之间的最惠国税率差异与优惠原产地规则的限制水平存在显著的正向关系。中新双方最惠国税率相差较大,因此总体而言中国更倾向于制定更严格的原产地规则。从行业层面进一步分析,对比研究农林牧渔业、纺织皮毛制造业和矿产品制造业,可见中新自贸协定优惠原产地规则的限制程度与中新双边贸易的行业及产品特性存在极大关联。

第二,中新自贸协定优惠原产地规则的构建是缔约国双方之间对国内产业贸易保护诉求的反映。产业内贸易指数、中新两国各潜在出口能力对中新自贸协定优惠原产地规则的限制水平均存在显著影响。基于行业数据进一步分析,中新双方对于其潜在出口能力较强的行业要求更严格的原产地规则,是为了平衡各自国内相关行业利益诉求的需要,中新双方在中新自贸协定一些行业优惠原产地规则的构建中更具谨慎态度,不希望中新自贸协定的构建改变双方原有行业贸易格局。此外,潜在出口渗透能力较高的行业若更倾向于制定更加宽松的原产地规则,说明其更希望把从世界其他国家的出口转移到自贸区内的缔约国,享受自贸协定带来的关税优惠,从而产生贸易转移效应。

第三,对于中新自贸协定优惠原产地规则的构建,中新双方在优惠原产地规则协商中处于平等地位,双方均有权参与制定优惠原产地规则。中新双方自贸协定优惠原产地规则的限制程度与行业及产品特性存在极大关联,且中新双方各自具有基于不同行业诉求的贸易保护倾向。优惠原产地规则限制程度的选择是中新两国政府之间对国内相关产业利益平衡的结果,是贸易自由化与贸易保护平衡的结果。

(二)政策建议

第一,制定宽严适度的优惠原产地规则判定标准。在自由贸易区内,宽严适度的优惠原产地规则可以有效防止贸易转移,使各缔约方在区域范围内享受优惠待遇。自贸协定各缔约国应基于贸易自由化的目标思考如何降低各缔约方贸易成本,并构建合理适度、主次分明的原产地规则判定标准。

第二,优惠原产地规则的构建要考虑国内行业的贸易保护诉求。对于我国的敏感产业,应当制定相对严格的优惠原产地规则实施适当的贸易保护,并以此激励自贸协定缔约双方采用区域内原产材料进行加工和生产,优化并整合自贸区内相关产业结构。对于我国国内相对比较成熟且已积累丰富贸易经验的产业,可以制定相对宽松的优惠原产地规则,进一步促进相关产业的发展。

第三,建立易于操作、更加便捷的优惠原产地规则实施细则,提高自贸协定的利用率。首先,中新两国要结合双边贸易往来现实情况制定优惠原产地规则,保证每条规则具备操作性和可行性,提高实施具体细则的效率。其次,应当提升签发和认证原产地证书的电子化水平,在区域内建立完善、准确、实时的原产地证书报关通关的系统,使自贸区内各缔约方之间实现实时联网核查。最后,加大自由贸易区各缔约方企业的宣传力度,普及原产地证书的作用,提升其利用效率。

参考文献

［1］成新轩,郭志尧. 中国自由贸易区优惠原产地规则修正性限制指数体系的构建——兼论中国自由贸易区优惠原产地规则的合理性［J］. 管理世界,2019,35(06)：70－80+108.

［2］成新轩,于荣光. 东亚地区自由贸易区优惠原产地规则对区域专业化分工的影响研究［J］. 世界经济研究,2018(08)：112－122+137.

［3］李海莲,韦薇. 中国区域自由贸易协定中原产地规则的限制指数与贸易效应研究［J］. 国际经贸探索,2016,32(08)：64－75.

［4］李海莲,邢丽. 区域自由贸易协定原产地规则的影响及治理策略［J］. 经济纵横,2017(01)：111－116.

［5］李海莲,邢丽. 原产地规则视角下中国—韩国自由贸易协定建构的利益博弈［J］. 国际经贸探索,2018a,34(11)：89－101.

［6］李海莲,张彤. 中国—东盟 FTA 原产地规则对中间品贸易的影响与启示［J］. 亚太经济,2018b,206(01)：68－136.

［7］刘洋. 优惠性原产地规则如何影响投资流向——以中国—新加坡自贸区为例的分析［J］. 世界经济研究,2014(09)：62－67.

［8］Cadot, Carrere, De Melo, Tumurchudur. Product-Specific Rules of Origin in EU and US Preferential Trading Agreements：An Assessment［J］. Social Science Electronic Publishing, 2006, 5(5)：199－224.

［9］Estevadeordal A, Suominen K, Sanguinetti P, et al. Rules of Origin in Preferential Trading Arrangements：Is All Well with the Spaghetti Bowl in the Americas? with Comments［J］. Economic, 2005, 5(2)：63－103.

［10］Jose Anson, Cadot O, Estevadeordal A, et al. Rules of Origin in North-South Preferential Trading Arrangements with an Application to NAFTA［J］. Review of International Economics, 2005, 13：263－282.

第十四章　金砖国家的相互依赖：主权债券的视角

陈镇喜　Anna Machneva　Donald Lien

一、引言

从 2006 年金砖集团开始建立政治关系,到 2011 年南非的加入,金砖国家面积占地球的 26% 以上,人口占世界的 40% 以上,并且其贸易份额占世界贸易的 15% 左右。金砖国家购买力平价的份额从 2000 年的 24.1% 上升到 2022 年的 31.6%。金砖国家的经济发展具有异质性。在许多金融指标上,中国超过了其他金砖国家,成为金砖国家中最大的经济体,而南非则相反,排名最后。考虑到金砖国家内部发展的巨大差异,人们自然会提出金砖国家内部影响和合作程度的问题。本文旨在通过从主权债券的角度研究金砖国家成员之间的相互依赖关系来阐明这一主题。

主权债券收益率是衡量一国经济稳定性和发展潜力的主要指标之一。在过去的 16 年里,金砖国家的经济发展得到了显著改善,增长了 4 倍多。伴随着经济的发展,金砖国家的国内债券市场和主权债券的发行量都在不断增长,使得主权债券成为研究金砖国家发展的重要对象。

在债券收益率的决定因素中，通胀是一个不可或缺的因素。根据费雪假设，通货膨胀加剧会导致利率或债券收益率上升。据报道，近几十年来，利率、通货膨胀和经济增长之间的相关性变得更强，这可能会导致更强的费雪效应。以上我们特别引用了 Bataa 等人（2019）、Liaqat（2019）、Marques 等人（2022）、Bianchi（2023）等人的研究结论。根据对发达国家的一些研究，通货膨胀被认为是影响政府债券收益率的最重要的宏观经济因素之一（Ludvigson 和 Ng，2009；蒙特斯和德霍兰德利马，2022）。请注意，大多数关于通货膨胀影响的实证研究都集中在通货膨胀率低且相对稳定的发达市场，而通货膨胀率高且不稳定的发展中市场很少受到研究人员的关注。一些研究者研究了费雪效应在新兴市场的有效性，包括金砖国家市场。以上我们特别引用了 Ahmad（2010），Arshavskiy 和 Rodionova（2012），Ibn Boamah（2017），Nazlioglu（2022）等人的研究结论。然而，目前尚未达成共识。

随着全球金融市场的发展，主权债券表现出相互依赖的特点。发达国家政府债券的收益率不仅受到微观和宏观经济指标的影响，还受到特定发达国家参与的国际合作水平的影响（Umar et al.，2022；Benlagha and Hemrit，2022）。现有文献报告了主权债券收益率相互依赖的证据，特别是美国市场对其他市场的影响（Bossman et al.，2023；Ahmad et al.，2018；Lin and Chen，2021；Jiang et al.，2019）。与此同时，一些国家与美国并不存在这种相关性，而是与其他发达国家相互依存（Abad et al.，2010；Stoupos and Kiohos，2022；Karkowska and Urjasz，2021）。

从历史上看,发展中国家的债券市场在一定程度上对国际投资者是封闭的。因此,如果不考虑发展中国家债券市场之间的相互依存关系,机构投资者很难充分了解金融市场的风险和现状。此外,研究发展中国家对国际债务市场影响的研究并不多。尽管如此,一些研究人员已经在这一领域作出了努力。Ahmad(2018)通过回报和波动溢出效应报告了金砖国家之间的联系。Dash(2019)认为中国债券市场对所有金砖国家债券市场的影响是不同的。同时,金砖国家债务市场不仅处于不同发展阶段,而且还在不断发展变化。

到目前为止,对金砖国家主权债券收益率相互依赖关系的研究还很少,更不用说在过去20年国际政治和经济发生重大事件的背景下,对金砖国家主权债券收益率相互依赖关系的时变行为的研究。本文旨在通过从主权债券的角度考察金砖国家成员之间的相互依赖来填补此类研究的空白。在控制国别通胀和美国10年期国债收益率影响的情况下,我们对金砖国家10年期主权债券的相互依赖进行了估计和推断。研究发现,金砖国家存在主权债券相互依存。这种相互依存关系是随着金砖国家发展和重大国际事件而加深的。俄罗斯—南非和印度—中国这两对国家相互影响,其中俄罗斯—南非这一对国家在不同的时间间隔上是一致的。中国是金砖国家中唯一按不同时间间隔与其他成员国进行互动的国家。

本文的其余部分结构如下:第二节解释方法;第三节概述所使用的数据集以及描述性统计;第四节包含三个部分,即整个样本结果的估计,三个子周期的结果,以及对所得结果的讨论;第五节是总结和结论。

二、模型

我们利用 SUR(似不相关回归)模型分析了金砖国家政府债券收益率之间的关系。SUR 模型由 Zellner(1962)提出,是对线性回归模型的推广。它由几个回归方程组成,每个方程都有自己的因变量和可能不同的外生自变量集。每个方程本身都是线性回归,可以分别求值。与 OLS 等传统估计技术相比,SUR 模型具有考虑方程相关误差项的优点。鉴于金砖国家在政治、经济和外交方面有着共同的历史,因此,各国的误差项可能是相互关联的,在我们的研究中使用 SUR 模型是合适的。

该模型包含一组方程,其中对于每个国家 i,基本方程为

$$y_{i,t} = \alpha_0 + \alpha_1\pi_{i,t} + \alpha_2 Y_{t-1} + \alpha_3 x_{t-1} + \varepsilon_{i,t} \tag{1}$$

其中被解释变量为金砖国家在时刻 t 的政府债券收益率,其中 $i=b,r,i,c,s$ 分别代表金砖国家巴西、俄罗斯、印度、中国和南非。$\pi_{i,t}$ 为国家 i 的逐月通货膨胀;Y_{t-1} 为金砖国家政府债券一期滞后收益率的向量;x_{t-1} 是通货膨胀率之外的滞后控制变量。在我们的例子中,我们控制了全球主权债券因素(美国国债利率)的影响。$\varepsilon_{i,t}$ 是不能被观测到的误差项。

在本文的续文中,单位根检验表明某些债券收益率具有单位根。为了处理非平稳问题,我们使用变量的一阶差分形式,经验模型采用如下形式:

$$\Delta y_{i,t} = \alpha_0 + \alpha_1\Delta\pi_{i,t} + \alpha_2\Delta Y_{t-1} + \alpha_3\Delta x_{t-1} + e_{i,t} \tag{2}$$

式中,Δ 为第一差分算子,即 $\Delta y_{i,t} = y_{i,t} - y_{i,t-1}$。

三、数据

根据国际清算银行的数据,金砖国家的主权债券主要是长期债券。因此,本文采用巴西、俄罗斯、印度、中国和南非五国 2006 年 12 月至 2022 年 12 月的 10 年期主权债券收益率月度数据,共 192 个观测值。收益率数据来自彭博社。金砖国家的消费者价格指数(CPI)和美国 10 年期主权债券收益率也分别摘自经合组织和彭博社。我们根据金砖国家各成员国的 CPI 计算月度通货膨胀率。

我们首先检查变量的平稳性。表 14-1 给出单位根检验的结果。表中报告的 t 统计量是用于 ADF 单位根检验的。ADF 单位根检验中使用的滞后长度是基于标准 ADF 回归的 Schwarz 信息准则(SIC)来选择的。单位根检验表明,除南非外,所有金砖国家的主权债券收益率在 5% 的水平上都是非平稳的 I(1)过程。因此,为了满足回归中平稳变量的要求,我们对式(2)①采用一阶差分或回归中所有变量的变化。

表 14-1　单位根检验

变量名	ADF 置信水平	ADF 一阶差分
巴　西	-2.327	-13.636***
俄罗斯	-2.608*	-12.341***

---

① Johansen 协整检验表明巴西、俄罗斯、印度、中国和美国的收益率之间不存在协整关系,进一步支持采用主权债券收益率的一阶差分进行回归。

续　表

变量名	ADF 置信水平	ADF 一阶差分
印　度	-2.623^*	-8.873^{***}
中　国	-2.794^*	-10.816^{***}
南　非	-3.009^{**}	-15.374^{***}
美　国	-2.233	-12.379^{***}

注：$*$ 、$**$ 、$***$ 分别代表10%、5%、1%显著性水平。

表14－2是金砖国家和美国主权债券收益率月度变化的汇总统计。印度、中国和美国的平均值为负，表明这些主权债券的收益率在样本期内呈下降趋势。相比之下，巴西、俄罗斯和南非的收益率往往会上升，因为其数值为正。中国和美国的收益率最稳定，标准差最小，而巴西和俄罗斯的收益率波动最大。收益率上升，再加上大幅波动，反映出政府债券市场的不确定性增加，导致投资者要求巴西和俄罗斯国债获得更高的风险溢价。对于大多数国家，除了印度和美国，偏度是正的。如图14－1所示，在大多数情况下，巴西的主权债券收益率最高，其次是俄罗斯。中美两国的收益率比较稳定，美国国债收益率大部分时间最低，中国次之。

表14－2　描述性统计

变量名	样本量	均值	最大值	最小值	标准误	偏度	峰度
巴　西	192	0.012	4.380	-3.260	0.722	0.678	10.960
俄罗斯	192	0.020	3.480	-2.119	0.636	1.613	12.041
印　度	192	-0.002	0.927	-1.820	0.282	-1.426	12.871

续　表

变量名	样本量	均值	最大值	最小值	标准误	偏度	峰度
中　国	192	−0.001	0.658	−0.729	0.158	0.035	6.694
南　非	192	0.012	1.850	−1.520	0.394	0.165	6.810
美　国	192	−0.005	0.670	−1.054	0.255	−0.284	4.309

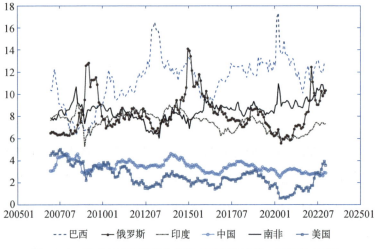

图 14-1　政府 10 年期债券收益率（2006 年 12 月—2022 年 12 月）

四、结果

在本节中，我们使用 SUR 模型基于方程（2）估计模型系统，该技术考虑了各个成员之间的相关性。为了清楚地展示金砖国家主权债券之间的动态影响关系，我们使用 Pesaran 和 Shin（1998）以及 Warne（2008）的算法绘制了基于 SUR 模型的特定国家冲击的广义脉冲响应函数(IRF)。

(一)全样本结果

为了分析金砖国家在主权债券方面的相互依赖性,我们对五个金砖国家的主权债券进行了 SUR 回归。表 14-3 报告了使用整个样本从 2006 年 12 月到 2022 年 12 月的估计结果。在样本期内,除俄罗斯外,所有国家通胀率的变化都对相应国家的 10 年期债券收益率的变化产生了积极影响。然而,在这五个国家中,只有南非的通货膨胀对债券收益率有显著影响。该系数远小于 1,其值为 0.145,表明费雪效应对南非并不完全有效。然而,这个结果还不是最糟糕的。考虑到具体国家的通货膨胀系数不显著,其他金砖国家的实证结果甚至不支持费雪效应。

表 14-3　采用全样本 2006 年 12 月—2022 年 12 月数据进行 SUR 回归

	Δ 巴西	Δ 俄罗斯	Δ 印度	Δ 中国	Δ 南非
截距	0.019 (0.051)	0.022 (0.044)	−0.003 (0.019)	−0.001 (0.011)	0.011 (0.027)
Δ 通胀	0.000 (0.114)	−0.058 (0.056)	0.027 (0.021)	0.020 (0.019)	0.145** (0.066)
Δ 巴西 1(t−1)	0.015 (0.072)	−0.013 (0.061)	−0.010 (0.027)	−0.010 (0.015)	0.115*** (0.038)
Δ 俄罗斯(t−1)	−0.074 (0.082)	0.188** (0.079)	−0.020 (0.031)	−0.002 (0.018)	−0.013 (0.044)
Δ 印度(t−1)	0.139 (0.195)	−0.304* (0.168)	−0.153** (0.074)	0.039 (0.042)	−0.037 (0.105)
Δ 中国(t−1)	−0.167 (0.341)	−0.216 (0.296)	0.419*** (0.130)	0.211*** (0.075)	0.230 (0.184)

	Δ 巴西	Δ 俄罗斯	Δ 印度	Δ 中国	Δ 南非
Δ 南非($t-1$)	-0.317** (0.132)	-0.378*** (0.116)	0.149*** (0.050)	0.011 (0.029)	-0.134* (0.072)
Δ 美国($t-1$)	0.462** (0.208)	0.023 (0.181)	-0.034 (0.079)	-0.049 (0.046)	-0.074 (0.114)
R 方 样本量	0.064 191	0.097 191	0.105 191	0.073 191	0.083 191

注：*、**、***分别表示为10%、5%、1%的显著性水平，括号内表示标准误。

关于债券收益率滞后变化的影响,除巴西外,金砖国家债券收益率的变化均受到本国滞后变量的显著影响。在个人自身滞后变量影响显著的四个国家中,俄罗斯和中国的系数为正,表明其主权债券收益率呈动量模式。相比之下,印度和南非的系数为负,这意味着它们的债券收益率呈均值回归模式。

除了自身历史变化的影响,主权债券收益率还面临来自其他金砖国家的溢出效应。南非对巴西、俄罗斯和印度的影响显著,这使其成为未受影响的金砖成员国中最具影响力的成员。值得注意的是巴西和南非之间存在相互影响。从其他国家也观察到单向影响:中国影响印度,印度影响俄罗斯。除了金砖国家之间的相互依赖外,金砖国家还可能受到以美国国债收益率为代表的全球主权债券市场的影响。我们发现了从美国到一些金砖国家的溢出效应,其中美国国债收益率显著影响了巴西国债收益率。

我们进一步检查估计残差之间的相关性。如表14-4所示,在国家对(如中国—印度和南非—俄罗斯)之间可以观察到显著的两两相关性。残差之间的显著相关性支持本文使用 SUR 回归的必要性，因为 SUR 考虑了相互关系。

表 14 - 4　全样本残差相关性

	巴西	俄罗斯	印度	中国	南非
巴　西	1	—	—	—	—
俄罗斯	0.022	1	—	—	—
印　度	−0.006	0.057	1	—	—
中　国	−0.109	0.101	0.282***	1	—
南　非	−0.026	0.178**	0.129*	0.074	1

考虑到金砖国家之间的溢出现象和相互关联，我们基于 SUR 模型绘制了 irf(脉冲响应函数)，以清晰地展示金砖国家之间的相互依赖关系。国际货币基金组织衡量的是一个国家对一个特定国家的冲击的反应。冲击指特定国家变量的标准差。

图 14 - 2 绘制了每个国家对一个国家的冲击的脉冲响应。所有国家的脉冲响应在短短几个时期内迅速减少到零。值得注意的是，每个成员都对自身的冲击作出了显著反应。一个更有趣的发现与跨国反应有关。巴西是唯一一个没有对来自其他金砖国家的冲击作出重大回应的国家。对于其他金砖国家而言，每个国家都有一种应对其他国家冲击的方式。俄罗斯和南非对彼此的反应微不足道。与此同时，印度和中国之间也有相互的反应，其反应比俄罗斯和南非之间的反应更为显著。

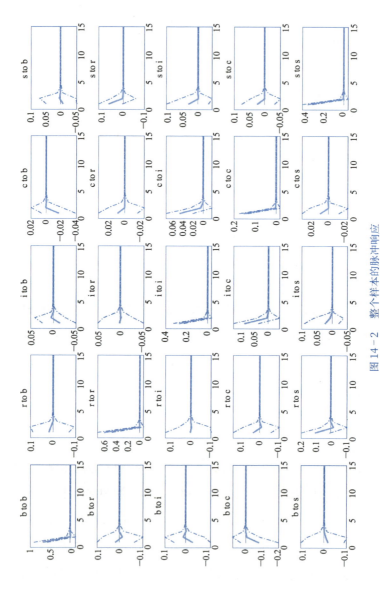

图14-2　整个样本的脉冲响应

注：这些数字显示了一个国家对另一个国家的标准冲击的脉冲响应，即 r 到 b 表示俄罗斯对巴西的冲击的响应。两条虚线表示两个标准误差的置信区间。

（二）子周期结果

政治、社会和经济事件可能导致经济出现结构性断裂。与商业债券相比，主权债券的风险与政府的风险状况有关，例如政治和政策事件。因此，主权债券应该更容易受到政治、社会和经济事件的影响，从而导致主权债券更有可能出现结构性断裂。为了验证金砖国家成员国的收益率变化是否受到结构性断裂的影响，我们采用了 Bai（1997）的顺序 Bai-Perron 方法，以及 Bai 和 Perron（1998）使用公式（2）的国别模型来测试潜在和未知的多重断点。也就是说，我们分别测试单个方程的潜在多重断点。如表 14-5 所示，金砖国家中只有印度和南非出现结构性断裂。印度有两个断点，而南非有一个。印度的第一个转折点是 2009 年 12 月，与 2008 年全球金融危机结束的时间一致。印度的第二个断点 2018 年 8 月比南非的断点 2019 年 12 月早了大约一年。考虑到 2019 年冠状病毒是在 2019 年 12 月之后爆发的，我们将 2019 年 12 月作为系统 SUR 回归的第二个断点。基于这两个断点 2009 年 12 月和 2019 年 12 月，我们将样本分为三个子样本：2006 年 12 月—2009 年 12 月、2010 年 1 月—2019 年 12 月和 2020 年 1 月—2022 年 12 月。

表 14-5　对每个国家的多断点测试

国　　家	F 检验	临界值	断　　点
巴　　西	13. 589	23. 700	
俄罗斯	18. 637	23. 700	
印　　度	41. 865	25. 750	2009 年 12 月，2018 年 8 月
中　　国	21. 728	23. 700	
南　　非	34. 966	23. 700	2019 年 12 月

表 14－6 至表 14－8 报告了三个子样本的估计结果。对于所有三个子样本,通货膨胀只影响一个或两个国家的债券收益率,在一些子样本中,一些系数为负值,与费雪效应相矛盾。通货膨胀的负面影响发生在巴西的第一个子样本和俄罗斯的第三个子样本。在每个子样本中,美国的收益率只影响一两个金砖国家,表明美国对金砖国家整体的影响是温和的。

在覆盖 2008 年全球金融危机的第一个子样本中,其结果如表 14－6 所示,只有中国和印度相互影响。其余的相互依赖表现出单向影响。南非和印度的影响溢出到俄罗斯,而南非也影响到印度。图 14－3 中绘制的 irf 进一步证实了金砖国家成员之间的相互依赖关系:中、印互为回应,南非和印度之间存在边际相互反应。作为对回归结果的补充,irf 图进一步表明,中国对南非的反应很小。在 2008 年全球金融危机中,中国、印度和南非似乎是紧密相连的。

表 14－6　采用第一个子样本 2006 年 12 月—2009 年 12 月数据进行 SUR 回归

	Δ 巴西	Δ 俄罗斯	Δ 印度	Δ 中国	Δ 南非
截距	0.007 (0.087)	0.032 (0.115)	−0.051 (0.064)	0.003 (0.035)	0.016 (0.071)
Δ 通胀	−0.671* (0.372)	0.094 (0.212)	0.059 (0.057)	−0.005 (0.045)	−0.147 (0.155)
Δ 巴西(t−1)	0.083 (0.163)	−0.204 (0.218)	0.331*** (0.115)	0.008 (0.065)	0.076 (0.132)
Δ 俄罗斯(t−1)	−0.010 (0.113)	0.083 (0.154)	0.133 (0.082)	0.065 (0.051)	0.003 (0.093)

续　表

	Δ 巴西	Δ 俄罗斯	Δ 印度	Δ 中国	Δ 南非
Δ 印度(t-1)	0.357 (0.232)	-0.547* (0.308)	-0.595*** (0.168)	-0.182* (0.097)	0.013 (0.198)
Δ 中国(t-1)	-0.459 (0.428)	0.454 (0.574)	1.156*** (0.313)	0.584*** (0.177)	0.284 (0.353)
Δ 南非(t-1)	-0.252 (0.226)	-0.740*** (0.279)	0.595*** (0.152)	0.083 (0.086)	0.198 (0.188)
Δ 美国(t-1)	0.007 (0.347)	-0.202 (0.462)	0.120 (0.242)	0.179 (0.139)	-0.503* (0.293)
R 方 样本量	0.238 35	0.366 35	0.486 35	0.291 35	0.111 35

注：*、**、*** 分别表示为 10%、5%、1%的显著性水平，括号内表示标准误。

对于 2010 年 1 月—2019 年 12 月期间的第二个子样本，表 14-7 报告了估计结果。巴西和俄罗斯开始与其他金砖国家成员建立相互依赖关系。然而，没有发现成对国家之间的相互影响。南非对巴西和印度都有影响，而巴西又会波及印度。中国、俄罗斯和印度之间有一个紧密的圈子。中国影响俄罗斯，俄罗斯影响印度，印度通过影响中国来填补这个圈子的空白。图 14-4 绘制的 irf 进一步揭示了相互作用，主要表现为相互响应，而不是表 14-7 估计结果的单向影响。在两个国家对，即俄罗斯—中国和俄罗斯—南非中发现了相互反应。此外，边际单向响应也存在：巴西对中国反应微弱，而中国对印度反应微弱。总之，金砖国家之间的相互依赖在第二个子样本中表现得很明显。

第三个子样本·2020 年 1 月—2022 年 12 月，新冠疫情对各国影

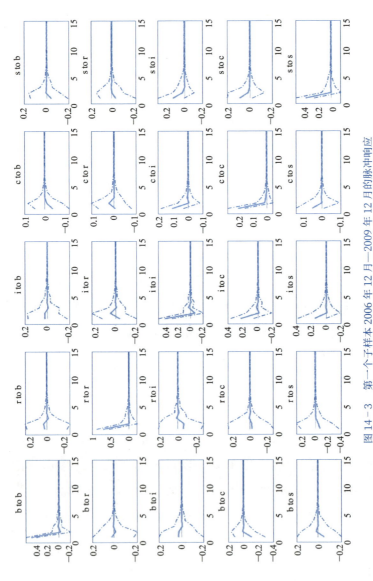

图 14 - 3　第一个子样本 2006 年 12 月—2009 年 12 月的脉冲响应

注：这些数字显示了一个国家对另一个国家的标准冲击的脉冲反应，即 r 到 b 表示俄罗斯对巴斯对巴西的冲击的反应。两条虚线表示两个标准误差的置信区间。

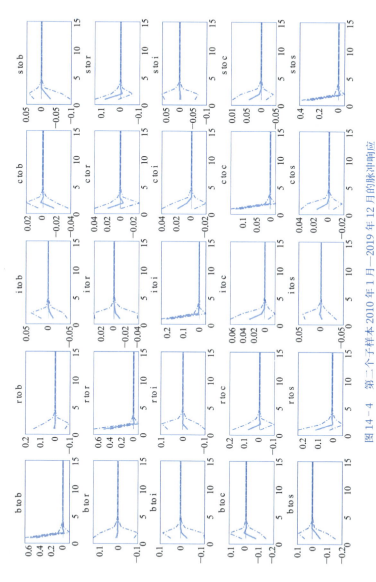

图 14-4　第二个子样本 2010 年 1 月—2019 年 12 月的脉冲响应

注：这些数字显示了一个国家对另一个国家的标准冲击的脉冲反应，即 r 到 b 表示俄罗斯对巴西的冲击的反应。两条虚线表示两个标准误差的置信区间。

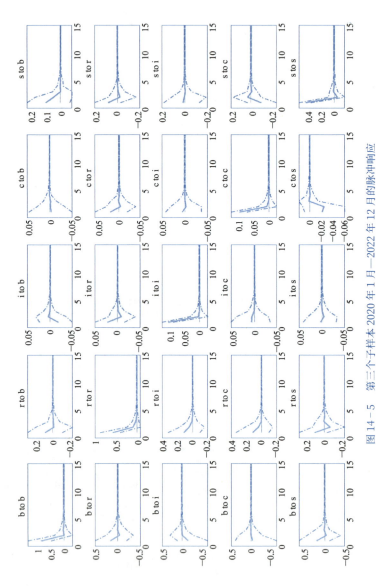

图14-5　第三个子样本2020年1月—2022年12月的脉冲响应

注：这些数字显示了一个国家对另一个国家的标准冲击的脉冲反应，即r到b表示俄罗斯对巴西的冲击的反应。两条虚线表示两个标准误差的置信区间。

表 14 − 7　采用第二个子样本 2010 年 12 月—2019 年 12 月数据进行 SUR 回归

	Δ 巴西	Δ 俄罗斯	Δ 印度	Δ 中国	Δ 南非
截距	0.034 (0.053)	−0.006 (0.047)	−0.007 (0.018)	−0.005 (0.012)	−0.004 (0.029)
Δ 通胀	0.078 (0.133)	0.124* (0.073)	0.027 (0.020)	0.038 (0.024)	0.099 (0.078)
Δ 巴西(t-1)	−0.029 (0.091)	0.068 (0.080)	−0.072** (0.031)	0.024 (0.020)	−0.074 (0.050)
Δ 俄罗斯(t-1)	−0.132 (0.100)	0.092 (0.099)	−0.067** (0.034)	−0.019 (0.022)	−0.069 (0.055)
Δ 印度(t-1)	−0.061 (0.250)	0.054 (0.223)	−0.072 (0.086)	0.128** (0.055)	−0.091 (0.137)
Δ 中国(t-1)	0.178 (0.408)	−0.705* (0.363)	0.189 (0.140)	0.076 (0.090)	0.172 (0.223)
Δ 南非(t-1)	−0.388** (0.162)	−0.121 (0.153)	0.101* (0.056)	0.054 (0.036)	−0.245*** (0.090)
ΔUS(t-1)	0.268 (0.240)	0.351* (0.216)	0.023 (0.083)	−0.075 (0.054)	0.109 (0.134)
R 方 样本量	0.080 120	0.095 120	0.122 120	0.109 120	0.121 120

注：＊、＊＊、＊＊＊分别表示为 10%、5%、1% 的显著性水平，括号内表示标准误。

响深远,对全球经济影响巨大。在第三个子样本中,金砖国家之间的相互依赖格局发生了变化。溢出效应减少,相互依赖关系变得不那么复杂。估计结果如表 14 − 8 所示,巴西和印度对南非的影响反过来又溢出到俄罗斯和中国。金砖国家之间的其他互动变得微不足道。我们同样使用了 irf 来检查相互依赖关系。

表 14-8　采用第三个子样本 2020 年 12 月—2022 年 12 月数据进行 SUR 回归

	Δ 巴西	Δ 俄罗斯	Δ 印度	Δ 中国	Δ 南非
截距	−0.081 (0.183)	0.180* (0.099)	0.031 (0.021)	−0.004 (0.018)	0.045 (0.059)
Δ 通胀	0.001 (0.241)	−0.401*** (0.083)	0.086*** (0.028)	−0.025 (0.031)	0.110 (0.127)
Δ 巴西(t-1)	−0.026 (0.166)	−0.013 (0.089)	0.017 (0.019)	−0.025 (0.016)	0.333*** (0.053)
Δ 俄罗斯(t-1)	−0.158 (0.264)	0.714*** (0.181)	−0.017 (0.030)	−0.005 (0.025)	0.075 (0.085)
Δ 印度(t-1)	−0.037 (1.473)	0.632 (0.775)	0.291* (0.166)	−0.036 (0.139)	1.270*** (0.468)
Δ 中国(t-1)	−0.591 (1.715)	−0.677 (0.909)	0.047 (0.201)	0.048 (0.164)	0.088 (0.549)
Δ 南非(t-1)	−0.063 (0.379)	−0.482** (0.202)	−0.032 (0.043)	−0.085** (0.035)	−0.231* (0.120)
Δ 美国(t-1)	1.463* (0.799)	−0.555 (0.437)	−0.041 (0.092)	0.013 (0.077)	−0.531* (0.297)
R 方 样本量	0.120 36	0.336 36	0.290 36	0.251 36	0.543 36

注：*、**、***分别表示为 10%、5%、1%的显著性水平，括号内表示标准误。

(三) 讨论

表 14-9 总结了不同样本基于 irf 的相互依赖关系。在第一个子样本中，当金砖国家的概念刚刚提出时，只有中国、印度和南非存在相互依赖关系。虽然南非在 2011 年加入金砖国家，但在加入金砖国

家之前,南非就已经与其他金砖国家在主权债券方面进行了互动。由于第一个子样本恰逢 2008 年全球金融危机,而各国金融市场之间的相互依附性往往大大增加(Forbes and Rigobon, 2002),2008 年金融危机期间金砖国家之间相对较弱的相互依附性可能是由于每月数据的时间间隔较长。

表 14 - 9　金砖国家不同样本间的相互依存关系

第一个子样本	第二个子样本	第三个子样本	全样本
i↔c i↔s s→c	r↔c r↔s c→b i→c	r↔s c→s	i↔c r↔s

注:b、r、i、c 和 s 分别代表巴西、俄罗斯、印度、中国和南非。 相互依赖关系是基于 irf 结果的。 ↔和→是从左到右的相互冲击和单向冲击,即 s→c 表示南非溢出到中国。

在第二个子样本中,金砖国家合作框架和合作机制不断完善。2013 年 3 月,金砖国家领导人第五次会晤成立金砖国家工商理事会。金砖国家工商理事会的主要任务是提出建议,解决阻碍五国经济联系发展的问题。[1] 2014 年,工商理事会批准了一份重点合作领域的行业工作组名单。在第六次金砖国家领导人会晤期间,金砖国家同意建立一个金融机构——新开发银行。在第二个子样本中,所有金砖国家成员都或多或少地表现出相互依赖。相互依存表明金砖国家之间的联系日益紧密。随着金砖国家工商理事会提出的解决方案的实施,进出口关系的增加[2]可能是金砖国家成员之间相互依赖程度显

---

[1]　金砖国家工商理事会,网址：https://bricsbusinesscouncil. co. in。

[2]　《金砖国家联合统计出版物 2017》,网址：https://bricsbusinesscouncil. co. in/docs/publications/BRICS_Joint_Statistics_Publication_2017. pdf。

著增加的原因。

然而,新冠疫情给全球特别是发展中国家带来了严重冲击,给金砖国家相互依存关系带来了负面影响。在此期间,只有两对国家显示出相互依赖关系。

表 14-9 的另一个观察结果是不同国家在相互依存关系中不断演变的作用。在整个样本中,印度与中国存在相互影响,这在第一个子样本中是有效的。然而,在第二个子样本中,印度对中国的相互影响变成了单向影响。最后,在第三个子样本中,印度尚未与其他金砖国家成员建立任何相互依赖关系。在整个样本和最近的两个子样本中发现了俄罗斯和南非之间一致的相互影响。中国一直参与金砖国家之间的相互依赖,尽管中国可能在不同时期充当影响力的发送者或接受者。

五、总结

鉴于金砖国家在世界上的重要性日益增强,本文从主权债券收益率的角度考察金砖国家之间是否存在相互依赖关系。考虑到国际金融市场的高度关联性,主权债券收益率是相互关联的,我们在估计中采用 SUR 技术来处理潜在的相互关系。在金砖国家之间存在相互依赖的基础上,我们通过调查不同的样本时期,进一步揭示了相互依赖随时间的演变。

我们的估计表明,金砖国家成员国之间存在主权债券的相互依赖。脉冲响应图显示,在俄罗斯—南非和印度—中国两对国家中,相互依赖表现出相互影响。俄罗斯—南非这一对国家在不同样本时期的相互影响是一致的,这意味着两国之间的密切联系。中国在金砖国家集团中发挥着重要作用。它与所有国家互动,尽管不是同时期进行的。中国在不同时期与不同国家互动,既可以作为外溢效应的发送者,也可以作为外溢效应的接收者,或者兼而有之。

子样本 2020 年 1 月—2020 年 12 月期间,新冠肺炎疫情在全球蔓延,造成经济活动和国际贸易紊乱。金砖国家在主权债券方面的相互依赖关系在这一时期发生了明显变化。国与国之间的互动减少,只有俄罗斯与南非之间相互影响,以及中国与南非之间单向影响。

总体而言,随着金砖国家在政治、经济等各领域的合作不断加强,我们看到金砖国家在主权债券收益率方面的相互依赖日益增强。尽管在新冠疫情大流行期间,金砖国家之间的相互依赖似乎受到了负面影响,但我们仍然可以从主权债券收益率之间更广泛的相互依赖中推断,金砖国家的内部发展取得了实质性进展。鉴于新冠疫情大流行的中断,未来的研究仍需要进一步验证经验推断。

参考文献

［1］Abad, P., H. Chuliá and M. Gómez-Puig (2010). "EMU and European government bond market integration." Journal of Banking & Finance 34 (12): 2851 – 2860

［2］Ahmad, S. (2010). "Fisher effect in nonlinear STAR framework: Some evidence from Asia." Economics Bulletin 30(4): 2558 – 2566.

［3］Ahmad, W., A. V. Mishra and K. J. Daly (2018). "Financial connectedness of BRICS and global sovereign bond markets." Emerging Markets Review 37: 1 – 16.

［4］Arshavskiy, A. and A. Rodionova (2012). "Nominal Yields on the Russian

Government Bond Market: The Analysis of the Fisher Effect. " Economic Policy: 68 – 84.

［5］ Bai, J. （1997）. "Estimating multiple breaks one at a time. " Econometric theory 13 （3）: 315 – 352.

［6］ Bai, J. and P. Perron （1998）. "Estimating and testing linear models with multiple structural changes. " Econometrica: 47 – 78.

［7］ Bataa, E. , A. Vivian and M. Wohar （2019）. " Changes in the relationship between short-term interest rate, inflation and growth: evidence from the UK, 1820 – 2014. " Bulletin of Economic Research 71(4) : 616 – 640.

［8］ Benlagha, N. and W. Hemrit （2022）. "Does economic policy uncertainty matter to explain connectedness within the international sovereign bond yields?" Journal of Economics and Finance 46(1) : 1 – 21.

［9］ Bianchi, F. , R. Faccini and L. Melosi （2023）. "A Fiscal Theory of Persistent Inflation. " The Quarterly Journal of Economics: qjad027.

［10］ Bossman, A. , Z. Umar, S. K. Agyei and T. Teplova （2023）. "The impact of the US yield curve on sub-Saharan African equities. " Finance Research Letters 53: 103636.

［11］ Dash, P. （2019）. "Bond market dynamics in BRICS. " Journal of International Economics 10(2) : 30 – 43.

［12］ Forbes, K. J. and R. Rigobon （2002）. "No Contagion, Only Interdependence: Measuring Stock Market Comovements. " The Journal of Finance 57 （5）: 2223 – 2261.

［13］ Ibn Boamah, M. （2017）. "Common stocks and inflation: an empirical analysis of G7 and BRICS. " Atlantic Economic Journal 45: 213 – 224.

［14］ Jiang, Y. , Z. Zhu, G. Tian and H. Nie （2019）. "Determinants of within and cross-country economic policy uncertainty spillovers: Evidence from US and China. " Finance Research Letters 31.

［15］ Karkowska, R. and S. Urjasz （2021）. "Connectedness structures of sovereign bond markets in Central and Eastern Europe. " International Review of Financial Analysis 74: 101644.

［16］ Liaqat, Z. （2019）. " Does government debt crowd out capital formation? A dynamic approach using panel VAR. " Economics letters 178: 86 – 90.

[17] Lin, S. and S. Chen (2021). "Dynamic connectedness of major financial markets in China and America." International Review of Economics & Finance 75: 646 – 656.

[18] Ludvigson, S. C. and S. Ng (2009). "Macro factors in bond risk premia." The Review of Financial Studies 22(12): 5027 – 5067.

[19] Marques, A. M. and A. R. Carvalho (2022). "Testing the neo-fisherian hypothesis in Brazil." The Quarterly Review of Economics and Finance 86: 407 – 419.

[20] Montes, G. C. and N. T. de Hollanda Lima (2022). "Discretionary fiscal policy, fiscal credibility and inflation risk premium." The Quarterly Review of Economics and Finance 85: 208 – 222.

[21] Nazlioglu, S. , S. Gurel, S. Gunes and E. Kilic (2022). "Asymmetric Fisher effect in inflation targeting emerging markets: evidence from quantile co-integration." Applied Economics Letters 29(21): 2007 – 2014.

[22] Pesaran, H. H. and Y. Shin (1998). "Generalized impulse response analysis in linear multivariate models." Economics Letters 58(1): 17 – 29.

[23] Stoupos, N. and A. Kiohos (2022). "Bond markets integration in the EU: New empirical evidence from the Eastern non-euro member-states." The North American Journal of Economics and Finance 63: 101827.

[24] Umar, Z. , Y. Riaz and D. Y. Aharon (2022). "Network connectedness dynamics of the yield curve of G7 countries." International Review of Economics & Finance 79: 275 – 288.

[25] Warne, A. (2008). Generalized Impulse Responses. https://api. semanticscholar. org/CorpusID: 28513779.

[26] Zellner, A. (1962). "An efficient method of estimating seemingly unrelated regressions and tests for aggregation bias." Journal of the American statistical Association 57(298): 348 – 368.

第十五章　印度的生产率增长及其支持性制度生态系统

苏尼尔·库马尔(印度)

一、引言

在谈到生产率在经济增长过程中不可或缺的作用时,克鲁格曼(1997)指出:"生产率不是一切,但从长远来看,它几乎就是一切。"这句话强调了生产率增长在经济增长过程中的关键作用。虽然提高产出水平可以通过增加投入来实现,但经济的长期可持续增长在根本上依赖于生产率的提高。生产率增长的意义在于它能够提高效率、竞争力、收入、创新和可持续性,使其成为经济发展战略的基石。然而,要实现生产率的持续增长,就必须要有一个强有力的支持性制度生态系统,能够在经济总量和明确界定的部门分类层面推动生产率的提高。提高生产力的制度生态系统是一系列制度、政策和法规的集合,通过新的创新实现技术进步(即创新效应),或有效利用资源(即赶超效应),从而鼓励和促进生产力的增长。这个系统由不同的利益相关者组成,他们共同协作,创造一个支持提高生产力水平的环境。该生态系统的主要利益相关者包括国家和地区政府、大学、研究机构和企业。制度生态系统提供了一个明确界定的框架,可刺激竞争和贸易以及新的投资、创新和人力开发。强大的生态系统使企业能够改进生产流程、采用新技术、推出新产品,从而实现更高的增长水平、更高的资源利用效率、更多的就业机会和更高的生活水平。总之,可以说,提高生产力的制度生态系统是一个国家国内生产总值可持续增长的必要条件。

在此背景下,本研究试图分析印度生产力增长的轨迹,并勾勒出推动印度生产力提高的支持性制度生态系统。首先,我们研究了印度在生产力增长方面相对于亚洲同类经济体的地位。随后,我们利用印度储备银行维护的印度 KLEMS 数据库中的数据,对全要素生产率(TFP)变化的增长率估计值进行了分析。我们的重点是观察自20 世纪 80 年代初以来,印度经济及其农业、制造业和服务业等大部门的生产率是如何演变的。在分析数据的过程中,我们只专注于分析全要素生产率指数的变化,而不是劳动生产率和资本生产率等单要素生产率的变化。这样做是因为全要素生产率指数考虑到了生产过程中有助于生产多种产出的多种投入(包括劳动力、资本、材料等)。在全要素生产率的分解中,它将生产率变化分解为效率变化(衡量赶超效应)和技术变化(量化创新效应)。与单要素生产率比率相比,全要素生产率衡量标准考虑到了更多投入要素对生产率的影响,因而提供了更全面的视角。此外,研究还阐明了印度为提高生产力水平而建立的制度生态系统的主要特征。我们特别强调了印度国家创新体系(NIS)的作用,该体系是制度框架中最主要的组成部分,其唯一目的是通过创新在国家和地方层面提高生产力。我们还试图对印度和中国的国家创新体系进行简要比较。此外,本研究还提出了旨在加强印度当前体制生态系统的政策干预措施。

本文其余部分的结构如下。在第二节中,我们对亚洲主要经济体的生产率增长率进行了比较分析。本节还包括印度整体经济和主要部门的全要素生产率增长率估算。第三节指出了印度国家创新体系(NIS)的主要特点。此外,还对印度和中国的国家创新体系进行了简明扼要的比较分析。展望未来,第四节提出了重要的政策干预措施,旨在加强印度提高生产力的制度生态系统。最后,本文对主要结论进行了总结和讨论。

二、印度生产力概况

本节介绍印度的生产力概况。首先,我们分析了印度在亚洲主要生产率增长指标方面与其同类经济体的比较地位。表 15 - 1 所列的相关生产率估计值来自《亚太生产力组织 2022 年生产力报告》。表中有一些有趣的发现。首先,就劳动生产率增长而言,印度在最近十年(2010—2020 年)的表现似乎优于其他国家。其次,根据增长核算框架衡量,中国和新加坡实现了更高的全要素生产率增长率。再次,印度的全要素生产率增长适度,增幅不到 1%。印度的全要素生产率增长率相对温和,增幅不到 1%,这突出表明印度可能需要重点关注提高效率和创新的领域,以便在全球舞台上有效竞争。最后,新冠疫情大流行对印度的劳动生产率和全要素生产率增长率都产生了不利影响。这凸显了印度的生产力易受外部冲击的动态影响,以及在未来或将实施强有力的战略以减轻此类不利影响的重要性。

表 15 - 1 亚洲主要国家在特定时期和年份的生产力增长率估计

生产率措施↓	1970—1980年	1980—1990年	1990—2000年	2000—2010年	2010—2020年	2015—2020年	2017—2018年	2018—2019年	2019—2020年
APO 成员国									
LP增长率_1	2.0	3.0	2.0	2.6	2.2	1.5	2.7	1.2	-3.7
LP增长率_2	2.1	2.9	2.1	2.7	2.4	1.7	3.0	1.2	-3.3
CP增长率	-6.0	-5.1	-4.2	-3.5	-4.1	-4.2	-4.4	-4.3	-3.8
全要素生产率增长率	0.1	1.0	0.3	1.0	0.2	-0.4	1.1	-0.7	-5.5
中国									
LP增长率_1	7.3	6.3	5.5	3.2	2.0	2.4	1.9	2.7	3.1
LP增长率_2	7.2	6.6	5.7	3.8	1.9	3.1	1.8	2.6	3.9
CP增长率	-9.9	-8.1	-7.5	-3.0	-1.7	-1.8	-1.6	-1.9	-2.2
全要素生产率增长率	3.5	3.5	2.3	1.6	1.0	1.6	1.1	1.8	1.7

续　表

生产率措施↓	1970—1980年	1980—1990年	1990—2000年	2000—2010年	2010—2020年	2015—2020年	2017—2018年	2018—2019年	2019—2020年
印度									
LP增长率_1	0.5	3.5	3.7	5.9	4.0	2.6	5.2	2.9	-8.1
LP增长率_2	0.5	3.4	3.6	5.7	3.9	2.6	5.2	2.9	-8.1
CP增长率	-4.4	-5.0	-5.5	-7.2	-7.6	-7.1	-7.4	-7.1	-6.4
全要素生产率增长率	-0.4	1.8	1.7	2.5	0.8	-0.2	2.4	0.3	-10.4
日本									
LP增长率_1	3.9	3.6	0.9	0.7	-0.1	-1.0	-1.1	-0.8	-4.1
LP增长率_2	4.4	3.8	1.9	1.2	0.5	-0.2	-0.3	1.7	-3.5
CP增长率	-5.8	-4.9	-2.5	-0.7	-0.2	-0.5	-0.6	-0.6	-0.3
全要素生产率增长率	1.1	1.5	0.1	0.2	0.1	-0.7	-0.2	0.6	-4.9

续　表

生产率措施	1970—1980年	1980—1990年	1990—2000年	2000—2010年	2010—2020年	2015—2020年	2017—2018年	2018—2019年	2019—2020年
韩国									
LP增长率_1	5.3	6.7	5.4	3.5	15	1.6	2.7	1.3	-0.1
LP增长率_2	5.3	6.7	6.0	4.6	3.0	4.2	5.8	2.9	4.3
CP增长率	-10.1	-8.9	-7.8	-5.2	-3.2	-3.2	-3.7	-3.1	-2.9
全要素生产率增长率	1.2	2.1	1.6	1.0	0.7	1.2	2.1	0.9	0.2
新加坡									
LP增长率_1	3.2	3.7	4.4	2.3	1.9	2.0	3.4	-0.7	-2.1
LP增长率_2	3.5	3.1	3.8	2.7	2.4	2.8	4.0	-0.9	0.2
CP增长率	-9.2	-7.6	-6.9	-4.0	-4.0	-3.2	-3.7	-2.9	-1.5
全要素生产率增长率	0.8	0.2	0.7	1.6	1.6	0.2	1.5	-1.9	-3.4

注：LP增长率_1和LP增长率_2分别表示每个工人的劳动生产率增长率和每小时的劳动生产率增长率。
资料来源：2022年APO生产力数据手册。

表 15－2 列出了整个经济及其三个主要部门(农业、制造业和服务业)的全要素生产率估计增长率。对数据的详细分析显示,在过去十年中,农业部门的全要素生产率增长率最高,显著增长了 2.1%。与此相反,服务业的全要素生产率增长率出现了大幅倒退,这主要归因于新冠疫情大流行造成的干扰。制造业和服务业的全要素生产率增幅均不大,均未超过 1%。此外,分析表明,2000 年代初的深化改革产生了积极影响,主要惠及制造业。

表 15－2　印度整个经济和初级部门的全要素生产率增长情况

分　期	整个经济	制造业	服　务	农　业
自由化前时期 (1980—1991 年)	1.1%	0.01%	2.4%	1.2%
后自由化时期 (1991—2021 年)	0.3%	-0.2%	0.6%	0.8%
1991—2000 年	0.9%	-2.4%	1.9%	1.1%
2000—2010 年	0.2%	1.2%	0.6%	-0.4%
2010—2021 年	-0.2%	0.3%	-0.4%	1.7%
2010—2020 年	0.7%	0.6%	0.7%	2.1%
2020—2021 年	-9.0%	-3.0%	-11.9%	-2.4%

资料来源:根据 RBI 的 KLEMS 数据库计算得出。

此外,我们还对全要素生产率增长率进行了分类分析。我们对印度经济 27 个大部门的全要素生产率增长情况进行了研究,结果显示这些部门之间的全要素生产率变化存在显著差异。在按 2 位数分类的 13 个制造业中,只有 4 个行业的生产率在最近十年(2010—

表 15-3　按分类水平估算的全要素生产率增长率

行业代码	行业描述	1980—1991年	1991—2021年	1991—2000年	2000—2010年	2010—2021年	2010—2020年	2020—2021年
A+B	农业、狩猎、林业和渔业	1.2	0.8	1.1	-0.4	1.7	2.1	-2.4
C	采矿和采石	-2.5	-1.5	1.5	-2.1	-3.3	-2.4	-12.6
15+16	食品、饮料和烟草	3.0	1.2	0.3	2.6	0.6	0.7	-0.1
17+19	纺织品、纺织产品、皮革和鞋类	-0.6	1.4	-2.1	2.2	3.4	5.6	-19.3
20	木材和木材制品	-7.6	-2.3	-8.4	-3.8	4.0	6.5	-21.3
21+22	纸浆、纸张、纸制品、印刷和出版	0.5	1.0	-3.2	3.2	2.4	4.5	-18.7
23	焦炭、精炼石油产品和核燃料	-2.1	-6.3	-10.8	-3.4	-5.2	-9.2	35.0
24	化学品和化学产品	6.0	1.1	1.4	2.0	0.0	-1.0	9.5
25	橡胶和塑料产品	-2.0	-0.2	-5.3	2.4	1.6	1.2	5.2

续 表

行业代码	行 业 描 述	1980—1991 年	1991—2021 年	1991—2000 年	2000—2010 年	2010—2021 年	2010—2020 年	2020—2021 年
26	其他非金属矿产品	0.2	-0.7	-2.7	-2.6	2.7	3.7	-7.1
27+28	基本金属和金属制造产品	-1.1	-0.6	-1.9	0.2	-0.2	-0.1	-1.6
29	新机械	-1.4	-1.6	-3.9	2.0	-3.1	-2.8	-5.5
30+33	电气和光学设备	4.1	2.7	-1.4	8.4	0.9	0.9	0.9
34+35	运输设备	-0.3	-0.2	-1.9	1.7	-0.4	1.2	-16.1
36+37	制造业(其他);回收	-2.5	3.3	5.9	0.4	3.9	7.0	-27.0
E	供电、供气和供水	1.1	0.8	3.1	0.5	-0.8	-0.1	-8.1
F	建筑	-3.6	-1.4	0.2	-1.6	-2.5	-1.2	-15.1
G	贸易	0.9	-1.2	1.6	-0.5	-4.2	-2.2	-24.6
H	酒店和餐馆	0.6	-1.7	4.3	-0.9	-7.3	0.6	-85.6
60+63	运输和储存	1.3	0.8	2.2	2.4	-1.8	0.3	-22.6

续　表

行业代码	行业描述	1980—1991年	1991—2021年	1991—2000年	2000—2010年	2010—2021年	2010—2020年	2020—2021年
64	邮政和电信	-1.4	2.2	4.8	5.9	-3.2	-3.1	-4.5
J	金融服务	2.5	1.6	2.3	1.0	1.6	1.6	1.5
71+74	商业服务	2.2	-0.7	0.3	-3.2	0.8	1.2	-3.9
L	公共行政和国防;强制性社会保障	2.3	4.5	5.0	5.8	3.0	3.5	-1.7
M	教育	3.1	1.3	1.6	-0.7	2.9	3.1	0.9
N	卫生与社会工作	3.0	0.1	0.5	1.2	-1.1	0.5	-16.9
70+O+P	其他服务	3.7	-0.7	0.0	-1.5	-0.5	1.2	-16.6

资料来源：根据 RBI 的 KLEMS 数据库计算得出。

2020 年）出现下降，新冠疫情大流行对其中大多数行业的生产率表现产生了不利影响。同样，在服务业的 12 个子行业中，有 4 个在同一时期的全要素生产率增长率出现下降，而最近 2020 年的全球卫生危机则加剧了这一情况，进一步阻碍了大多数服务业子行业的全要素生产率进步。

总之，生产力概况表明，印度在各种生产力指标上都落后于亚洲同行。此外，在制造业和服务业，观察到的全要素生产率增长率仍然有限，新冠疫情健康危机对生产率水平产生了重大影响。

三、支持印度生产力的机构生态系统

国家创新体系（NIS）通过国家和地方层面的创新提高生产力，是推动生产力变革的制度环境中最重要、最基本的组成部分之一。国家创新体系促进新技术的进步、传播和利用，最终生产出创新产品、服务和流程。通过监管框架和有利的基础设施，国家创新体系促进了创新并加快了新技术的应用。通过开发和推广尖端技术和解决方案，一个先进的国家创新体系可以帮助各国解决许多社会和环境问题，实现长期的 GDP 增长和竞争力，并在宏观和微观层面提高生产力水平。国家创新体系是一个由合作开发、传播和应用新技术的组织、指导方针和个人组成的系统，包括学术机构、研究中心、私营部门的企业、政府实体和其他参与创新的团体在内的广泛利益相关者都被纳入国家创新体系。为了创造可用于提高国内生产总值增长和生产率的新信息和新技术，这些利益相关者既要相互合作，又要相互竞争。总体而言，国家创新体系可以通过营造促进创新和允许采用新技术的氛围,帮助企业在国际市场上竞争。

印度决策者充分认识到创新对提高生产力和竞争力的重要意义。因此,他们推出了多项举措来支持国家创新体系的发展。图15-1给出了国家创新体系的大致架构。从图中可以看出,印度的国家创新体系涉及多个利益相关方,包括政府机构、大学、研究机构、私营企业和非政府组织。印度政府采取了许多措施来促进国家创新体系内的创新活动。这些措施包括促进大学与产业的合作,支持研究机构与企业的伙伴关系。印度拥有强大的研究机构和大学网络,从事科学、技术和工程研究。此外,印度的创业生态系统也在蓬勃发展。在信息技术和生物技术等许多行业,印度已成为全球领先者。近年来,印度的国家创新体系方法发生了显著转变,从传统的自上而下方法转变为自下而上战略。这一转变旨在通过鼓励当地企业积极参与以及将中小型企业(SMEs)纳入更广泛的创新生态系统来刺激市场驱动型创新。印度政府发起了"初创印度""数字印度"和"阿塔尔创新使命"等倡议,以培养创新和创业文化。印度国家创新体系最终促成了一个有利于促进创新和提高生产力的生态系统的建立。近年来,全要素生产率大幅增长,印度在全球创新指数(GII)中的表现也有所改善,这些都证明了这一进展。

如图15-1所示,印度实施了三重螺旋概念,以鼓励创新并提供一个制度生态系统来推动生产力的提高。三重螺旋模型是一个概念框架,说明了政府、行业和学术界在推动创新和促进经济增长方面的动态和互动关系。这种方法建议这三个机构密切合作,促进经济增长和知识型发展。印度在建立强有力的创新和生产力体制框架方面面临许多障碍,其中一些主要障碍包括研发资金匮乏、知识产权保护

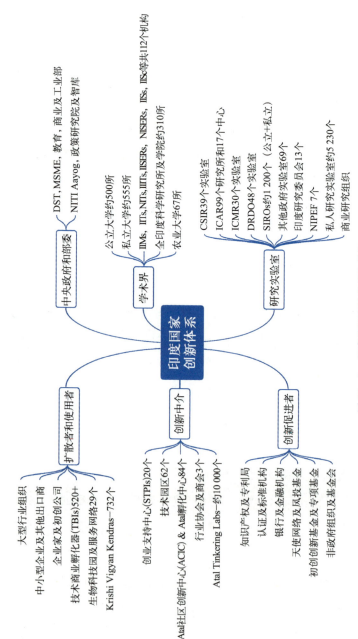

图15－1　印度的国家信息系统架构

不力、研发领域合格人才稀缺、政府企业和学术界之间缺乏合作、物质基础设施质量差、法律法规不严以及缺乏世界一流的科技教育机构等。要解决这些问题,需要采取多方面的战略,包括改善教育和培训经费、提高基础设施质量、加强知识产权以及促进公私合作伙伴关系等。

(一)印度和中国的国家创新体系：简明比较分析

下面列出了中国和印度国家创新体系的一些最重要的质量特征。

1. 政府参与和规划

中国政府在促进创新方面发挥着积极而集中的作用,制订了一系列全面、长期的计划,以提高关键领域的创新能力。虽然印度政府一直支持创新,但不如中国政府的集中和干预。印度的战略通常包括公共和私人举措的结合。

2. 经济模式

中国采取的经济模式注重出口,强调制造业和成为"世界工厂"的目标。在电子等行业,这一战略产生了强大的生产能力,提高了全球竞争力。印度采取了更加以服务为导向的经济战略,将软件和信息技术服务放在首位。近年来,制造业和创新驱动型行业受到更多关注。

3. 研发投资

中国逐步提高了研发投入。在研发支出方面,中国已成为全球领导者,尤其是在生物技术、可再生能源和人工智能等领域。相反,虽然印度也增加了研发支出,但其研发投资可能跟不上中国的步伐。印度的重点通常放在信息技术和软件开发上,但对制药和可再生能源等领域的兴趣也在不断增长。表 15－4 列出了中国和印度在主要研发指标方面的各自情况。

表 15－4　研发指标: 中国和印度

年　份	研发人员/每百万人		研发/占国内生产总值的百分比	
	中　国	印　度	中　国	印　度
2011	957.57	—	1.78	0.76
2012	1 014.31	—	1.91	—
2013	1 066.21	—	2.00	0.71
2014	1 089.20	—	2.02	0.70
2015	1 150.82	216.00	2.06	0.69
2016	1 196.69	—	2.10	0.67
2017	1 224.78	—	2.12	0.67
2018	1 307.12	—	2.14	0.66
2019	1 471.25	—	2.24	0.76
2020	1 584.87	—	2.41	—

资料来源: 世界发展指标。

4. 教育系统

中国的教育体系非常重视科学、技术、工程和数学(STEM)。中国每年培养大量工程和科学专业毕业生,从而提高了创新能力。印度拥有强大的教育体系,同样重视技术和工程。然而,印度需要不断提高教育质量和相关性,以满足快速发展的创新环境的需求。

5. 创新生态系统

中国已建立了多个创新中心和集群,其中包括以科技产业蓬勃发展而闻名的深圳。中国拥有一个蓬勃发展的生态系统,由初创企业、研究机构和大型企业组成,它们就创意想法和创新项目开展合作。印度见证了班加罗尔和海德拉巴等城市初创企业生态系统的兴起。尽管这个生态系统正在不断扩大,但初创企业、行业和学术界之间的理想合作尚未实现。

6. 全球一体化

中国积极推动国际合作与一体化,吸引外资,参与全球研究计划。"一带一路"倡议体现了中国对世界经济的态度。印度越来越多地参与全球创新。"数字印度"和"印度制造"等计划的目标是使印度成为全球创新和技术的领导者。

总之,印度和中国的国家创新体系各具特色。中国已在多个领域确立了全球领先地位,而印度正在努力缩小差距,迎头赶上。

(二)印度和中国国家创新系统的定量评估

为了对印度和中国的国家创新体系进行量化评估,我们重点关注世界知识产权组织(WIPO)编制的全球创新指数(GII)。表 15-5 显示,中国在全球创新指数排名中位居第 12 位,而印度位居第 40 位。值得注意的是,从 2011 年到 2023 年,在全球知识产权指数的所有 7 个组成部分中,中国的表现始终远远超过印度。这种差距有力地表明,中国的国家创新体系比印度的运作更有效率。Alnafrah (2021)的研究也得出了类似的结论,他采用两阶段网络 DEA 模型评估了金砖国家的国家创新体系效率,该模型将国家创新体系划分为两个不同的子过程:知识生产过程和知识商业化过程。

表 15－5　按年份分列的印度和中国全球创新指数

年份	机构	人力资本与研究	基础设施	市场成熟度	商业成熟度	知识和技术产出	创意成果	全球创新指数
中国（2023 年综合排名＝12）								
2011	51.7	39.9	35.4	54.1	49.3	52.7	40.9	46.43
2012	39.1	31.4	44.3	47.8	50.9	61.8	34.4	45.4
2013	48.3	40.6	39.8	54.2	42.9	56.4	31.9	44.7
2014	48.3	43.4	45	50.5	41.8	59	35.7	46.6
2015	54	43.1	50.5	49.3	44.9	58	35.1	47.5
2016	55.2	48.1	52	56.6	53.8	53.3	42.7	50.6
2017	54.8	49.2	57.9	54.7	54.5	56.4	45.3	52.5
2018	59.4	47.8	56.8	55.6	56	56.5	45.4	53.1
2019	64.1	47.6	58.7	58.6	55.4	57.2	48.3	54.8
2020	64.6	49.4	52.1	58.5	52.9	55.1	47	53.3
2021	64.4	50.6	54.6	61.5	54.3	58.5	46.5	54.8
2022	64.8	53.1	57.5	56	55.9	56.8	49.3	55.3
2023	60.2	49.8	56.4	56.7	54.1	61.5	48.9	55.3
印度（2023 年综合排名＝40）								
2011	52.3	26.9	27.7	44.6	30.8	24.8	40.3	34.52
2012	38.4	18.5	31	44.6	37.6	34	40.7	35.7
2013	51.9	21.7	27.5	49.5	28.3	34.5	38.6	36.2
2014	50.8	22.7	32.1	51.2	28	32.2	28.6	33.7

续　表

年份	机构	人力资本与研究	基础设施	市场成熟度	商业成熟度	知识和技术产出	创意成果	全球创新指数
2015	50	20	34.6	46.5	26.4	30.1	25.9	31.7
2016	50.7	32.2	37	50.3	32.2	31	22.5	33.6
2017	51.4	32.3	44.1	51.9	34.6	30.3	25.9	35.5
2018	55.9	32.8	40.4	53.4	30.1	30.3	25.4	35.2
2019	59.5	33.5	43	56.3	31	33.5	23.5	36.6
2020	64.7	31.6	38.1	53.7	29.4	34.7	20.6	35.6
2021	64.4	34.1	36.8	55.5	29.2	34.5	23.1	36.4
2022	60.1	38.3	40.7	50.4	30.9	33.8	24.3	36.6
2023	53.9	35.5	34.3	52.9	29.6	39.7	30.3	38.1

资料来源：世界知识产权组织（WIPO）、全球创新指数。

四、主要政策干预措施

印度的政策制定者意识到，增加研发支出对于强化促进生产力增长的制度环境是必要的。他们所做的努力包括：为研发活动提供赠款、补贴和其他财政支持；鼓励合作、建立公私伙伴关系和资助研究财团；资助科学和工程教育、职业培训以及创新和创业促进计划。他们还通过提供税收激励措施，如研发支出的税收抵免或减免，努力实现这一目标。然而，满足创新生态系统不断扩大的需求的主要障碍似乎是资源供应的稀缺。为减少创新障碍，政府可以做的一件事就是简化研发规则。这可以通过简化专利制度、减少官僚主义繁文缛节以及加快审批新的创意产品和服务来实现。我们建议,为促进创新,印度应逐步增加研发支出,使其至少达到国内生产总值的2%。

我们认为,印度要想提高生产力,就需要一个强有力的制度框架。我们所考虑的生态系统由多种政策和组织组成,它们相互协作,共同营造有利于提高生产力、创造就业机会和扩大经济规模的氛围。包括政府机构、贸易团体、工会、学术机构和民间社会组织在内的广泛参与者之间的合作与协调对生态系统的成功至关重要。这些参与者联合起来可以促进创业、投资和创新,从而推动经济产出和繁荣。在印度各邦的微观层面上,没有一套放之四海而皆准的政策行动能够振兴生产力和创新的制度框架。不过,考虑到多个变量的全方位战略可能会取得良好效果。为了鼓励创新、提高生产力和加快经济增长率,应重新制定国家创新战略,明确实现中长期目标的愿景。必须根据这一政策干预措施对现行计划进行彻底评估。这种评估应考虑到现行战略在实现其目标方面的效果如何,与国家总体发展目标的一致性如何,以及为促进创新提供资源的情况如何。重新设计的计划应根据全面评估的结果,明确提出国家的中长期目标。这些目标应与印度更广泛的社会和经济发展目标保持一致,并应符合SMART(具体、可衡量、可实现、相关、有时限)原则。

该战略还应确定印度具有比较优势或有大量创新机会的部门的首要优先事项。这些优先领域可能是由国家的基础设施、人力资源、自然资源或目前在特定行业或技术领域的竞争优势决定的。新方法应集中精力营造一个促进创新的环境,包括制定鼓励创业、研发和创新的法律和政策,以迎来一个创新和生产力增长的时期。这可以包括为私营部门的研发提供财政激励,帮助小企业和新企业,以及执行保护知识产权的法律。此外,必须促进企业界、学术界和政府之间的伙伴关系与合作,以推动创新和促进信息转让。这可能需要创建科技园区、孵化器或创新集群,以及资助合作研究计划。最重要的是,该战略必须具有活力,并有一个强有力的框架来监测和评估在实现既定目标和目的方面取得的进展。这可能需要监测关键绩效指标,开展调查和评估,并在必要时修改行动计划。

　　除了通过重塑现行的国家创新计划来创造有利的生态系统外,培养创新文化也势在必行。鼓励数字化和使用技术的政策有助于提高生产力。这就需要支持数字工具和技术的使用,并投资于高速互联网和数字平台基础设施。通过合作研究项目、交流计划和区域创新网络加强合作和知识共享,可以密切印度各邦与创新机构之间的联系。

五、结论

　　本文旨在概述印度的生产力增长情况,并阐明决策者为促进生产力增长而建立的制度框架。此外,本文还提供了简明扼要的比较分析,以强调印度和中国国家创新体系之间的主要差异。报告指出,印度经济总量和各个分部门的生产率都有小幅增长。然而,这一增长明显低于中国。支持印度生产力增长的机构生态系统非常全面,涉及政府机构、大学、研究机构、私营公司和非政府组织等多个利益相关方。研究发现,印度和中国的国家创新体系之间存在显著差距,中国在量化指标方面表现出更高的效率。该研究建议采取若干政策干预措施来加强印度的制度生态系统,特别是要将研发支出增加到至少占国内生产总值的 2%。这一举措将在印度国内促进创新并培养创新文化。

参考文献

[1] Alnafrah, I. (2021), Efficiency evaluation of BRICS's national innovation systems based on bias corrected network data envelopment analysis, *Journal of Innovation and Entrepreneurship* Vol. (10), No 26, pp. 1 – 28.

[2] Krugman, P. R. (1997). *The age of diminished expectations*: *U. S. economic policy in the 1990s.* 3rd Edition, The MIT Press.

[3] Nomura K. and Kimura, F. (2023), *APO productivity databook 2023*, Asian Productivity Organization, Tokyo.

[4] Reserve Bank of India (2023), *Measuring productivity at the industry level — The India KLEMS database*, Mumbai.

建设亚洲经济共同体倡议书

Proposal for the Construction of the Asian Economic Community

当前的世界经济正处在百年未有之大变局,全球产业链重组出现区域化的趋势。在这个时候,我们来自中国、日本、韩国、印度、新加坡五国的学者集聚在上海,探讨"走向未来的亚洲文明和亚洲经济共同体"的道路问题。我们向亚洲各国学者提出倡议:以务实的精神和平等的态度,探讨亚洲文明新形态和亚洲治理新思维、亚洲经济合作的客观基础和未来走向、建设亚洲生产网络和亚洲统一市场的路径及机制,用理性的力量为建设亚洲经济共同体注入更多积极因素,从而展现亚洲经济共同体建设的光明前景。

In the current global economic landscape undergoing unprecedented changes, a regionalization trend is reshaping global industrial chains. At this juncture, scholars from China, Japan, South Korea, India, and Singapore have convened in Shanghai to deliberate on the path toward "The Future of Asian Civilizations and the Asian Economic Community". We extend an initiative to scholars across Asia, urging pragmatic collaboration and an egalitarian approach to explore new forms of Asian civilization and governance, the objective foundations and future trajectory of Asian economic cooperation. Our aim is to chart the course and mechanisms for constructing Asian production networks and a unified market, infusing the development of the Asian Economic Community with rational strength. Through this, we aspire to showcase the bright prospects for building an Asian Economic Community.

1. 研究怎样建设多元融合的亚洲文明。亚洲经济共同体建设的基础是文明的多元融合,需要重塑超越制度文化之争的多元文明形态,以文明互鉴超越文明冲突,走出亨廷顿提出的"文明冲突论"的困境。重塑亚洲文明的方向是多元融合和现代转换,应该尊重各国的民族文化和制度选择,在多元融合基础上创造出传统与现代结合、亚洲与世界结合、和谐秩序与法治秩序结合的文明形态。

Blueprint for the Diverse Construction of the Asian Economic Community. To establish a foundation for the Asian Economic Community rooted in the diversity of civilizations, it is imperative to delve into reshaping a diverse cultural form that transcends institutional and cultural disputes. Emphasizing the amalgamation of civilizations over conflicts, our focus is to move beyond the impasse presented by Huntington's "The Clash of Civilizations" theory. The direction for reshaping Asian civilization lies in embracing diversity and modern transformation, respecting each country's ethnic culture and institutional choices. By fostering a framework of diverse integration, we aim to create a civilization that combines tradition and modernity, Asia and the world, harmonious order, and the rule of law.

2. 研究怎样建设平等协商的治理模式。亚洲国家有多种文明和制度,它们都是追求自由平等和进步的主权国家,在建设亚洲经济共同体的过程中,为达到互利共赢和追求共同利益的目标,主权国家要通过权力让渡和共享为共同利益的协调提供保障。这些规则的制定应该借鉴东盟共同体建设的经验,遵循"万隆会议"精神和求同存异、协商一致的原则,建立公正和均衡的区域经济秩序。

Forging an Egalitarian Consultative Governance Model. In the process of constructing the Asian Economic Community, which encompasses diverse civilizations and systems within Asian nations — each sovereign in the pursuit of freedom, equality, and progress — an imperative focus is placed on establishing a governance model built on equality and consultation. To achieve mutual benefit and common interests, sovereign nations must guarantee coordination for shared interests through the delegation and sharing of power. Drawing from the experience of ASEAN community building, the formulation of these rules should adhere to the spirit of the "Bandung Conference" and the principles of seeking common ground while respecting differences, aiming for consensus through consultation. The ultimate goal is to establish a just and balanced regional economic order.

3. 研究怎样建设长期有效的治理机制。不仅要通过各国领导人峰会带动区域经济合作,而且要保障经济合作机制的长期性和稳定性,切实保障签署的协定得到有效执行。根据欧洲共同体建设的经验,应该建立完善的决策机构、决策机制及落实机制,保障为实现其目标而采取行动的一致性和连续性,并且从双边和多边的协议逐步转向制定共同体的条约。

Constructing a Sustainable Governance Mechanism. Not only should regional economic cooperation be propelled through leaders' summits among countries, but there is also a need to ensure the long-term sustainability and stability of economic cooperation mechanisms, effectively guaranteeing the implementation of signed agreements. Drawing from the experience of European Community development, it is crucial to establish comprehensive decision-making structures, mechanisms, and implementation frameworks. This ensures consistency and continuity in actions aimed at achieving the community's objectives, transcending the challenges posed by leadership changes. Moreover, a gradual transition from bilateral and multilateral agreements towards the formulation of community-wide treaties is recommended for a more enduring and effective governance mechanism.

4. 研究怎样建设多极化的亚洲产业格局。随着亚洲各国经济发展和产业技术水平的变化,产业格局呈现动态调整的趋势,形成多极雁行产业形态。应该按照产业规模、前沿技术以及营造产业生态、引领产业发展的标准去识别产业头雁和培育产业头雁的带动力,其他国家根据自身的比较优势选择合适的位置,从而形成有序推进的产业梯队,使各国的比较优势得到充分发挥。

Constructing a Multipolar Asian Industrial Landscape. As the economies and technological capacities of Asian countries undergo dynamic changes, the industrial landscape is witnessing a trend toward dynamic adjustments, giving rise to a multipolar and wild-geese-flying industrial structure. The establishment of a diversified industrial pattern requires the identification and cultivation of industry leaders based on criteria such as industry scale, cutting-edge technology, the creation of industrial ecosystems, and driving industrial development. Countries should position themselves according to their comparative advantages, creating a well-organized industrial hierarchy. By fostering industry leaders and strategically placing nations in alignment with their strengths, a systematically advancing industrial echelon can be formed, allowing each country to leverage its comparative advantages to the fullest extent.

5. 研究怎样建设多元性的亚洲生产网络。亚洲经济共同体的基础是区域性国际分工,即由市场驱动的区域性生产网络。各国要根据自身产业特征参与区域国际分工,通过资源要素及中间产品的供应,形成完善的产业链和稳定的供应链;按照互利共赢原则合理安排产业链各个环节的增值比重,从而保持区域价值链的相对平衡或者均衡,增强亚洲区域产业链的聚合力和稳定性。

Constructing a Diverse Asian Production Network. The cornerstone of the Asian Economic Community lies in regional international division of labor, driven by market-oriented regional production networks. Countries should engage in regional international division of labor based on their unique industrial characteristics. This involves establishing comprehensive industry and stable supply chains through the supply of resources, elements, and intermediate products. Adhering to the principle of mutual benefit, it is essential to strategically allocate the value-added proportions across different stages of the industrial chain. This ensures the relative balance or equilibrium of the regional value chain, thereby enhancing the cohesion and stability of the Asian regional industrial network.

6. 研究怎样建设多层次的技术合作体系。区域技术合作是建设亚洲经济共同体的重要内容,要通过不同层次的技术合作,发挥高技术国家的技术外溢效应,带动后发国家的技术和产业结构升级。亚洲各国产业技术具有多层次的特征,应该通过多层次技术合作,带动中等或低等技术产品制造国家进入更高的技术层次,从整体上提升亚洲经济共同体的技术水平和产业层次。

Constructing a Multilayered Technical Cooperation Framework. Regional technical cooperation stands as a pivotal component in constructing the Asian Economic Community. It is imperative to harness the spillover effects of advanced technology nations through diverse levels of technical collaboration, thereby propelling technological advancements and industrial restructuring in developing countries. The industries and technologies across Asian nations exhibit multilayered characteristics, necessitating a multilayered approach to technical cooperation. This strategy aims to uplift nations engaged in medium or low-tech production, fostering their entry into higher technological echelons. Ultimately, this concerted effort serves to elevate the overall technological prowess and industrial tiers of the Asian Economic Community.

7. 研究怎样建设循环畅通的亚洲自贸区。国际性区域合作的演进逻辑是从贸易合作、货币合作到经济联盟，建设亚洲自由贸易区是建设亚洲共同体的基础。应该将《区域全面经济伙伴关系协定》（RCEP）作为亚洲经济共同体建设初级阶段的框架文件，积极推动各项措施落实，实现货物贸易90%以上的零关税，逐步降低非关税壁垒和优化营商环境，推动区域内贸易投资自由化和便利化。

Constructing a Seamless Circulatory Asian Free Trade Area. The evolutionary logic of international regional cooperation progresses from trade cooperation and monetary collaboration towards economic alliances. The establishment of an Asian Free Trade Area stands as the cornerstone in constructing the Asian community. Leveraging the Regional Comprehensive Economic Partnership (RCEP) as the foundational framework for the initial phase of building the Asian Economic Community, proactive measures are essential for the effective implementation of RCEP. This includes achieving tariff-free trade for over 90% of goods, gradually reducing non-tariff barriers, and optimizing the business environment. Additionally, there is a need to promote liberalization and facilitation of trade and investment within the region. These efforts are aimed at fostering a more liberal and convenient environment for regional trade and investment activities.

8. 研究怎样建设规范有序的亚洲货币区。东亚国家已经具备经济依存度高、生产要素自由流动等形成最优货币区的条件,应该通过建设最优货币区降低各国交易成本,并且形成对美元体系的制约。要借鉴欧盟货币金融合作的经验,在形成共识的基础上推动区域货币一体化。从签订和实施货币互换协议开始,推动以亚洲国家主要货币为核心的国际化进程,最终培育超主权货币。

A Well-Regulated Asian Monetary Zone. The nations in East Asia possess conditions conducive to forming an optimal currency area, characterized by high economic interdependence and free flow of production factors. Establishing such an optimal currency area is crucial for reducing transaction costs among countries and establishing constraints on the dominance of the US dollar system. Drawing insights from the experiences of monetary and financial cooperation within the European Union, the focus should be on fostering regional currency integration based on consensus formation. Beginning with the signing and implementation of currency swap agreements, efforts should progress towards internationalizing major Asian currencies, laying the groundwork for the eventual cultivation of supranational currencies.

9. 研究怎样建设优质高效的互联互通网。基础设施的互联互通是国际性区域经济合作的桥梁,应该以亚洲基础设施投资银行为平台,逐渐拓展能源和交通基础设施领域建设,并且为改善亚洲国家基础设施提供更多的公共产品。特别是要以基础设施建设促进产业链建设,带动构建亚洲生产网络和区域产业链;积极推进信息基础设施建设,加强物联网、工业互联网和通信领域合作。

Constructing a High-Quality and Efficient Interconnected Network. The interconnectivity of infrastructure serves as the bridge for international regional economic cooperation. Utilizing the platform of the Asian Infrastructure Investment Bank（AIIB）, gradual expansion into the realms of energy and transportation infrastructure is essential. This expansion aims to provide more public goods for the enhancement of infrastructure across Asian nations. Emphasis should be placed on leveraging infrastructure development to catalyze the establishment of production networks and regional industrial chains. Additionally, proactive measures are necessary to advance the construction of information infrastructure, fostering collaborations in areas such as the Internet of Things（IoT）, industrial internet, and communication technology.

Signed by：

上海大学　欧阳峣教授
Professor Ouyang Yao, Shanghai University

日本大学　村上直树教授
Professor Murakami Naoki, Nihon University

Sunil Kumar

南亚大学　苏尼尔·库马尔教授
Professor Sunil Kumar, South Asian University

崔弼洙

世宗大学　崔弼洙教授
Professor Choi Pilsoo, Sejong University

新加坡国立大学　顾清扬教授
Professor Gu Qingyang, National University of Singapore

Date of Signing: November 18, 2023

Place of Signing: Shanghai, China

首届"走向未来的亚洲文明和亚洲经济共同体"学术论坛综述

中国社会科学网讯（记者谢德 通讯员唐铭坤）11 月 18 日，首届"走向未来的亚洲文明和亚洲经济共同体"学术论坛在上海大学举行。来自日本大学、印度南亚大学、韩国世宗大学、新加坡国立大学、南开大学、复旦大学、上海财经大学、华南理工大学、上海大学、河南大学等单位的专家学者围绕会议主题展开热烈讨论，为建设亚洲文明和亚洲经济共同体提供新思路和新方案。

重塑亚洲文明和亚洲治理新思维

南开大学副校长盛斌教授指出，当前亚洲区域经济一体化迅速发展，但也面临地缘政治冲突带来的挑战。他回顾了亚太经济一体化的思想起源与行动发展，认为区域经济一体化进程中的对抗与分裂不利于构筑亚洲区域更有效率的"三链"。当前亚洲区域一体化面临最大的挑战是领导力之争，地缘政治冲突和经济竞争导致全球体化面临分裂，这将直接影响亚太地区的经贸关系和区域战略。

上海大学大国经济研究中心主任欧阳峣教授认为，亚洲经济共同体建设的基础是文明的多元融合，重塑亚洲文明的方向是多元融合和现代转换,应该尊重各国的民族文化和制度选择,在多元融合的基础上创造出传统与现代结合、和谐秩序与法治秩序结合的一体化。

复旦大学世界经济研究所所长万广华教授认为,亚洲崛起需要走到"亚洲一体化"的道路上来,历史证明以单一国家的经济增长推动亚洲崛起稍显乏力,凝聚各方力量才能促进亚洲崛起,保证亚洲经济增长的持续性。同时,他指出当前"亚洲一体化"的进程面临着诸多挑战,最大的挑战就是中国与印度的关系,他期望中国与印度能在未来增进了解、互相合作,共同推动亚洲崛起。

新加坡国立大学顾清扬教授分析了中国和东盟的经济合作存在的挑战与机遇,他认为当今世界逆全球化思潮盛行,全球产业链、供应链与投资贸易均受地缘政治影响。中国与东盟经济合作应以文明交流互鉴为先导,各方积极了解各国的背景和文明特色,尊重彼此的文化和价值观,以开放包容的态度解决合作中的问题。

韩国世宗大学崔弼洙教授认为,与"一带一路"相比,西方援助贷款存在资金执行效率低、筹款缓慢等问题。基于此,他肯定"一带一路"对发展中国家起的积极作用,期望未来亚洲地区能增进多边合作。

加强亚洲经济合作和自贸区建设

盛斌认为,亚洲区域经济一体化一直保持着稳步推进的态势,即使面临新冠疫情大流行造成的全球贸易中断和经济低迷,也没有抑制亚洲地区新建与深化经贸伙伴关系的势头。同时,亚洲区域内服务贸易占服务贸易总额的比重基本保持在45%左右。其中一个重要因素是中国在该地区的主要贸易伙伴地位,中国占亚洲区域内贸易的比重约为 20%。

欧阳峣提出,当前亚洲经济体的外需缩减,迫切需要区域内部市场的扩张,为此应该加快建设亚洲统一市场,构建规模庞大和循环畅通的市场体系。当前的任务是推动《区域全面经济伙伴关系协定》(RCEP)各项措施的落实。

上海大学经济学院副院长毛雁冰副教授认为,当前亚洲经贸合作迎来了三个难得的时代机遇。一是大量区域贸易协定为多边贸易提供了便利;二是中国大国经济的优势显现,东盟间贸易合作日益成熟;三是数字经济和绿色经济对经济增长刺激作用日益凸显。

华南理工大学经济与金融学院副院长陈镇喜教授关注国家经济合作对主权债券市场依存关系的影响,并以中国与金砖国家的主权债券市场为例分析,为亚洲经济合作与金融市场影响的相关研究提供了范式。

构建亚洲生产网络和区域产业链

欧阳峣认为,亚洲经济共同体的基础是区域性国际分工,即由市场驱动的区域性生产网络。亚洲各国需要根据自身的产业特征参与区域性国际分工,通过资源要素及中间产品的供应,形成完善的产业链和稳定的供应链;亚洲各国应该按照互利共赢的原则,合理安排产业链各个环节的增值比重,从而保持区域价值链的相对平衡或者均衡,增强亚洲区域价值链的吸引力、聚合力和稳定性,为建设亚洲经济共同体奠定基础。

盛斌提出,亚洲区域经济一体化深化了地区供应链体系与生产网络。亚洲区域一体化的一个显著特征是其建立在由市场驱动的区域性生产网络基础上，即本地区业已形成的包括大量制程分割、中间品贸易、跨国资本流动、服务外包、产业关联与转移在内的垂直专业化分工体系。

日本大学教授村上直树聚焦东亚地区供应链转型。他认为，从东亚各国/地区的趋势来看，日本呈现出相对衰落，中国和一些东盟国家呈现出增长的态势，东盟国家在零部件供应方面的作用正逐渐增强。而东亚地区供应链的转型是东亚地区基于风险分散的考量作出的理性决策的结果。

上海财经大学研究生院院长靳玉英教授分析了中日韩三国供应链关系的变化。她从微观企业层面论证了亚洲区域内的合作日益加深，但各国之间的相对供应量存在一定的差异，主要表现为日韩企业对中国的供应关系逐渐减弱，但中国对日韩企业的供应关系重要性却上升，这表明东亚地区与中国合作需求的不断增长。

河南大学经济学院李麦收教授提出劳动力跨国流动对亚洲共同体创建具有积极影响。他认为劳动力流动有助于加强文化交流，增进各国间理解，减少民族国家间的矛盾，促进企业经营理念和体制的变革，丰富各民族文化，缓解各国就业压力，提高亚洲经济体的经济资源配置效率。他认为亚洲各国应该加强劳动力跨国流动的合作，用劳动力跨国流动促进文化交流，提高亚洲经济合作质量。

加强亚洲能源环境合作和制度建设

上海大学产业经济研究中心副主任刘奎副教授介绍了亚洲的概况及能源使用情况，指出当前亚洲能源使用过程中存在化石能源消耗占比高和碳减排压力大等问题。他分别从化石能源和清洁能源的角度分析亚洲各国资源禀赋,并提出亚洲能源合作趋势是大力发展可再生能源。当前亚洲能源合作的挑战在于国际地缘政治的影响、适配亚洲市场合作机制的缺乏与基础设施的建设不足,并强调加强亚洲能源合作的重要性,呼吁完善亚洲能源合作机制,加强基础设施建设。

印度南亚大学教授苏尼尔·库马尔以印度的生产率增长及其支持性制度生态系统为切入点,探讨印度经济增长经验。

本次学术论坛期间,上海大学、日本大学、世宗大学、南亚大学、新加坡国立大学的学者共同签署《建设亚洲经济共同体倡议书》,向亚洲各国的专家学者提出九条建议:第一,研究建设多元融合的亚洲文明,以文明互鉴超越文明冲突,实现多元融合和现代转换,创造出传统与现代结合、和谐秩序与法治秩序结合的文明形态。第二,研究建设平等协商的治理模式,遵循"万隆会议"精神,坚持求同存异、协商一致的原则,建立公正和均衡的区域经济秩序。第三,研究建设长期有效的治理机制,通过健全机构和机制,用制度保障经济合作的长期性和稳定性,保障签署的协定得到有效执行。第四,研究建设多极化的亚洲产业格局,科学地识别产业头雁和培育产业头雁的带动力,其他国家根据自身的比较优势选择合适的位置,从而形成有序推进的产业梯队。第五,研究建设多元性的亚洲生产网络,各国根据自身优势参与区域国际分工,形成完善的产业链和稳定的供应链,增强亚洲区域产业链的聚合力和稳定性。第六,研究建设多层次的技术合作体系,通过不同层次合作发挥技术外溢效应,带动后发国家的技术和产业结构升级,提升亚洲经济共同体技术水平和产业层次。第七,研究建设循环畅通的亚洲自贸区,将《区域全面经济伙伴关系协定》(RCEP)作为亚洲经济共同体初级阶段的建设框架,积极推动各项措施落实,带动区域内贸易投资自由化和便利化。第八,研究建设规范有序的亚洲货币区,在形成共识的基础上推动区域货币一体化,从签订和实施货币互换协议开始,推动以亚洲国家主要货币为核心的国际化进程。第九,研究建设优质高效的互联互通网,以亚洲基础设施投资银行为平台,拓展能源和交通以及信息基础设施建设,为亚洲国家提供更多高质量的公共产品。

后　记

　　世界历史的经验告诉我们,任何强盛的国家必定拥有良好的近邻关系,周边国家关系是国际关系中最重要的关系,其中经济关系是国家关系的经济基础。用中国的俗语说:"远亲不如近邻",亲仁善邻是中华民族倡导的处世立国之道。中国经济的崛起和中华民族的伟大复兴,离不开亚洲市场和亚洲经济的共同繁荣。当前世界经济正处在百年未有之大变局,全球产业链重组出现区域化的趋势,为加强亚洲区域经济合作提供了新的机遇。我们应该高举人类命运共同体理念的旗帜,携手构建亚洲经济共同体。

　　进入 21 世纪以后,由 29 个成员国共同发起成立了博鳌亚洲论坛,初衷就是促进亚洲经济一体化,为政府、企业及专家学者等提供共商经济、社会、环境及其他相关问题的高层对话平台。同时,促进亚洲经济的一体化,需要经济学者在共同讨论和系统研究的基础上达成共识,为亚洲经济合作提供坚实的理论支持和政策思路。正是基于这样的宗旨,上海大学经济学院、大国经济研究中心和亚洲经济研究中心共同主办"走向未来的亚洲文明和亚洲经济共同体"学术论坛,邀请国内高等学校、科研机构以及日本、韩国、印度和新加坡等国的经济学者,积极探索新的文化思维、治理模式和政策体系,促进形成亚洲经济共同体建设的基本框架。

　　我们的第一届论坛于 2023 年 11 月 18 日在上海大学乐乎新楼举行，来自中国、日本、韩国、印度和新加坡的 10 多位专家学者发表了演讲，并以上海大学、日本大学、世宗大学、南亚大学和新加坡国立大学的教授为代表，签署了《建设亚洲经济共同体倡议书》。同时，我们将专家学者的演讲报告汇编成书正式出版。这次会议的召开和论文报告的出版，受到了上海大学各部门以及经济学院的支持和帮助，特别要感谢上海大学聂清副校长和科研部文科处、国际交流处的支持，感谢经济学院两任院长聂永友教授、殷凤教授以及经济学院办公室及科研办工作人员付出的辛勤劳动。

上海大学经济学院特聘教授

欧阳峣

2024 年 6 月